见识城邦

更新知识地图　拓展认知边界

DAVID CHRISTIAN

BIG HISTORY

简明大历史

[美] 大卫 · 克里斯蒂安 主编
杨长云 译

中信出版集团 | 北京

图书在版编目（CIP）数据

简明大历史 /（美）大卫·克里斯蒂安主编；杨长云译. -- 北京：中信出版社，2019.6

书名原文：Big History

ISBN 978-7-5086-9994-3

Ⅰ. ①简… Ⅱ. ①大… ②杨… Ⅲ. ①世界史—通俗读物 Ⅳ. ① K109

中国版本图书馆 CIP 数据核字 (2019) 第 021170 号

Big History

by David Christian, D. Bruce Dickson, James Lovelock, Adam M. McKeown, John Mears, J. R. McNeill, William H. McNeill, Anthony N. Penna, Oliver Rackham, et al.

简明大历史

主　　编：［美］大卫・克里斯蒂安

译　　者：杨长云

出版发行：中信出版集团股份有限公司

（北京市朝阳区惠新东街甲4号富盛大厦2座　邮编　100029）

承 印 者：北京通州皇家印刷厂

开　　本：787mm × 1092mm　1/16　　印　　张：17.25　　字　　数：244千字

版　　次：2019年6月第1版　　印　　次：2019年6月第1次印刷

京权图字：01−2019−3326　　广告经营许可证：京朝工商广字第8087号

书　　号：ISBN 978−7−5086−9994−3

定　　价：58.00元

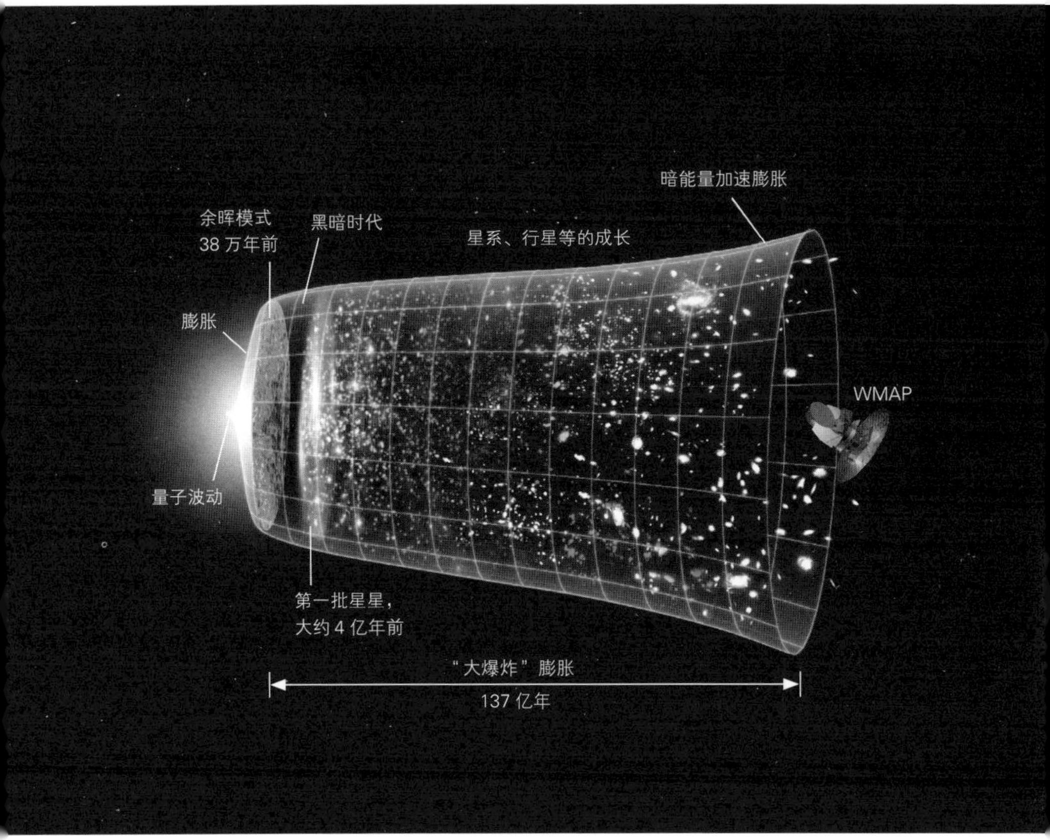

宇宙的时间线——科学家在回溯的宇宙中最古老的光——有证据支持膨胀的概念，它指出，宇宙膨胀的速度是“大爆炸”开始时的几万亿倍。这一新发现是由 NASA（美国国家航空航天局）的 WMAP（威尔金森微波各向异性探测器）做出的，是基于对宇宙微波背景（宇宙的最初时刻发出的余晖）连续三年的观测。

宇宙在其大部分历史上的膨胀是相对渐进的。“膨胀”的快速阶段发生在“大爆炸”膨胀之前的观点首次被提出是在 1986 年。WMAP 新的观测结果支持特定“膨胀”的说法，而不是长期以来人们所持的观点。

目　录

导论

大历史

大历史的研究将人类与地球的历史置于一个尽可能大的语境中，也就是宇宙。1991 年，大卫·克里斯蒂安在他发表于《世界历史杂志》(*Journal of World History*)的一篇文章中创造了“大历史”这一术语。不过，早在 20 世纪 80 年代末，他在其所教课程中已经使用了“大历史”这个概念。

典型的大历史课程可能会探究大历史的范围和规模。这样的课程一般从宇宙、恒星和银河系的起源讲起，考察现代宇宙学和天文学的某些核心思想。在濒死的恒星和超新星中创造新的化学元素，便能创造化学成分更复杂的星体，比如行星，并由此自然而然地形成地球科学和生物学。大历史课程探究地球的起源和历史，以及地球上生命的起源和进化。地球是迄今为止我们唯一确知存在生命的行星。作为智人，我们自身的进化也顺理成章地形成了人类史。在这样的宏大叙事之中，人类史的独特性脱颖而出，因为我们能够发现隐藏在传统历史教学范畴中的宏大模式。我们发现人类这一物种如何展现出一种持续适应和更新的独特能力，这种能力保证其成员从生物圈中获取越来越多的资源，从而能够生养更多的人，并最终创建更复杂的人类社会，而且在一个复杂但强大的反馈循环中更迅速地产生新的适应性。这种通过文化变革加速适应的进程在农业文明出现以来的最近一万年里显而易见。不过，在旧石器时代（觅食时代），技术的变革使得我们的祖先可以定居在除南极洲之外的所有大陆，这一点已经很明显。如今，我们已经发现，人类持续适应和加速创新的显著倾向有其危险性。因此，大历史课程必然就人类的未来及其与生物圈的关系提出大问题，也涉及我们的地球和整个宇宙的未来。

20 世纪 80 年代末，美国天体物理学家埃里克·蔡森（Eric Chaisson）主讲过大历史课程中的首批课程之一；不久，大卫·克里斯蒂安在澳大利亚，约翰·米尔斯（John Mears）在美国紧随其后。（实际上，克里斯蒂安在其发表于 1991 年《世界历史杂志》的一篇文章中创造了"大历史"这一术语。）时至今日，尽管这种课程的数量有所增加，但仍比较罕见。开设大历史课程的国家有俄罗斯、荷兰、埃及、澳大利亚、印度和韩国，地质学系也开设了类似的课程［比如沃尔特·阿尔瓦雷斯（Walter Alvarez）开设的课程］。开设这些课程的原因在于，或者说至少部分原因在于，学生一方面渴望获得关于过去和学术研究的更为一致的认知，另一方面也渴望获得有助于避免因现代教育和学术研究而造成的知识过分碎片化的方法。

普世史：一个古老的传统

如今，大历史可能看起来很另类。然而，它所探索的问题却很古老。我们所知的大多数社会都试图利用他们掌握的最佳信息去建构连续统一的历史叙述（关于过去的叙述），从而解释人类所栖居的宇宙的存在和性质，以及我们所隶属的群体。这正是传统的创世神话所讲述的故事。所有的读写文化也在多层面上创造了关于起源的相似叙述。根据基督教的宇宙学说，这个宇宙已经有 5000~6000 岁，而地球是其中心。在过去的 1500 年里，这个故事为基督教世界的历史思考提供了基本框架。时至今日，一些人仍然在同样的框架内思考问题。即使在科学革命已经削弱基督教宇宙观的可信性之后，历史思想家仍然继续建构关于空间和时间的普世地图，只不过现在他们将之置于更加世俗的思想传统之中，其思想依据来源于牛顿科学体系。普世史是在启蒙运动期间和19世纪建立起来的。这一时期既受到黑格尔写作风格的影响，也受到卡尔·马克思写作传统的影响。甚至被认为是现代史学先驱、开创历史学"事无巨细，悉查本末"的实证研究传统的兰克（Leopold von Ranke）也坚持认为，历史研究的最终目的应该是普世史的创立。毕其一生，兰克都在试图撰写这样的历史。

然而今天，这种撰写普世史的古老传统却鲜有人提及。它在19世纪末突然彻底消失了。至于其消失的原因，人们依然不太清楚。民族主义的视角阻碍了对各种社会共性的探究，而更注重地理和文化的个性。随着自然科学的地位日渐提升，它也在严谨性和精确性方面提高了所有学科的标准，同时也揭示了普世史实证基础的不足，哪怕是其最有意思的尝试都存在这个问题。最终，历史学家开始抛弃宏大的、推理式的历史叙事，转向详细的实证研究。他们效仿兰克的研究传统，将学术研究建立在档案研究的基础上。

许多历史学家可能希望，连续性的实证研究将自然而然地在更大范围内产生新的、更为"科学的"历史叙述。毕竟，与之类似的情况似乎已经在生物学中发生了。查尔斯·达尔文提供了一个奇妙的模型：高度集中的实证研究可能产生宏大的统一理论。然而，在历史的长河中，并没有出现过大统一的故事，相反，普世史的观念却似乎正在变成"水中月，境中花"（乌托邦）。韦尔斯（H. G. Wells）曾在20世纪20年代尝试撰写普世史，但他的作品被专业的历史学家忽略了，这也许是有原因的。就像19世纪伟大的普世史那样，韦尔斯的《世界史纲》（*Outline of History*）包含了太多推断，缺乏有根据的资料，特别是关于远古时期的叙述。最终，许多历史学家开始认为，历史学与其他东西相比具有本质的不同。例如，柯林武德（R. G. Collingwood）认为，历史学与自然科学不同，因为它面对的是不可预知的意识行动世界，而不仅仅是事件。"自然界中的事件仅仅是事件，而不是科学家（即历史

哈勃太空望远镜拍摄的螺旋星系 M83。观察其他星系的形成有助于我们理解自身的形成。美国国家航空航天局。

学家）的思想活动。”（柯林武德，1994 年，第 214 页）因此，历史学家的目标并非寻找普遍规律，而是去“洞悉”那些推动过去行动的思想。这就是为什么历史学家看起来拥有一个与自然科学家全然不同的认识论世界。

20 世纪 60 年代，一些历史学家对普世史的衰落深表遗憾，阿诺德·汤因比即是其中一位。他曾经在接受作家韦德·梅塔（Ved Mehta）

1 MPG（Max Planck Gesellschaft），马克斯·普朗克科学促进协会。——译者注
2 ESO（European Southern Observatory），欧洲南方天文台。——译者注
3 STScI（Space Telescope Science Institute），太空望远镜科学研究所。——译者注
4 PRC（Press Release Center），新闻发布中心。——译者注

1906—1907 年，在斯莫库伦（Smörkullen，瑞典东约特兰的阿尔瓦斯特拉）发掘出铁器时代的坟墓。在随后的 50 年里，放射性年代测定技术开始彻底改变我们对过去的理解。

访谈时抱怨道："微观历史学家……不管他们承认与否，他们把力气花在拼凑和概括相关知识上，而且把人类经验视作无法理解的混沌。"不过，他也认为微观史学的日子已到了尽头。"从历史学的角度来看，他们只是少数，而汤因比和圣奥古斯丁（St. Augustine）——他认为自己最像他——波利比阿（Polybius）、罗杰·培根（Roger Bacon）、伊本·赫勒敦（Ibn Khaldun），则是多数。"（梅塔，1962 年，第 143 页）

50 年后，汤因比的评论看起来颇具先见之明，因为普世史正以大历史这一新形式回归。为什么一些历史学家要回到普世史的观点上来？主要原因是，我们如今能够以缜密和精确的方式研究普世史，这在 19 世纪是不可想象的。经过一个世纪深入细致的研究，不仅在历史学领域，而且在其相关学科领域，诸如考古学、古生物学、语言学和遗传学，已经革新了我们对人类过去的认识，使其在时间和空间上都得到了延伸。与此同时，自然科学比一个世纪前看起来更注重历史性。随着“大爆炸宇宙论”的兴起，天文学成为一门历史科学；“板块构造论”重新确认了地球科学的历史特性；DNA（脱氧核糖核酸）的发现证实了生物的进化本质。其中最具有根本性的变革之一是新的年代测定技术的出现，它在各个层面上彻底革新了我们对过去的理解。60年前，只有在有文字记录的情况下，才能确定过去事件的绝对日期。所以，没有什么可靠的历史时间轴能够追溯到上千年以前，所有更早的时期都消失在时间的迷雾之中。20世纪50年代，威拉德·利比（Willard Libby）在碳14的常规放射性击穿基础上，建立了第一个可靠的放射性年代测定法。随着放射性测量方式的改进和其更加广泛的应用，以及其他精密计时技术的产生，我们发现我们能够构建缜密的时间表，它不仅可以追溯到我们人类这种物种的起源（大约10万年前），甚至地球的起源（大约45亿年前），而且可以追溯到宇宙的确切发端时间，即我们现在能够精确推断出的137亿年前。这个令人眼花缭乱的“时间计量革命”提供了一个时间框架，使我们能够对过去进行新的、科学的全方位描述。

大历史的一些话题

这一学科跨越如此多不同的时间和空间范畴，并涵盖如此丰富多样的现代学术学科，那么它是否有主题的连贯性？现在已经很明显，由于大历史探究宇宙、地球、地球上的生命和人类的起源，它讲述的关于起源的故事是连贯的。然而，统一的主题也正在出现。在大历史的故事中，所有突出的实体都是复杂的：它们是复杂实体，按照特定的模式形成，而且呈现出新颖的“自然而然的属性”。它们的特征还表现为以相当大的能量流来维系其复杂性。因此，像生物圈这种复杂的实体能够在天体表面被发现就绝非偶然。天体离恒星足够近，能够获取这些恒星注入它们周围冷空间中的巨大能量流。正如天体物理学家埃里克·蔡森指出的那样，这些能量流的密度可能允许我们按照它们的复杂程度对复杂实体进行大致的排序。这些推断表明，生命可能比恒星或行星复杂得多，现代人类社会可能是我们所知的最复杂的实体之一。这些看法表明，各种新形式的复合体的缓慢出现能够提供一个共同的主题和研究议程，鼓励许多不同学科的学者就复合性本身及其在宇宙中呈现的不同形式进行类似的研究。

日趋复杂的主题也表明，人类的历史可能会特别有趣。如果说生命有机体的特征是它们具有显著的适应变化的环境的能力，那么，我们人类的特征就是能够持续不断地去适应。当大多数物种（包括类人猿这样的高智商物种）受限于它们的遗传禀赋时，人类却能够不断适应变化的环境，这是因为人类显著的语言能力使我们能够交换大量精确的已知信息。因此，已知信息能够在文化上积累，这就是为什么单单我们人类这种物种看起来在持续不断地发展新的行为模式，以及创造从环境中获取资源的新方式。这一非凡的能力，我们称之为“集体学习”，它有效地塑造了人类社会的进化，就如自然选择有效地塑造了物种的进化一样，只不过它对人类社会的影响更大。最终，它解释了人类社会规模不断扩大而且日益复杂的原因。集体学习的能力是人类这个非凡物种的闪光点，然而，我们也可能使这种能力衰落，因为我们在得到这种能力的同时也在不断地浪费它。

大历史和世界史

世界史和大历史之间有一种天然的联系。大历史在一个巨大的范畴中审视过去，从而使它能够尝试将人类历史的轨迹看作一个整体。这一点，对于较为传统的史学来说做不到。大历史愿意从多学科中获取信息，因此它不像传统的“兰克学派”那样，将自己局限于书写人类文明出现后的几千年历史。因此，大历史为世界史的类型提供了一个自然的框架，也是这个面临诸多挑战（从核战争威慑到生态失衡）的世界的日益迫切的要求，这些挑战非一国所能解决。大历史也为人类近代史的建构提供了一个自然的框架。

大卫·克里斯蒂安
悉尼麦考瑞大学
首尔梨花女子大学

进一步阅读

Benjamin, C. (October 2009). A Forum on Big History. *World History Connected*, *6*(3), retrieved July 29, 2010 from http://worldhistoryconnected.press.illinois.edu/6.3/index.html

Brown, C. S. (2007). *Big History: From the Big Bang to the Present*. New York: The New Press.

Bryson, B. (2003). *A Short History of Nearly Everything*. London: Doubleday.

Chaisson, E. (2001). *Cosmic Evolution: The Rise of Complexity in Nature*. Cambridge, MA: Harvard University Press. [Pioneering discussion of the growth of complexity in big history]

Chaisson, E. (2006). *Epic of Evolution: Seven Ages of the Cosmos*. New York: Columbia University Press.

Chaisson, E. (2008). *Cosmic Evolution: From Big Bang to Humankind.* Retrieved August 20, 2009, from http://www.tufts.edu/as/wright_center/cosmic_evolution/docs/splash.html

Christian, D. (1991). The case for “big history.” *Journal of World History*, *2*(2), 223~238.

Christian, D. (2003). World history in context. *Journal of World History*, *14*(4), 437~458.

Christian, David (2004). *Maps of Time: An Introduction to Big History*. Berkeley: University of California Press.

Christian, D. (2008a). Historia, complejidad y revolución cronométrica [History, complexity and the chronometric revolution]. *Revista de Occidente*, *323*, 27~57.

Christian, D. (2008b). *This Fleeting World: A Short History of Humanity*. Great Barrington, MA: Berkshire Publishing.

Christian, D. (2009). The evolutionary epic and the chronometric revolution. In Cheryl Genet et al. (Eds.), *The Evolutionary Epic: Science’s Story and Humanity’s*

Response, 43~50. Santa Margarita, California: Collins Foundation Press.

Christian, D. (forthcoming December 2010). The return of universal history. *History and Theory* (theme issue), *49*, 5~26.

Collingwood, R. G. (1994). *The Idea of History* (rev. ed.). Jan Van der Dussen (Ed.). Oxford and New York: Oxford University Press.

Delsemme, A. (1998). *Our Cosmic Origins: From the Big Bang to the Emergence of Life and Intelligence*. Cambridge, U.K.: Cambridge University Press.

Genet, R. M. (2007). *Humanity: The Chimpanzees Who Would Be Ants*. Santa Margarita, CA: Collins Foundation Press.

Genet, C. et al. (Eds.). (2009). *The Evolutionary Epic: Science's Story and Humanity's Response*. Santa Margarita, CA: Collins Foundation Press.

Hughes-Warrington, M. (2005). Big history. *Social Evolution & History*, *4*(1), 7~21.

Jantsch, E. (1980). *The Self-organizing Universe: Scientific and Human Implications of the Emerging Paradigm of Evolution*. Oxford: Pergamon.

Mehta, Ved. (1962). *Fly and the Fly-bottle: Encounters with British Intellectuals*, Boston: Little, Brown and Co.

Snooks, G. D.. (2005). Big history or big theory? Uncovering the laws of life. *Social Evolution & History*, *4*(1), 160~188.

Spier, F. (1996). *The Structure of Big History: From the Big Bang until Today*. Amsterdam: Amsterdam University Press.

Spier, F. (2010). *Big History and the Future of Humanity*. Oxford: Wiley-Blackwell.

Swimme, B. & Berry, T. (1992). *The Universe Story: From the Primeordial Flaring Forth to the Ecozoic Era: A Celebration of the Unfolding of the Cosmos*. New York: HarperCollins Publishers.

Vélez, A. (1998). *Del big bang al* Homo sapiens. Medellín, Colombia: Editorial Universidad de Antioquia. (In Spanish)

Wells, H. G. (1920). *The Outline of History: Being a Plain History of Life and Mankind*. Garden City, NY: Garden City Publishers.

Wilson, E. O. (1998). *Consilience: The Unity of Knowledge*. London: Abacus.

农业社会

农业社会被认为可追溯至公元前10000年。在农业社会中，动植物的驯化为人类生存提供了大量物质。随着时间的推移、人口的增加或减少，以及新技术不断取代旧技术，在整个时期，这些系统在程度上都发生了变化。

所有的社会都是多元的，包含多种组织和技术系统。在一个农业社会中，人类生存的重要手段主要来自一个或多个农业系统（比如依赖专门的技术和管理系统的驯养动植物系统）。从生态学上来说，主要的农业系统在广义上可以被划分为旧世界和新世界两种类型；从组织上来说，它们则被划分为家庭 / 农民、精英和工业。一个社会的农业系统与其中的亲属关系、政治、宗教和经济系统等相互作用。

在每一个生态的每一种组织类型中，农业系统都因强度不同而异。强度是指每单位土地的投入和产出的总和，它能够以能量的卡路里来衡量。农业系统发展的最普遍趋势是人口与集约化之间的相互关系。在一个系统的框架内，人口增长和集约化程度提高，直到达到其内部可持续性的极限。在那个时候，这一体系要么进行变革以允许进一步的集约化，要么就会崩溃。

迥异的生态

旧世界和新世界农业生态的区别在于它们更新土壤肥力的方式不同。在世界各地的长期休耕系统中，比如刀耕火种的农业，更新土壤肥力的方式是通过植物生长和腐烂的自然有机过程实现的。通过种植一块已经休耕的土地，农民使累积的肥力“有用武之地”，种植作物获得收成。相比之下，在短期休耕系统中，就必须给农作物施肥。在旧世界体系中，施肥是由家畜（主要是有蹄类动物）来实现的。农民将他们不能使用的农作物转变成可使用的原料和食物，而当动物的粪便恢复了土壤的肥力时，它们也节约了总的耕种面积。这些家畜整日被放养在非耕种区，直到夜间回来，它们又提供了额外的有机物。这个体系有一个变种，在非洲，采采蝇使牛无法待在固定的地点，于是形成了游牧民与定居农民之间的一种共生关系：农民允许游牧民在他们已经收割完作物的地上放牧，但条件是让这些牛在他们的地上过夜。这对非洲很重要。

新世界农业生态不包含家畜，因此没有蓄肥周期。取而代之的是，通过各种方式的灌溉，肥料被带到田地里。这一过程主要通过两种方式完成：集水和“恰帕斯”[1]。集水主要包括灌溉渠中携带的河流的泥沙、火山岩灰或受侵蚀的岩石的水流。尽管新大陆的农民认识到有机方法的价值，比如将鱼和种子一起埋在地里，但是这通常需要大量劳动力，不适用于大规模生产。

由于缺少除羊驼和豚鼠以外几乎所有的家畜，因此相对而言，在新大陆较少的地区，人们能够完全依赖农业而生存，这些地区被那些仍处于狩猎—采集社会的更大地区包围——定居者的财富总是被游移的劫掠者觊觎。与之相反，旧世界的农业社区在所有的区域中扩展更

1　恰帕斯（chinampas）也可译作“浮园耕作法”或“水中田畦”，是阿兹特克人发明的在湖中岛屿上耕作的一种方式，用木桩、树枝、芦苇等材料做成田畦，浮在湖上，种植菜蔬花卉。——译者注

广，更为密集地定居，而且不断消灭居住在他们的定居地之间的狩猎—采集部落。这种差异对他们各自组织系统的发展方式产生了重要影响。

旧世界

大约在公元前10000年的旧世界，首先出现了定居社区种植野生植物的现象。在约旦河谷周围“肥沃的新月地带”，以及在附近的托罗斯和扎格罗斯山脉的侧翼，大约在公元前7000年，一些野生植物首次出现在这些群落中，包括二粒小麦和单粒小麦（均为古代小麦的品种）、大麦、扁豆、鹰嘴豆、豌豆、苦野豌豆和亚麻。不久之后，家畜出现了：绵羊、山羊、无肩峰牛、马和猪。栽培植物的出现必然意味着农民所种植的每一种新作物都得自之前收获的种子。一旦这种做法被固定下来，作物就能够扩散到全新的地区，进化就可以迅速发生。

农业的传播既有观念的传播，也有栽培品种的传播，从一个群体到另一个群体，或者通过群体内部迁徙的方式传播；在这两种传播方式中，群体内部迁徙传播显然是最主要的一种方式。公元前7000年，移民将栽培作物带到巴尔干半岛。公元前5000年，农村在法兰西南部出现。大约从公元前5400年开始，在农村出现了一种被称为“班德克拉米克”的独特文化，从匈牙利地区传到了尼德兰。在南亚出现的第一个农业定居点始于公元前7000年，即现在的阿富汗南部地区，中东地区的作物和动物杂处于此。而大致在同一时期，恒河平原南部的宾陀山脉的农业定居点开始种植水稻。公元前7000—公元前5800年，农业群落在中国长江流域出现，在下游地区种植水稻，在上游地区种植黍类。黍类已被人类驯化，但尚未确定这一时期水稻是否被驯化。驯化谷物在日本和东南亚出现较晚，究其原因，就日本而言，至少是因为块茎植物在他们的生活中仍占据重要地位，尤其是芋头。

新墨西哥州哈格曼（Hagerman）灌溉苹果园。技术和农作物是新旧世界农业交流的基础。纽约公共图书馆。

这些早期社会的考古遗迹与农民/家庭组织并存：没有围墙的小部落或村庄，其中的住房相邻成片或者间隔分布，储物池或储藏区域间于其中，有时还有举行仪式的地方。一般情况下，没有多少证据显示有社会分层的迹象，不过，埋葬习俗通常表明，某个先祖意欲表达其财产所有权的情况还是存在的。考虑到人种学的类比，通常建议将其构成划分为三个层次：基于家庭、村庄和各种血缘关系的组织结构，其中各种血缘关系通常被称为“部落”。家庭可能往往以血缘关系为纽带，在村庄的许可和协助下耕种自己的土地。村庄群体承认他们自身的依附关系，同时也相互支持，但它没有任何凌驾一切的组织结构。

大型农业庄园首次出现在约公元前3000年，与之同时产生的还有城邦、青铜工具和武器、大规模灌溉和最初的文字形式。它以世袭军事贵族及至少部分世袭的神职人员的形式出现，每一个农业庄园都有特定的政府权力，其所保有的大量地产用以支持这些权力。苏美尔人的记载描述了大型“磨粮户”和“织户”与“世袭君主”和神庙一起，纺织和生产食品［格雷瓜尔（Gregoire），1992 年，第 225 页］。他们强迫农民承担徭役，而账目显示，神庙和宫殿负责在他们工作的时候为他们提供维修。在《伊利亚特》（*Iliad*）中，阿伽门农也有一个类似的机构，但使用的是战争中的奴隶劳动力。城邦之间的冲突导致联盟越发少而精，到公元前 600 年，这一进程由于帝国系统的确立而中止。在帝国系统中，征服的一方不再试图摧毁敌对的城邦，而是试图使他们臣服于一个更大的统治和特权集团。

南亚的历史情形也大致如此。兴起于约公元前 2300 年的印度河流域文明是一个统一和组织良好的农民社会，共同体协调一致形成一种单一的体系。然而，在一次地震改变了其赖以生存的两条河流之一的流向后，这一体系在约公元前 1790 年轰然崩塌。人口明显分散到周围的地区，尤其是恒河平原，这保持了农业的连续性，但丧失了社会凝聚力。到公元前 600 年，恒河流域至少有 16 座被城墙环绕的城市，它们互相攻伐，堪比美索不达米亚的城邦。到公元前 321 年，孔雀王朝在城市攻伐之中建立了。

在中国，有城墙的城市出现在中国的第一个朝代夏朝，并一直延续到商朝（公元前 1600—公元前 1046 年）。商王是商朝最高的世袭统治者，其下是大量拥有世袭头衔的地方统治者，这是中国将农民与特权乡绅区别开来的第一种形式。

所有的帝国制度都是某种结合体，是脱胎于农业生产的精英阶层和由精英阶层通过奴隶劳动而直接控制的大规模生产的结合。当亚洲的帝国被纳入欧洲殖民体系时，这种模式仍然保持着。不过，在此之前，这种模式也有一些发展，即城市层面的民主宪法的发展。这一发展对不同帝国体系的演变和互动方式具有根本性和长远的影响。

古罗马共和思想的核心目标是在单一的政治制度中，找到一种平衡平民小农农业和氏族精英农业利益的方法，以确保所有阶层的安全。

这种方法在古罗马共和国征服的许多地区得以施行。在古罗马帝国崩溃之后，这种方法以公民宪法的方式保留了下来，而当古罗马帝国的那些殖民地演变为我们今天所知的欧洲各民族时，这一方法也在这些地方发生了演变。但是，在这一演变进程中，利益集团进行了根本性的重组。最初古罗马元老院的财富建立在通过耕种战争中攫取的土地这种精英农业的基础之上，而文艺复兴时期的财富则建立在商业的基础之上。因此，他们的利益不再取决于对帝国权力的支持和对自耕农的限制，而是正好相反。

在古罗马帝国之外的地方——俄国、南亚、东南亚、中国和日本，城镇仍然处于帝国政府的控制之下，其情形是支持精英农业的发展。其结果是，农民往往不可避免地处于被奴役的状态，也就没有谁能够成为技术创新的引领者。那种技术创新使欧洲率先扩大了贸易，摧毁了封建制度，最终实现了工业化。

尽管始于 18 世纪晚期的土地改革旨在将农民从上层不断累加的剥削中解放出来，但是，在西方世界之外的地区，这些计划并没有取得显著的成功。自第二次世界大战以来，殖民帝国和苏联相继解体，新兴国家倾向于实行“耕者有其田”的土地改革。与此同时，绿色革命及与之相关的农业综合经营的发展已经为农民 / 家庭生产提供了更多种多样的动植物品种，产生了一种“分田到户”以及大规模经济和技术组织相结合的“新技术”模式，这是前所未有的。

新世界

在新世界，有一种谷类作物比其他作物更重要，那就是玉米。约公元前 5000 年，在中墨西哥地区的特瓦坎（Tehuacán）谷地一处干燥的洞穴里，已知最早的驯化玉米被发现。但是，它与今天的谷物大不相同，而且，与在旧世界发现的最早的驯化玉米相比，其产量更低，用处更少。虽然清楚地显示出驯化的特征——外壳包裹着整个穗而不是单颗种子，但玉米穗较前短约 3 厘米。有目的种植的证据约 1500 年后出现于同一地区，这一时期与玉米一起生长的还有豆类、南瓜、辣椒、葫芦和苋菜。到公元前 1500 年，特瓦坎的玉米在产量和营养价值上都有显著提高，但在此之前，玉米已经被传播到其他地区。经鉴定，在科罗拉多高原的蝙蝠洞中发现的玉米可追溯到约公元前 2100 年。公元前 300 年，美洲西南部出现了进行灌溉农业生产的小社区。有大规模沟渠系统和梯田的较大村庄或部落大约在公元 500 年出现，包括阿纳萨齐人（Anasazi），其后裔可能包括现代霍皮人（Hopi）和霍霍坎人（Hohokam），他们修建的灌溉沟渠如今在菲尼克斯还能看到。在北美洲东部，本地植物（黄叶柳、向日葵、藜科蔬菜和瓜类）的驯化大约始于公元前 1500 年。玉米大约于公元 600 年出现，但由于当地降雨量充沛，一般不需要灌溉，因此也未明显地影响到人口集中的规模。

通常来说，墨西哥河谷以北的农业依靠农民 / 家庭生产。根据已知的历史模式和考古证据，可以说，核心的组织单位是家庭、氏族和村庄。土地所有权主要由氏族掌握。家庭在维护氏族权利的基础上耕种。氏族权利相应地得到地方协商一致意见的支持，其中主要是氏族代表委员会。一个村庄的礼制建立在氏族特权基础之上，每年活动的周期受到掌控，其中包括关键的农耕日期。

墨西哥地区最大的城市人口集中在原始驯养的地方，从奥尔梅克文明（公元前 1200—约公元前 400 年）开始，持续到特奥蒂瓦坎（Teotihuacán）、瓦哈卡（Oaxaca）山谷、托尔特克（Toltecs）、奇奇梅卡（Chichemics）和阿兹特克诸文明。虽然我们对奥尔梅克知之甚少，但是，从特奥蒂瓦坎时代开始，似乎很清楚的是，城市精英阶层和村庄农民阶层之间的关系并不是那种平民与其独有的领袖和庇护者之间的关系，而是征服者与被征服者之间的关系。这看起来反映了一个部落群体转变成一个军事统治阶级，从而确立了其政权的过程。精英们征收大量农产品，榨取大量劳力，最终索取大量祭品，穷奢极欲地建立许多仪式中心，以传达一种他们意欲其统治既寿永昌的意识形态。

在巴西里约热内卢北部，农贸市场上出售佃农在租种的小块土地上种植的农产品，这些供租种的土地的面积不足 304 亩。

他们从事大规模生产和长途贸易，但很少为那些被他们征服的人做什么事情。比如，在这些地区，没有真正的大规模灌溉系统，这种工程单靠当地社区不能建成。由国家支持的私营商业活动，诸如港口设施、客栈，甚至货币制度也不存在。在这一地区，主要仪式中心的人口增减取决于建立仪式中心的统治集团的势力，统治者的更替并不能维持人口数量不变。例如，据估计，特奥蒂瓦坎在公元 500 年拥有 20 万人口，但是，在公元 750 年左右，由于一场火灾，此地就永远被遗弃了。与之相反，这些村庄的人口数量却呈相对稳定的态势增长。

安第斯山脉北部及其邻近的太平洋沿岸地区的模式与上述相似。大约从公元前 1200 年开始，当地共同体开始在山区河谷地带和沿海平原地区实行灌溉农业。通过地方冲突，这些地区逐渐发展成为一系列日益强大和更加军事化的国家：查文（Chavin），同时期的莫切（Moche）、纳斯卡（Nazca）、奇穆（Chimu），最后是以库斯科（Cuzco）为首都的印加帝国，它们在15世纪70年代确立了统治地位。印加帝国要求征收2/3的农产品，并招募大量劳动力来修建大型道路系统、存储设施和梯田遍布的奇特山区城市。根据他们的经济情况，他们自己不可能完成。布匹及实用的物品和手工艺品以大规模的方式组织生产，并实现标准化生产。一些族群的统治集团受到来自印加帝国的压力，当他们为了避免被征服而逃离时，印加帝国派遣殖民者取代了他们。1532年，皮萨罗（Pizarro）到达印加帝国并俘虏了帝国的统治者，整个帝国体制瓦解。

尤卡坦（Yucatán）半岛上的玛雅文明只是在一个方面与他们不同：玛雅的上层集团似乎都是本地人，他们确实对生产力的提高发挥着至关重要的作用。在考古学中，玛雅文明从公元前2000年左右开始，并持续到14世纪中叶，其记录基本完整，最终由于一系列内战和该地区人口的减少而消失。人口中心是寺庙和宫殿的建筑群，周围有许多小的村庄和利用“恰帕斯”技术开发的较大地区。

当欧洲人来到旧世界的时候，农业也接踵而至，只不过，其模式不同于说英语和说西班牙语的地区。对于旧世界而言，大多数的农业经营主体是农民 / 家庭，并且，因为旧世界的小农经济远比新世界的小农经济养活更多的人，所以，在这两种模式争夺土地的过程中，不论在何处，旧世界的模式完全取代了新世界的模式。

相比之下，在说西班牙语的地区，旧世界农业的主要经营模式是精英式的，因此，这一经营模式所取代的就是新世界的农业经营模式，或多或少保留了原有的农民制度。最广泛的结果就是，出现“大庄园 / 小庄园”林立的形势，即欧洲人拥有的大农场、大庄园和其他精英产业正逐渐覆盖于原住民村落，原住民仍然保留从事自给自足的农业生产的权利。但是，他们也顺应形势需要，为更大的生产单位工作。

旧世界的农业生态显然在新世界和旧世界都占主导地位。然而，新世界的技术依旧存在于许多局部环境中，旧世界的农业尚未适应这些地区：年降雨量达 20 厘米的霍皮台地（Hopi mesas），依赖传统玉米为低成本生存基础的墨西哥米尔帕斯（Mexican milpas）、安第斯山脉，以及亚马孙雨林。

工业化农业

工业革命使农业人均产出能够达到更高的水平，于是产生了工业化农业。从生态上来说，工业化农业不再将动物作为农作物生产的工具，其肥料来源于工业，并且要求农民按照工业规范进行生产，而不是按照消费者的偏好，从而打破了农场经营层次中的动物—植物相互依存的局面。从组织上来说，工业化农业使农场管理成为工厂生产系统的一部分，农民与工业组织建立在商业契约上的关系取代了家庭内部和家庭外部之间的关系和精英特权。在极端的情况下，像加利福尼

这幅图出自清代版的《耕织图》（耕种和纺织的图景，首次刊印于 1210 年），23 幅系列图画描绘了宋朝庆祝农耕技术发展的场景。

亚州帝王谷（Imperial Valley）这样的地区，农民不再是土地所有者。大公司拥有许多土地，农民作为契约农生产所需的农作物，按要求在规定的时间交付。农民可能拥有一些关键的农业机器，雇用额外劳动力进行生产，之后又签订新的契约。

工业化农业具有高度专业化的特点。今天美国的农场人口占美国总人口的 2.5%，在城乡地区从事农业金融、仓储、初级加工、政府、贸易、运输、研究和教育的人为他们提供支持和服务，这部分人口至少占总人口的 20%。如果把这整个群体视作社会之间比较的单位，就很清楚地看到工业化农业是如何兴起的，也能避免夸大农业和工业社会之间的对比。

当前的趋势

随着精英农业的衰落，农民 / 家庭农业生产和工业生产在世界上的相对重要性与日俱增。然而，不论是农民 / 家庭农业，还是工业化农业，都面临着挑战。绿色革命对化肥和杀虫剂的过度依赖导致了严重的水、空气甚至海洋污染。既要持续不断地提高产量，又要减少这种危害，主要的希望在于我们通过改变物种基因的方式，使植物的生存能力不断增强。但是，数种破坏性的商业实践，以及与之关联的商业公司率先对这一技术进行了商业性开发，这暴露了现行法律在保护从事农业的大量人口的利益和维持农业稳定性的方式上存在严重缺陷。纠正这些缺陷的努力进展非常缓慢。

默里 · J. 利夫（Murray J. Leaf）
得克萨斯大学，达拉斯

太阳，所有行星都围绕着它转，依赖它，而它依然能够心无旁骛地使一串葡萄成熟。

——伽利略（1564—1642 年）

进一步阅读

Bayless-Smith, T. P. (1982). *The Ecology of Agricultural Systems.* Cambridge, U.K.: Cambridge University Press.

Boserup, E. (1981). *Population and Technological Change: A Study of Long-term Trends.* Chicago: University of Chicago Press.

Gregoire, J.-P. (1992). Major units for the transformation of grain: The grain-grinding households of southern Mesopotamia at the end of the third millennium BCE. In P. C. Anderson (Ed.), *Prehistory of Agriculture: New Experimental and Ethnographic Approaches.* Monograph #40. Los Angeles: Institute of Archaeology, University of California.

Higham, C. (1995). The transition to rice cultivation in southeastern Asia. In T. D. Price & A. B. Gebauer (Eds.), *Last Hunters First Farmers.* Santa Fe, NM: School of American Research Press.

Leaf, M. J. (1984). *Song of Hope: The Green Revolution in a Punjab Village.* New Brunswick, NJ: Rutgers University Press.

Schusky, E. L. (1989). *Culture and Agriculture.* New York: Bergen & Garvey.

Smith, B. D. (1998). *The Emergence of Agriculture.* New York: Scientific American.

Turner, B. L., & Brush, S. B. (1987). *Comparative Farming Systems.* New York: Guilford Press.

Zohary, D. (1992). Domestication and the Near Eastern crop assemblage. In P. C. Anderson (Ed.), *Prehistory of Agriculture: New Experimental and Ethnographic Approaches.* Monograph #40. Los Angeles: Institute of Archaeology, University of California.

Zohary, D., & Hopf, M. (2000). *Domestication of Plants in the Old World* (3rd ed.). Oxford, U.K.: Oxford University Press.

万物有灵论

人类认为，有一种无形的精神影响着他们的福祉，并且影响他们与动物、植物和其他物体组成的自然界之间的关系。长久以来，人类通过举行仪式驱走情绪，求助内心，或者平息神怒。这一观念如今被称为“万物有灵论”（animism），其影响在现代语言、习惯和观念之中仍有体现。

万物有灵论是现代人类学家对一系列古老的观念所做的命名，这些观念事关人类与自然界如何相互影响。关键的观念在于生命体和有时处于无生命状态的物质具有灵性，影响人类自身的福祉。存在于这个无形的精神世界的“居民”就像我们自己，彼此相互影响，与我们看得见的这个世界持续不断地互动。神灵有时候会帮助人类达到目的，实现愿望，有时候则相反。因此，人类必须与他们维持良好的关系，了解他们的愿望，并尽可能平息他们的愤怒。

这一观念可以追溯到我们的祖先充分发展语言的时代，那个时代允许他们创造一致认可的意义来指导日常行为。一旦他们一致认同与看不见的神灵建立良好关系的重要性，人类觅食团体可能就从此开始依赖专家寻找食物，这些专家知道如何随时随地进入神灵的世界，然后告知人们神灵想要什么。许多人类学家认为，19 世纪生活于游牧民族之中的西伯利亚的萨满巫师所从事的活动，就源自古代的这种活动，或者至少大体上很像。无论如何，萨满巫师通过歌舞仪式随时进入出神状态，当他们恢复正常意识的时候，通常会解释神灵想要什么或者打算做什么。普通人凭借这种解释，可能会放心大胆地去做他们日常做的事情。或者情况也可能是，萨满巫师花些时间和精力举行一场仪式，以平息神灵的怒气，或者驱除恶灵。

几乎可以肯定的是，与感官所知的物质世界平行存在着一个看不见的神灵世界这一观念随着旧石器时代不断迁徙的群体传播开来。这一群体生活在约 10 万至 1 万年前，几乎占据了地球上所有适于居住的土地。至少可以说，具有悠久历史的各种各样的狩猎者和采集者——人类学家从 19 世纪开始对他们进行研究——都相信看不见的神灵就在他们周围，与发生的所有事情都有很大关系。

让万物有灵论听起来如此有理有据的原因是人类有做梦的经历。一个正在睡梦中的人可能会记得奇怪的景象和遭遇，甚至是与死去的人一起。很明显，当人睡觉的时候，某些看不见的东西——他们的灵魂——能够而且确实在其他没有实体的灵魂中旅行。此外，生命所必需的呼吸也为灵魂的存在提供了一个清晰的例证，一个垂死的人永远没了呼吸，便加入或者说重返其他游魂之中。

出神被认为是当一个人的灵魂暂时离开并从精神世界带回消息时出现的一种状态。疾病也可以归因于一种邪恶的精神，后者通过侵入人的身体，损害人的健康。请神灵现身并击败其他恶灵的仪式影响着人类特定的希望和目的，因此这样的仪式成为所谓的“灵物论宗教”的中心内容。

某一种精神会出现在共同体之中，或者使那些厌恶协同共赢的人也具有这种精神，这就解释了为什么人们会异常兴奋，迫切地想合作。他们这样做可能是捍卫其领地不被某个群体侵犯，也可能是需要共同围捕和猎杀危险动物，或者可能是通过举行秘密而庄严的仪式让少年充当成人的角色。这些场合是在情感上将人们聚在一起，而且这种让人们具有共性的兴奋状态可以归因于所有人共享一种精神，哪怕只是

在俄勒冈州波特兰市的这两根图腾柱上雕刻着动物精神。拜内克古籍善本图书馆（Beinecke Rare Book and Manuscript Library），耶鲁大学。

暂时的。

不同族群如何掌控他们与精神世界的相互关系，各地的细节不尽相同，而且还必然是因时而移的，因此我们不应该认为现存的做法是完全照搬古代的模式，即使西伯利亚游牧民族也概莫能外。但是，认识到万物有灵论比其他继承下来的宗教持续得更长久，仅这一点就颇有意义。事实上，万物有灵论依然充斥于大量的日常言谈和思维之中。

运动员和商人经常呼吁“团队精神”，音乐家和演员希望能“激发灵感”。每当遇到这样的人时，我们都钦佩他们那种令人愉悦的“精神”。

几千年来，人类正是按照万物有灵论的观念和方式来处理与精神世界的关系，如此使人类在顺境和逆境中都能够维系共同体的存在。它使得发生的任何事情都可以被理解，并且（精神创伤）在有限的范围内可以被治愈。每一个惊喜和失望都被认为是一种精神或多种精神作用的结果；如果情况确属严峻，传统仪式总是可以被调动起来，以弄清楚到底是哪种精神在干扰，以及如何姑息或者改变人类的行为，并以此解决问题。

一个解释了这么多、服务了这么多代人的信仰体系值得我们尊重。这是人类在塑造世界观过程中最早的努力，先统一为一个未分化的整体，然后分裂成科学和宗教。后来的思想家在阐述人类知识方面所做的一切，都以万物有灵论为起点，不断修正，但最终丢弃了它。在日常生活中，我们有时候依然会依赖万物有灵论的说法和思维习惯，这并不奇怪。

威廉·H. 麦克尼尔
芝加哥大学荣休教授

进一步阅读

Tylor, E. B. (1871). *Primitive Culture.* New York: Harper.

Jensen, A. E. (1963). *Myth and Cult among Primitive Peoples.* Chicago: University of Chicago Press.

Lowie, R. H. (1970). *Primitive Religion.* New York: Liveright.

Eliade, M. (1964). *Shamanism: Archaic Techniques of Ecstasy.* New York: Bollingen Foundation.

人类世

人类活动已变得如此普遍并具有深刻意义，以至于人类能与强大的自然力量相抗衡，同时将地球推向未知的行星领域。一些地理学家认为，地球现在已经脱离了其自然的地质时代——被称为全新世的间冰期，正迅速进入一个生物多样性更少、森林面积更小、温度更高，并且可能更潮湿、风暴更猛烈的人类世（Anthropocene）。

2000年，诺贝尔奖得主、荷兰大气化学家保罗·J.克鲁岑（Paul J. Crutzen）提出，大约在1800年，世界进入了一个新的地质时代——人类世。2002年，克鲁岑在《自然》杂志中重申了这个观点。在这个时代，不管人类是否愿意，也不管人类是否理解正在发生的事情，我们自身不仅成为生物圈内一个举足轻重的变革力量，而且可能会成为生物圈内变化最重要的单一力量。

在这些论断的启发下，一些地质学家提出，人类世应该被正式地确定为一个新的地质时期。目前，我们生活在全新世，它开始于距今1万年前。如果人类世的提议被接受，那么，全新世时代就结束于公元1800年，接着人类世时代便开始了。1800年是人类世的恰当起点；那时，主要的温室气体——二氧化碳和甲烷的浓度开始显著上升。因此，新时代与詹姆斯·瓦特改良与推广蒸汽机，以及传统认为的工业革命开始的时间重合，这绝非偶然。从生态学的角度来看，人类世的开始是人类历史现代阶段开端的显著标志。

在 2005 年一项引发争议的研究中，古气候学家威廉·拉迪曼（William Ruddiman）提出了一种不同的时代分期方法。他认为，通过砍伐森林、饲养家畜和种植水稻，人类可能已经通过提高大气中的二氧化碳和甲烷含量，在全球范围内影响大气层长达 8000 年之久。他认为，这些变化阻止了人类回到新的冰期，也保证了人类历史上农耕文明的繁荣。换句话说，人类活动创造了全球气候条件，使得世界上的主要农耕文明持续了 5000 年的繁荣。拉迪曼的观点可能言过其实，但即便如此，这些观点也表明，人类世不仅是现代性的副产品，而且在数千年前就有了根源。

人类世的概念（跟它的另一个概念“人类圈”一样）为历史学家提供了很多东西。首先，它强调了一个显著的事实：我们这样的物种本身，即智人，是整个地球历史上第一个对整个生物圈产生深刻影响的物种。在地球历史的早期，大量的有机体，比如早期进行光合作用的细菌创造了生物所需的以氧为主的大气层。不过，就我们所知，还没有单个物种曾经对生物圈产生过如此深远的影响。人类世的理念因此突出了我们作为一个物种的独特性，以及我们维持生态创新的能力。

人类世的概念也为思考现代世界史的一些主要特征提供了强有力的工具。它突出了在过去 200 年里改变我们与生物圈关系的那些惊人的变革规模，以及这些变革为当代带来的大量挑战。通过这样的方式，它表明，世界历史确实在 1800 年左右进入了一个新的时期，即化石燃料革命的时期，这是有客观依据的。最后，人类世的概念突出了环境史之于世界历史的深远意义。

大卫·克里斯蒂安
悉尼麦考瑞大学
首尔梨花女子大学

进一步阅读

Crutzen P. J. (2002, January 3). The Anthropocene. *Nature 415*, 23.

Climate Change 2007—The Physical Science Basis. (2007). Contribution of Working Group I to the Fourth Assessment Report of the IPCC. Retrieved January 29, 2010, from http://www.ipcc.ch/ipccreports/ar4-wg1.htm

Ruddiman, W. (2005). *Plows, Plagues, and Petroleum: How Humans Took Control of Climate*. Princeton, NJ: Princeton University Press.

Will, S., Crutzen P. J., & McNeill, J. R. (2008, December). The Anthropocene: Are humans now overwhelming the great forces of nature? *Ambio, 36*(8).

Zalasiewicz, J., et al. (February 2009). Are we now living in the Anthropocene? *Geological Society of America, 18*(2), 4~8.

人类圈

人类圈——我们人类和我们所处的环境——涉及的是我们人类与其他生命形式相比影响和深入了解生物圈的程度问题。这一概念在20世纪末被提出，它认为人类权力在整个历史上的垄断，诸如土地和工业制度，深刻地影响了人类世界与非人类世界之间的关系。

从生物圈概念衍生的人类圈这一概念在20世纪80年代末90年代初首次被引入自然科学。这一术语是指生物圈中受到人类影响的那一部分。例如，生物圈中受到大象影响的那一部分可被称为“大象圈”。这些术语是假定在每一种生物和它生活其中的环境之间都具有双向关系。所有的生命都是生态系统的一部分，所有生态系统共同构成了生物圈——生物与生物之间、生物与非生物之间相互影响的总体组合。每一种生命形式都持续不断地影响着其所在的生态系统，并被其所在的生态系统影响，人类也不例外。

人类圈是一个开放的概念，它包含用于研究和进行反思的建议，使我们对人类活动对生物圈的影响到底有多深远的问题保持敏感度。这一概念提醒我们人类社会内含于生态系统之中，帮助我们在自然科学、社会科学和人文学之间架起一座桥梁。此外，它也被用于叙述和阐明一个简单但影响广泛的命题：人类历史中的许多趋势和事件，从开始产生到今天，都可以被视为逐渐扩大的人类圈的功能或表现。

粗放型和集约型增长

人类圈伴随着类人猿到人的演变进程而出现。最初，人类圈的发展十分缓慢，其间还伴有衰退。然而，从长远来看，人口数量从适度增加，到2010年增加到67.9亿。与此同时，人类从其最早的发源地非洲东北部不断扩展到越来越广的土地上，直到除南极洲外所有的大陆上都有人类的存在。这两种人类发展方式代表粗放型增长。粗放型增长可被定义为生物数量在物理和地理上的完全扩展。这是一个增殖的问题：数量越来越多，如出一辙，扩散得也越来越远，就像澳大利亚的兔子繁殖或者人体的癌细胞扩散一样。

在不断扩大的人类圈，粗放型增长与集约型增长始终相伴而生，甚至十之八九由集约型增长驱动。如果粗放型增长可以用越来越多来定义，那么，集约型增长则是指新生事物的出现。就人类圈而言，它来自人类通过收集和处理新的信息而找到利用能源的新方式的能力。如果说粗放型增长的关键词是增殖，那么，集约型增长的关键词就是差异化——其首要作用是总是在现有库存或储备中增加新的、不同的东西。一旦某种创新被接受，那么新创造出来的这种东西就会以多种多样的形式被复制，从而得到纵深的发展。因而，集约型增长和粗放型增长是相辅相成的。（与本文中使用的人类圈及其他核心概念，例如农业化和工业化一样，集约型增长和粗放型增长的概念并不是为了表达任何价值判断。）

知识是权力的源泉

像所有的生命一样，人类的生命由信息建构和指引的物质和能量的特定组合构成。这两个特征使人类的生命区别于其他生命形式，因此对理解人类圈很重要。首先，人类比其他任何物种更多地依赖过去习得的信息；其次，人类个体所习得的大多数信息都是来自其他个体。这些信息被汇集、共享和传播——简言之，就是文化。

人类最重要的交流工具是语言，它由各种符号构成。因此，符号便成为人类圈的一个至关重要的维度。通过符号表达的信息能够世代相传，并用于聚集和组织生命体的物质和能源，以满足人类的需求，从而提高人类在生物圈中的地位。语言的发展使人类采用新的行为方式成为可能，新的行为方式使人类与其他动物越来越不同。人类之所以维持新的行为方式，一个充分的理由是它们使人类比其他动物拥有更大的优势。

这似乎是理解人类圈长远发展进程的线索之一。就像生物圈演变中的突变一样，人类圈中的新事物一次又一次产生；而后，又经过反反复复的革新，新事物中那些有助于不断增强人类力量的往往被保留下来，从而保证人类生存下来。人类正是通过不断创新，比如掌握语言，使用火，其力量才得以不断强大，其他动物的力量则不可避免地会减弱。某些物种开始灭绝，而那些幸存下来的物种不得不调整生活方式，以适应新近获得优势的人类群体。在后来的阶段，相似的力量关系转变发生在人类社会内部，失败的群体被迫调整自身以适应更加成功的群体的统治。人类文化史中的许多创新都是因为力量衰微而进行的调整。

差异化：机制

对火的“驯化”在建立所谓的垄断权过程中达到极点——垄断权是人类所掌握的一种权力，最终为所有的人类共同体所享有。这种垄断的形成深刻地影响了人类世界与非人类世界之间的关系，以至于我们可以把它称为人类所导致的第一个重大的生态变迁，之后较晚的时候还产生了另外两个类似的变迁—— 一般被称为农业革命和工业革命。但从长时段的进程来看，应该更为确切地称之为农业化和工业化。

这三个变迁，每一个都标志着一个新的社会生态机制的形成（即一个社会组织的形式及与物质和能量控制程度相适应的一种生活方式）：使用火的机制、农业机制和工业机制，分别以火的使用和基本工具的使用为标志；农业和畜牧业的兴起和传播；大规模现代工业的兴起和传播。后来的机制的出现并不意味着此前的机制被废弃；相反，旧机制被吸收进新机制之中，而且在吸收过程中改变了此前的机制。

每一个新的机制都形成了新的垄断，为控制、保障、舒适和财富提供了新的机遇。然而，所有这些好处都涉及成本。这一点表现在当人们学会使用火后，就被迫去采集燃料以填充到他们的壁炉中去；在使用火的机制形成之后，当农业机制和工业机制出现时，这一点表现得更为明显。

人类历史的四个阶段

书写历史最好用的背景工具无疑是年表。当我们把这种无所不包的长时段历史进程视为人类圈的扩张过程时，还是能够根据宏观的历史阶段充分地说一些史实。以相继形成的三大主要社会生态机制为基准，我们可以将人类历史划分为四个阶段：

1. 火被驯化前的阶段。在这一阶段，所有的人类群体都依靠觅食生存；没有哪个群体拥有火或者耕种田地，更不用说有工厂。

2. 部分人类群体拥有火的阶段，但仍没有哪个群体拥有田地或者工厂。

3. 所有人类群体都拥有火，有些人开始耕种田地，但没有人拥有工厂。

4. 我们今天所处的阶段，所有的人类社会都拥有火，除此之外还正在消费农产品和工业品。

当然，对于一个觅食群体来说，不管他们生活在这四个阶段中的

> “这是个纪律问题。”小王子后来告诉我，“你早上梳洗完后，也该认真给星球梳洗……”
>
> ——安东尼·德·圣埃克苏佩里，《小王子》

哪一个阶段，都存在大量差异。就像在第一阶段，他们只与那些与之基本上有相似技能的群体接触。而在随后出现的任何阶段中，他们接触的则是因技术先进而更为强大的群体。为了进一步阐述这四个简单的阶段划分，我们可以再将每一个阶段细分为三个子阶段：没有哪个群体拥有明确的技术（火、农业或者工业）的阶段；有的群体有明确的技术和有的群体没有明确的技术并存的阶段；所有群体拥有明确的技术的阶段。将这四个阶段细分为子阶段提出了一个有趣的问题：如何阐明一个子阶段向另一个子阶段转变的原因。一个独特的机制是如何首先建立的，又是如何传播的。最有意思的是，它是如何变得普遍的？

最后一个问题特别指出了阶段划分模型在世界历史上的重要性。除了适用于三大主要社会生态机制外，这些问题也适用于其他新事物，诸如冶金、写作和城市的发展。

农业化

过去的一万年历史可被视作发生在人类圈农业化中的一系列历史事件——人类群体向世界各地扩散农业和畜牧业的进程。在扩散的过程中，人类自身也越来越依赖这样的生产方式。

农业生产方式建立在一种新的人类垄断权基础上，即控制大片领土（田地）的垄断权。通过这种方式，人类不同程度地成功将植物和动物置于他们的直接控制之下。其结果是双重的：消灭了相互竞争的物种（寄生虫和食肉动物），以及资源和人口以更大的密度集中。尽管农业机制有时会衰落，但其总体趋势是扩张。

扩张并不是以一种一成不变的方式实现的，更不是以时尚的方式发生。事实上，其发展的不平衡性正是农业化的结构性特征。从一开始，农业化就被烙上了差异性的印记——最初是采用农业和未采用农业的人之间的差异。最终则是在工业化阶段，最后的非农业民族消失了，与他们一同消失的还有差异性。

然而，各种形式的差异性依然在农业的世界（或者说农业化的世界）存在着。有些农业社会在为了人类的目的利用物质和能源方面比其他社会走得更远，例如，灌溉和犁耕技术的使用。在那些习惯追求更高农业产量的社会中，控制财富的竞争因而产生，它往往导致社会分层——以财产、特权和声望的极大不平等为标志的不同社会阶层的形成。另一种与之密切相关的典型分化形式是文化多元化。在美索不达米亚、印度河流域、中国东北部、埃及、地中海、墨西哥、安第斯山脉地区和其他地方，农业帝国兴起，它们仍然以其独特的文化而闻名，每一个农业帝国都有其官方语言、文字体系、宗教、建筑、服饰、食品烹饪方法和饮食习惯。在农业化的全盛时期，人类圈以显著的文化或文明差异为特征——这种差异在很大程度上是由于获得力量的群体与失去力量而进行调适的群体之间相互作用造成的。

工业化

大约在1750年左右，地球上尚未被任何生物实际利用的巨大储量的燃料资源开始被人类开发利用。一系列创新为开发利用这些能源提供了技术手段，人们得以利用这些能源产生热量和机械运动。人类不再完全依赖来自太阳的能量，其部分能量通过光合作用转换到了植物中去。正如人类曾经一度通过学习控制火而巩固他们在生物圈中的地位一样，现在，人类也学会了利用火去开发蕴含在煤、石油和天然气中的能量。

这些创新为粗放型增长提供了巨大的加速度。据粗略估计，在旧石器时代的某个时期，世界人口总数已达到 100 万，当农业化开始的时候，人口总数达到 1000 万，在城市化初期达到 1 亿，到工业化初期达到 10 亿。可以预见，下一个 10 倍的增长在几代人之内就会实现，即人口总数达到 100 亿。随着人口数量的增加，生产、运输和通信网络在全世界范围内得到发展，因此，今天的人类圈可谓名副其实地是全球性的。格林尼治时间是全球通用的时间系统，人类的普遍接受很好地说明了人类共同确定的标准在全世界传播。与此同时，人类各社会之间及其内部成员之间的不平等业已产生，成为依然存在于工业社会之中的先进的农业机制的结构性特征。这些不平等如今也造成了令人不安的全球压力，像全球变暖这种迫在眉睫的生态问题就是如此，而这些都是人类圈不断扩大所造成的结果。

结语

在农业化和工业化时代，人类圈使社会机制得以产生，成为唯一与自然环境间接相关的机制。货币制度和时间制度的产生可以作为例证。两者都证明人类是如何将注意力从自然环境和生态问题转向更纯粹的人类社会方面的，比如时钟、日历、钱包和银行账户。这些机制提供了这样的错觉：人类圈是自主的。后来产生的思想趋势，即社会科学与自然科学分离，以及互不关联和看上去自主的社会科学学科，例如心理学和社会学的创立，进一步加深了这样的错觉。

如今，人们逐渐意识到，随着人类圈在生物圈中侵占越来越大的部分，它自身也吸收了越来越多的非人类因素。生态之间相互依存的观念日益得到认可。社会科学中一直有一个经典的话题，即有意识的行动与无意识的后果总是交织在一起，难解难分。人们已经认识到这一事实，同时领悟到人类圈（其自身也是无意识的进化过程的产物）业已成为生物圈进化过程中的一个影响因子。人类的生命已成为一个强大的协同进化的力量。社会文化进程正在为生物圈的进化指引方向。

即使不用“人类圈”这个词，世界历史学家威廉·H. 麦克尼尔和 J. R. 麦克尼尔、生态历史学家艾尔弗雷德·克罗斯比（Alfred Crosby）、生物学家贾雷德·戴蒙德（Jared Diamond）和其他一些学者已经证明，撰写人类圈的历史是可能的。从社会学和人类学传统中还可以得到进一步的理论启发，这些传统是由奥古斯特·孔德（Auguste Comte）和赫伯特·斯宾塞（Herbert Spencer）创立的，并由诺伯特·埃利亚斯（Norbert Elias）和马文·哈里斯（Marvin Harris）发扬光大。此外，20 世纪初，弗拉基米尔·维尔纳茨基（Vladimir Vernadsky）开创了从地理学和生物学角度研究生物圈的传统。从 20 世纪 70 年代开始，这一学术传统重新被林恩·马古利斯（Lynn Margulis）和詹姆斯·洛夫洛克采用。这里提到的名字只是少数，还有许多作家，他们的著作为我们理解人类圈的历史和研究动态提供了帮助。

约翰·古德布洛姆（Johan Goudsblom）
阿姆斯特丹大学

进一步阅读

Baccini, P., & Brunner, P. H. (1991). *Metabolism of the Anthroposphere.* Berlin, Germany: Springer Verlag.

Bailes, K. E. (1998). *Science and Russian Culture in an Age of Revolutions: V. I. Vernadsky and his scientific school, 1863–1945.* Bloomington: Indiana University Press.

Crosby, A. W. (1986). *Ecological Imperialism. The Biological Expansion of Europe, 900–1900.* Cambridge, U.K.: Cambridge University Press.

Christian, D. (2004). *Maps of Time: An Introduction to Big History*. Berkeley and Los Angeles: University of California Press.

De Vries, B., & Goudsblom, J. (Eds.). (2002). *Mappae Mundi: Humans and Their Habitats in a Long-term Socio-ecological Perspective.* Amsterdam: Amsterdam University Press.

Diamond, J. (1997). *Guns, Germs and Steel. The Fates of Human Societies.* New York: Random House.

Elias, N. (1991). *The Symbol Theory.* London: Sage.

Elvin, M. (2004). *The Retreat of the Elephants. An Environmental History of China.* New Haven: Yale University Press.

Fischer-Kowalski, M., & Haberl, H. (2007) *Socioecological Transitions and Global Change. Trajectories of Social Metabolism and Land Use.* Cheltenham, U.K. and Northampton, MA: Edward Elgar.

Goudsblom, J. (1992). *Fire and Civilization.* London: Allen Lane.

Goudsblom, J., Jones, E. L., & Mennell, S. J. (1996). *The Course of Human History: Economic Growth, Social Process, and Civilization.* Armonk, NY: M. E. Sharpe.

Margulis, L., Matthews, C., & Haselton, A. (2000). *Environmental Evolution: Effects of the Origin and Evolution of Life on Planet Earth.* Cambridge, MA: MIT Press.

McNeill, J. R. (2000). *Something New under the Sun: An Environmental History of the Twentieth Century.* New York: W. W. Norton & Company.

McNeill, J. R., & McNeill, W. H. (2003). *The Human Web. A Bird's-eye View of World History.* New York: W. W. Norton & Company.

McNeill, W. H. (1976). *Plagues and Peoples.* Garden City, NY: Doubleday.

Niele, F. (2005). *Energy. Engine of Evolution*. Amsterdam: Elsevier.

Richards, J. F. (2003). *The Unending Frontier. An Environmental History of the Early Modern World*. Berkeley: University of California Press.

Samson, P. R., & Pitt, D. (Eds.). (1999). *The Biosphere and Noosphere Reader: Global Environment, Society and Change.* London: Routledge.

Sieferle, R. (2001). *The Subterranean Forest. Energy Systems and the Industrial Revolution.* Cambidge U.K.: The White Horse Press.

Simmons, I. G. (1996). *Changing the Face of the Earth: Culture, Environment, History* (2nd ed.). Oxford, U.K.: Blackwell.

Smil, V. (1997). *Cycles of Life: Civilization and the Biosphere.* New York: Scientific American Library.

Trudgill, S. T. (2001). *The Terrestrial Biosphere: Environmental Change, Ecosystem Science, Attitudes and Values.* Upper Saddle River, NJ: Prentice Hall.

Vernadsky, V. I. (1998). *The Biosphere.* New York: Copernicus. (Original work published in Russian in 1926)

Wright, R. (2000). *Nonzero. The Logic of Human Destiny*. New York: Random House.

旧石器时代的艺术

鉴于最近在非洲的考古发现，学者在越来越多的学科重新激起人们对旧石器时代（觅食时代）艺术的兴趣，展开了关于基本的世界史问题的讨论，包括：人类艺术创作的起源；使之成为可能的生理、心理、社会和文化条件；创造艺术已经成为我们生存不可或缺的一部分这一事实。

无论定居于地球的什么地方，人类对视觉艺术已经习以为常。在世界历史的语境中，这些艺术在旧石器时代（觅食时代）的最初表现值得关注。在1900年左右的数十年间，关于视觉艺术是什么时候以及如何形成的问题引起了艺术史、考古学和人类学专业学生的极大兴趣。但是在20世纪的大部分时间里，关于早期艺术形式的大多数讨论都未得到重视，它们处于学术关注的边缘，部分原因是用以诠释它们的各种各样的理论都具有高度思辨性。如今，有关旧石器时代艺术的问题再次成为热门话题，尽管猜测仍然存在。这一领域重新受到关注的一个重要因素是最近在非洲的考古发现。这些考古发现促使我们从时间和空间的角度重新彻底思考早期的艺术行为。各种新理论正被用于解释这些艺术创作的出现，为这一领域增添了令人兴奋的因素。本文介绍了旧石器时代艺术研究的最新进展。

美学的开端和意义

旧石器时代始于人类开始用石头制作工具，大约在250万年前。艺术史学家戴维·萨默斯（David Summers）富有挑战性地提出艺术史也始于这个时期。他论证说，无论艺术是什么，它都是指某种被制作的东西，也就是他所谓的“制作”（facture）。最早的尚不成熟的石器可能来自东非，他们确实提供了首个实物证据，证明人类有能力改造生产方式，在此也就是用另一块石头塑造一块石头。不过，我们使用规范的术语“艺术”，通常是指它的另外的特征，最常见的是“美学”或“意义”，以及常常是两者兼而有之。“美学”要求一件物品需要有吸引人的外表，方能称之为艺术。视觉艺术行为因而是指这样一种活动：改变人类的身体和物体，从而通过形状、颜色或线条赋予其突出的视觉趣味。如果强调“意义”，那就是要求一件艺术品要有参考性内容（可能其自身就很吸引人）。那么，艺术行为就是指绘画、着色、雕刻等活动，或者以其他方式创造的具有视觉刺激的东西，使人产生感性的和（或者）具有语义的参照物——在人类眼里是一只鸟、一位神、10的概念等等。显然，这两种可分析性的活动之间的界限即便有可能，往往也很难确定。比如改变人体外观，既表明美学效果，也标明其社会地位；又比如制作神像，尽可能地使其看起来健美，或者看起来令人害怕。

大约从140万年前开始，早期人类开始制作一种新型的石器，即所谓的手斧。直到50万至40万年前，这些梨形器物中的一些在正面和侧面都显示出惊人的对称性。打造出来的对称性使这件工具拿在手里较为舒适，但有些学者认为，这种对称性的设计超越了实用要求，引入了美学元素。此外，这些做工精美的器物所用的材料似乎也是经过精心挑选的，部分原因是其视觉效果（通常是闪闪发光的石头，特别是成品中间有一块化石）。虽然我们无从知晓这些器物对于当代观者有怎样的视觉冲击，但是，对称性的手斧可能是出现的第一个实物证据，它证明人类在制作物品时具有关注它们的视觉品质的倾向。

然而，在大约20万年前，当“解剖学意义上的现代人”在非洲出现的时候，这些手斧早已从考古记录中消失了。艺术的创造和使用尤其是与这一新的物种——智人具有密切的关联。尽管如此，直到最近的研究表明，直至大约3万年前，当智人抵达欧洲后，现代人类才开始涉足“艺术和个人装饰”。新的证据继续在很大程度上改变这一情况。

布隆伯斯洞穴的发现

布隆伯斯洞穴（Blombos Cave）是非洲大陆最南端的一个沿海遗址，该处最近的发现是现今有关早期艺术行为讨论的核心问题。克里斯托弗·亨希尔伍德（Christopher Henshilwood）带领挖掘队挖掘了一些东西，其中包括一块绘有网纹的赭石，它看起来是镶刻线的一种设计。当这一发现在2001年年底被公布的时候——布隆伯斯雕片可以追溯至约7.5万年前，考古学家认为这是迄今为止所知的最早的、确凿无疑的人造几何图案。布隆伯斯洞穴的发现在大众媒体上引起了广泛关注。报纸的头条将布隆伯斯赭石誉为“世界上最古老的艺术品”，而且声称，由于这一发现，“艺术的历史得翻番”。根据法国南部肖韦（Chauvet）发现的具象岩画所做的推断，艺术的历史大约有3.2万年。与此同时，在2009年公布的发现中，还有布隆伯斯洞穴的另一些雕刻画，最早的时间大约追溯到10万年前。

我们确实不太清楚布隆伯斯洞穴里发现的几何图案是不是为了让人赏心悦目而制作的。不过，学者观察到，为了认识他们所处的视觉环境，人类早就进化成对直线和重复图案等特征敏感。这种纯粹的几何图案会对大脑造成异常的刺激，并且增加视觉规律检测所带来的快感。大脑对视觉图形的天生反应因而可能解释为什么人类一旦具备必要的运动和思维能力，就开始创作几何图案。

然而，一些学者认为布隆伯斯洞穴的几何图案主要是象征主义上的。作为一种意向性视觉图像，它代表人认知进化的一个重要阶段，尤其是当能指与所指之间的关系是建立在一种传统或者主观的基础之上（也就是说，如果这是“纯粹的象征性的”）。虽然对于这些设计可能指的是什么这一问题尚不明确，这些象征性符号意味着布隆伯斯人具有抽象思维能力，而且能够将大脑外的信息储存和检索。他们自身具备的心智能力通常是以语法语言的存在为先决条件的，并不是因为语言也是类似的象征符号，而是因为要建立起雕刻作品与其既定意义之间的联系，语言必须介入其中。

对布隆伯斯赭石进行象征符号解读的人也注意到洞穴中的另一个发现：大约有 40 枚人为打孔的河口贝壳（织纹螺），显示出它们曾经被用线穿起来，并作为项链佩戴。考古学家受到民族志研究的启发，几乎普遍认为这些项链是一种象征符号，并且强调它们在表明个体和集体身份上的社会作用。贝壳项链可能包含佩戴者的年龄、族群、婚姻状况等信息，因而，它们被直观地烙上了社会分化的印记，甚至加剧了这种分化。

当布隆伯斯洞穴的贝壳这一发现在 2004 年首次被公布的时候，它被认为跟赭石的发现一样惊人。因为一般来说，这种类似的穿孔贝壳要追溯到 7.5 万年前，这几乎将人类拥有贝壳项链的时间向前推了一倍。这导致有人声称，布隆伯斯的贝壳项链太反常了，以至于关于其所处的这一时代的人类行为，不能据此得出有意义的结论。同时，在这些人为打孔的贝壳中，有些用赭石上色了，曾经也在摩洛哥塔佛拉特（Taforalt）的某一个洞穴中被发现，它们确凿无疑地产生于约 8.2 万年前。在洞穴里继续挖掘，发现了 8.6 万年前的贝壳项链。从北非及其相邻地区发现的打孔贝壳年代甚至可能更久远。有趣的是，所有这些项链都是用织纹螺制作的。被制作成贝壳项链的织纹螺来自南非，但项链却是在离海 200 公里的地方被发现的，这表明当时有交通运输，可能还有交换或贸易。

虽然考古学家认为这些贝壳项链是一种象征物，在描述它们可能

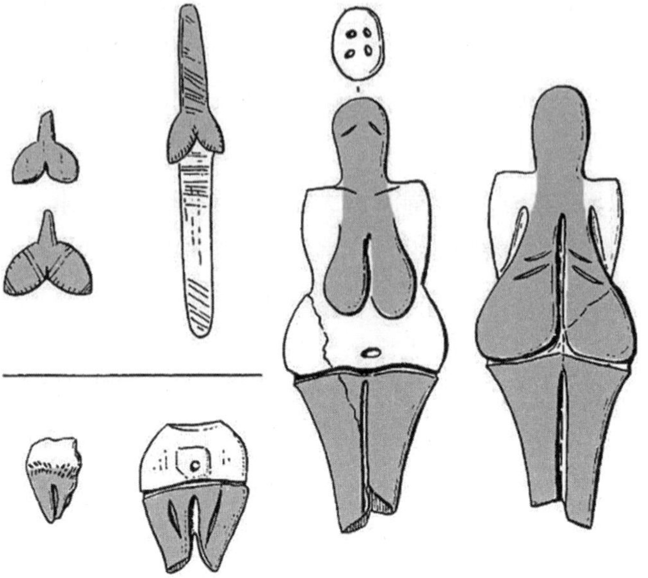

在维纳斯雕像的人性化象征中暗示了女性乳房与男性阴茎和睾丸相结合的一种奥秘。考古学家并不确定这些图像的功能是生育象征还是色情的早期形式。

是“项链”的用途时，考古学家使用了“纹饰”或“装饰”这样的词语，暗示戴这些项链也具有美感。事实上，在旧石器时代的语境中，贝壳作为项链还是展现出了视觉效果，诸如鲜艳的颜色和亮度。当相似大小的贝壳被串在一起的时候，一种重复图案的效果就出现了；颜色交替变换的效果也可能出现在图案中。审美和象征性功能并不互相排斥，它们实际上可能是相映成趣的。

一些人设法获得一些独特的贝壳，并且心灵手巧地通过钻孔的方式——这种手艺即便是今天的实验者也不能轻易完成，将它们制作成项链，这些人可能自己佩戴这些珍贵的财产，作为一种自我意识的直观展示。他们也可能将这些项链送给其他人，比如用于求爱信物；项链也可以作为一种工具，在族群之间建立和维持相互间的关系。按照今天世界范围内的做法，佩戴贝壳或其他吊坠可能早就具有保护性功

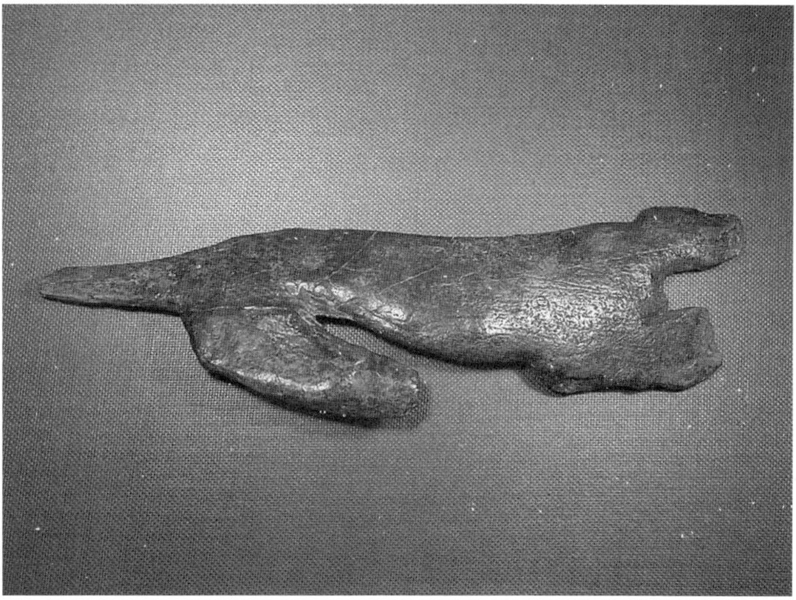

象牙雕刻的奔跑的狮子，出土于捷克共和国巴甫洛夫（Pavlov）。这个遗址揭示了旧石器时代晚期居民的狩猎和工具制作技术。

能，或者曾经被认为是一种能带来好运的法宝。

跟一些更古老的穿孔贝壳一样，布隆伯斯洞穴的项链有四条具有赭红色的痕迹，一种情况可能是故意着色，另一种情况可能是佩戴这些项链的人身上染了赭红色。在与解剖学意义上的现代人有关的非洲考古遗址中发现了数量庞大的赭石，尽管赭石的首次使用早于智人的出现，至少有几万年。一些赭石的表面有明显的刮痕。研究表明，赭石可能被用于制革、药用或作为黏合剂。不过，许多考古学家提出了一种更流行的“象征性”解释。他们猜想，这是在举行仪式时，赭石被应用到人们的身体上。虽然这种解释主要基于现代狩猎—采集者也有这种类似的行为（存在争议），但是，赭石极有可能对早期的现代人类具有某些“重要意义”。比如，已经被证实的是从10万年前开始，它们就被用于墓葬。

符号表象

在物体表面涂上赭红色在某种程度上也会产生几何图案和喻义图像。喻义图像将我们带入一个某些人称为“符号表象”的话题——人类或其他动物的二维或三维透视图。或者更确切地说，类似于那些在外部（或想象）世界中的事物所呈现的表象，尤其是动物群，也包括植物群、地形特征、人造环境和其他人类创造的物体。

专家似乎同意，相比创作和理解二维的符号描述，创作和理解三维的喻义图像对认知能力的要求更低。为了理解这种现象，可以从各个方面细想一下我们目前所知的人类第一种喻义或符号图像的创作：到目前为止，尚无清楚的证据表明非洲早期现代人类曾经创作过三维的喻义图像。此前，我们曾根据仅有的一些迹象，猜测他们可能使用易腐的、不可复原的，但更容易改变形状的介质，例如泥巴或包括木材在内的植物材料来创作三维的喻义图像。同样，在这个时期，我们缺少关于身体外表装扮形式的信息，包括鲜花、羽毛和编结的纤维（还有美发），或者还有一些可能的做法，像在沙子里画画或者用沙子画画。

有两块引发争议的石饰可作为早期符号表象的例子。事实上，两块石饰的时间都是在我们目前设想的解剖学意义上的现代人出现之前产生的。其中一块石饰是在摩洛哥的坦坦镇（Tan Tan）附近被发现的，发现的地质层时间暂定在 50 万至 30 万年前。被称为“坦坦雕像”的东西是一块小石头，自然形状像一个人。一些物品有自然凹槽，部分因素是其拟人化的外表（例如凹槽分出了“腿”的样子），似乎都是有意去突出的特点，被解释为试图增强其人的外观特征。有意思的是，红色颜料似乎已经被应用到这一物件的表面。另一块石饰叫“贝列卡特蓝”，发现于今天以色列的一处考古遗址，时间在 23.3 万年前，也呈现了类似的情况，是半原始或者说原始雕塑的产物，但更具争议性。

这些物件可能比较特殊并具有争议性，它们表明智人很早以来就具有在自然物中识别人类特征的能力。迄今为止最古老的标本是一块像人脸的自然风化的卵石，发现于南非马卡潘斯盖特（Makapansgat）一处距今有 300 万年之久的建筑遗址中，可能是被人从附近的河床带过去的。考虑到人类已经进化到对人类身体外形具有敏感性，尤其是在选择配偶时，他们日益增强的改变材料的能力最终会引导他们将物体精心制作成与人类的外形神似的地步，这并不令人感到奇怪。不过，人类后来所具备的这种能力应该是提醒我们对于其中所涉及的综合能力不可小觑。

那些让人想起动物的形状和轮廓的自然物，比如洞穴墙壁，似乎也有类似的吸引力。除了欧洲的洞穴壁画，我们还可以从 2006 年的一份报告中找到证据。该报告称，在博茨瓦纳的措迪洛山脉（Tsodilo Hills）的一处洞穴里发现了一大块岩石，它看起来像蟒蛇的身体和头部。岩石的表面有上百处人工凹槽，大概就是蟒蛇身上的鳞片。这些凹槽看起来是用从洞穴凿来的石器制作而成的，时间暂时追溯到 7 万多年以前。

“走出非洲”

大约在 8 万至 6 万年前，现代人离开非洲，移居到世界其他地区（在这些地方，他们逐渐取代了早期人类，比如欧洲的尼安德特人和亚洲直立人的后裔）。一群人沿着海岸线迁徙，可能沿着今天的阿拉伯半岛，经由印度，到达东南亚，再到澳大利亚——这块大陆极有可能还没有人类繁衍生息。另外一些移民，在某个时候，一路向北沿着河道移居到欧亚大陆。

在澳大利亚，现代人大概是 5 万年前到达这里。根据迄今为止最早的发现，包括时间在 3 万多年前的穿孔贝壳，移居此地的人类仍然佩戴贝壳项链。大致从这一时代开始，出现了墓葬证据，有覆盖赭石的人体骨骼。红赭石也被用在此处，它据称是当今世界发现的用于岩画的最古老的证据：一块涂有赭色的岩石，在澳大利亚西北部金伯利（Kimberley）被发现，时间约在4万年前。

这真的是人类在岩石上涂抹颜料的第一个证据吗？如果是的话，这是否意味着这种行为只是在现代人类离开非洲之后才出现的。而非洲最古老的画作是在纳米比亚的一处洞穴里被发现的，在一些石板上有动物的图像。这些画作的时间传统上认为大约在2.8万年前。然而，最近有一些学者认为，这些画作可能实际上出现于约6万年前。如果是这样的话，就增强了非洲是二维意象画发源地的可能性。这也进而表明，创作这种画作的能力可能是走出非洲的现代人类神经（尽管不一定是行为的）认知的一部分。

要找到迄今为止无可争议的最古老的三维画作的例子，必须转向欧亚大陆西部。在今天的俄罗斯顿河科斯腾基（Kostenki）遗址发掘出的最早的地质层表明，到达这一地区的首批现代人类至少在4.5万年前。发掘物包括贝壳项链和一个被处理成像人头的猛犸象象牙制品。更没有争议的发现则在德国西南部的福格尔赫德（Vogelherd），最近的发现包括一个很小的长毛象象牙雕像，以及一个被解释为狮子的动物雕像。这些雕像的时间可追溯至3.8万至3.2万年前。大致在相同的时间，前几年在费尔斯窟（Hohle Fels）也发现了一些雕像，同样在德国西南部。在这个地方，考古学家发掘出三个较小的象牙雕像：一个已知最古老的鸟雕像，一个像匹马的动物头部，以及一个被解释为半人半兽的雕像（猫和人两者特征的结合），它们能与1939年在霍伦斯泰因的斯塔德尔（Hohlenstein Stadel）洞穴发现的与上述象牙雕像大致相同时期的“狮子人”雕像相媲美，但后者的体形更大。

直到最近，属于欧洲旧石器时代晚期的所谓的“维纳斯雕像”在某种程度上是最近更常见的现象，这种雕像通常被认为表现了丰腴或者说肥胖的女性形象。这种情况最著名的例子是1908年在维伦多尔夫（Willendorf）被发现的，时间可追溯到约2.5万年前；这尊石灰石雕像立于一只手掌之中，带有红赭色彩。不过，2009年，考古学家宣布，他们发现了一尊用象牙雕刻的无头女性雕像，她有着硕大的乳房和臀部，雕刻于至少 3.5 万年前，而且事实上可能还要往前推几千年。这尊雕像来自费尔斯洞穴最古老的地质层，被认为是目前已知确切时间的最早的人体象征雕像。“维纳斯雕像”的功能和意义目前尚未知晓，有人推断它代表生育象征，也有人说它是色情的一种早期形式。

跟迁徙到澳大利亚的同胞一样，这些新近到达欧洲的现代人类不仅制作贝壳项链（以及其他类型的项链和吊坠），而且会在岩石上雕刻或绘制图画。在法国南部肖维岩洞中发现的动物素描和几何图案即证明了这一点。据推测，最早的岩洞大约有 3.2 万年的历史（比著名的拉斯科和阿尔塔米拉岩洞的历史长大约两倍）；其他发现也证明了这一点。直到 21 世纪初，欧洲实际上被认为是人类艺术行为的发源地，因为大约在 3 万年前，欧洲地区突然出现了项链制作、绘画和雕刻。学者将这一现象形容为“创造力的爆发”。

在更远的地方，从马耳他遗址到西伯利亚贝加尔湖以西地区，考古学家发现了描绘人体和鸟类的象牙雕像，距今约 2.3 万年。大多数像人的雕像看起来都像是女性，其中有一些穿着衣服。大部分鸟类雕像描绘的是飞翔的鸟（它们被解释为天鹅、鹅和鸭子）。像一些人类的雕像一样，这些鸟类的雕像也是打了孔的。通过比较 19 世纪和 20 世纪的西伯利亚狩猎—采集者的做法，这些穿孔的雕像被解释为“灵性导师”，系在萨满巫师的服装上。

解读旧石器时代的艺术

其他一些旧石器时代的艺术形式在今天也被置于萨满教的语境中加以解读，主要参考戴维·刘易斯-威廉斯（David Lewis-Williams）关于人类形象创造开端的有趣理论。这一研究的著作《洞穴中的思想：艺术的意识和起源》（*The Mind in the Cave: Consciousness and the Origins of Art*，2002）中指出，旧石器时代艺术的图像特征，即动物和几何设计，是在幻觉和“意识不断变化状态”中找到它们的起源的，尤其是在一种恍惚的状态中被“萨满巫师”诱导的经历（通过仪式、感觉剥夺或者精神药物诱导），从而人类的首个意象被创造成“符合”萨满巫师的幻觉经历。

在提出他的理论时，刘易斯-威廉斯借鉴了今天全世界的狩猎—采集社会中存在的萨满教的实践。他认为，现代人的大脑与数万年前旧石器时代的祖先基本相同。现在，当我们感知这个世界的时候，最终是大脑产生了我们所经历的图像。事实上，大脑甚至会在没有外部视觉刺激的情况下产生一些意象，就像在精神上的视觉化，或者更形象地说是在梦中，或其他意识不断变化的状态中（同样，例如当一个人稍微挤压一下眼球，会产生各种不同颜色的几何形态或抽象形态，偏头痛患者对某些东西会有更强烈的反应）。

研究还表明，大脑在恍惚状态下产生和呈现的图像，尤其是动物图像，会被解释为与另一平面上存在的现象有关，比如对“另类现实”的顿悟，或者是“另一个世界”的人。的确，刘易斯-威廉斯认为，现代人类的大脑不仅能够自我生成图像，而且能够记住这些图像，并以口头语言和视觉形象的方式与其他人分享和讨论这些图像。当萨满巫师暂时在“另一个世界”时，视觉形象清晰地记录了萨满巫师的所见所闻。

萨满教的仪式不仅包括以动物的形式体验灵魂，还包括萨满巫师化身为这样一个灵魂的存在。这可能有助于解释旧石器时代艺术中半人半兽雕像出现的原因。但是，一些研究者反对这种理论，他们认为，并不是所有的工艺品都跟半人半兽雕像一样可以被解释为体现人与其他动物的结合。比如，在霍伦斯泰因的斯塔德尔出土的所谓的“狮子人”或许也可以被描述为一头直立的熊。此外，其中一些形象据说相当罕见。事实上，在狩猎的语境中，它们也可能被解释为伪装成动物的人。不过，也有学者认为，关于幻觉的科学依据对刘易斯-威廉斯的神经心理学理论的支持并不多。

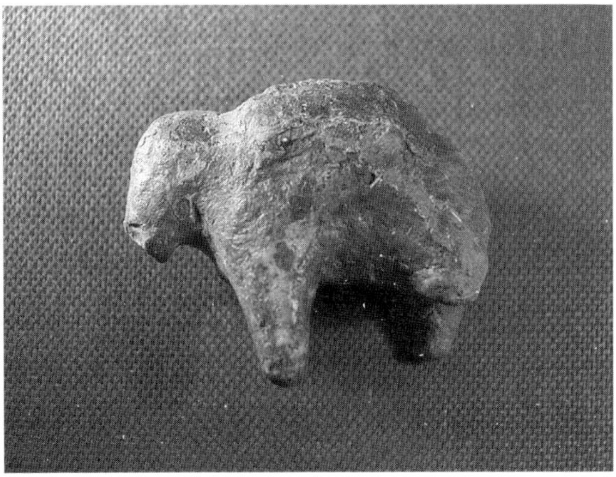

这只猛犸象也是在捷克共和国巴甫洛夫被发现的，它是目前所知世界上最早的陶瓷雕像之一。

北极生物学专家 R. 戴尔·格思里（R. Dale Guthrie）提出了另一种关于旧石器时代晚期艺术的叙述，不过，没有指出人类图像制作的前提条件和起源。格思里专注于冰期的欧洲，他认为洞穴壁上以及便携物品上的动物图像都源于它们的创作者对本地野生动物的痴迷。针对目前在史前艺术研究中盛行的“巫术宗教范式”，格思里假设，许多图像可能事实上是由男性后代在他所称的“睾丸素时刻”的刺激下制作的，比如打猎带来的兴奋感，或者与大型食肉动物遭遇。这种对旧石器时代艺术制作亵渎的视角也较有效地解释了常常发现在岩画、岩刻和其他艺术形式中的性意象。这种史前的“涂鸦”主要以女性和女性性器官来刻画，表现了年轻男子的性幻想或性经验。格思里的观点与约翰·奥奈恩斯（John Onians）的解释有共同之处，奥奈恩斯的分析基于最新的神经学研究成果。

旧石器时代的艺术一直是一个引人入胜、充满竞争的诠释理论的领域。目前争论的话题是，早期艺术形式是否具有“适应功能”，也就是说，艺术行为是否有助于从事这项活动的人的生存和繁衍。是否有可能，一旦视觉艺术诞生，这种创造视觉艺术的趋势就能够被传播

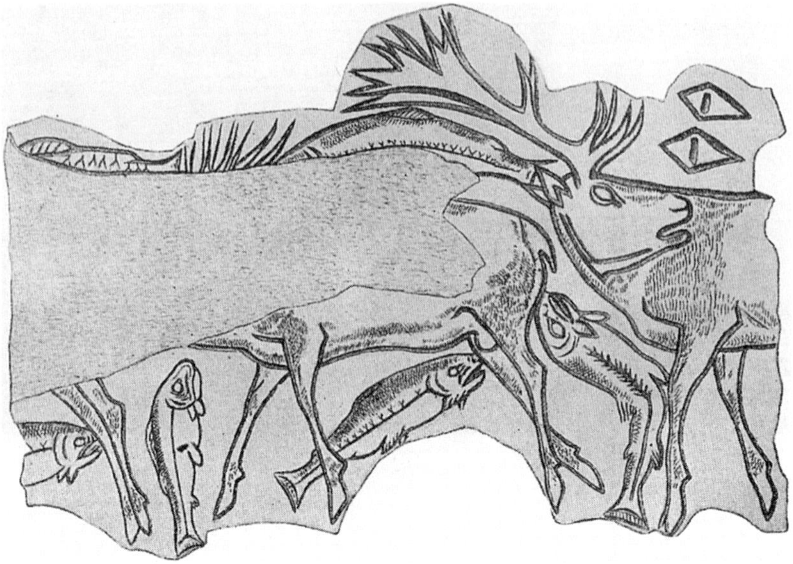

这幅画是在法国南部一个洞穴的岩壁上雕刻的，画的是鲑鱼和长着巨角的牡鹿，点缀着线条图案和交叉影线。

开来，因为它最终给如此倾向于创造视觉艺术的个体或群体带来了某种进化优势。在那些对艺术持适应主义看法的人中间，又存在一种差异：那些支持将艺术的角色置于个体冲突中进行解释的人（尤其是对伴侣而言，艺术可作为一种展示自己技能和创造力的方式）和那些争论艺术存在的社会利益的人，诸如它影响了群体团结、合作以及知识的代际传递（比如，通过使信息更令人难忘的方式）。否认视觉艺术可能被赋予适应性价值的学者认为，艺术只是人类能力和发展趋势的一种副产品，人类的能力和发展趋势本身可能即具有适应性，比如创造和操作工具的能力，以及对于某些颜色、线条、形状和主题具有积极的内在反应，这些能更好地帮助人类生存和繁衍。

旧石器时代艺术研究的前景

在数十年相对忽视旧石器时代艺术之后，旧石器时代艺术和随之而来的艺术起源的问题如今受到越来越多不同学科领域专家的充分讨论，包括考古学、艺术史和人类学，以及进化生物学和神经科学。随着新的考古发现以越来越快的速度被公布，这一跨学科的学者群正带来新的概念工具、解释框架和研究方法，不断对世界历史上的一些基本问题进行追问：人类何时何地开始制作和使用视觉艺术？什么样的条件（物理的、精神的、社会的、文化的）使这种行为得以成为可能？是什么原因使这种艺术行为在人类历史上被保存下来？艺术是如何日益成为人类的一部分的？

维尔弗里德·范·达默（Wilfried Van Damme）
莱顿大学和根特大学

进一步阅读

Anikovich, M.V. et al. (2007). Early upper Paleolithic in Eastern Europe and implications for the dispersal of modern humans, *Science, 315*(5819), 223~226.

Bahn, P. G. & Vertut, J. (2001). *Journey through the Ice Age*. Los Angeles: University of California Press.

Balme, J. & Morse, K. (2006). Shell beads and social behavior in Pleistocene Australia, *Antiquity, 80*, 799~811.

Bednarik, R. G. (2003). A figurine from the African Acheulian. *Current Anthropology, 44*(3), 405~413.

Bouzouggar, A. et al. (2007). 82,000-year-old beads from North Africa and the implications for the origins of modern human behavior. *Proceedings of the National Academy of Sciences of the United States of America, 104*, 9964~9969.

Clottes, J. (2003). *Return to Chauvet Cave: Excavating the Birthplace of Art*. London: Thames and Hudson.

Conard, N. J. (2003). Palaeolithic ivory sculptures from southwestern Germany and the origins of figurative art. *Nature, 426*(6965), 830~832.

Conard, N. J. et al. (2007). Einmalige Funde durch die Nachgrabung am Vogelherd bei

Niederstotzingen-Stetten ob Lontal, Kreis Heidelheim, Archäologische Ausgrabungen in Baden-Württemberg 2006, J. Briel (Ed.), 20~24. Stuttgart: Theiss.

Conard, N. J. (2009). A female figurine from the basal Aurignacian of Hohle Fels Cave in southwestern Germany. *Nature 459* (7244), 248~252.

Dart, R. A. (1974). The waterworn pebble of many faces from Makapansgat. *South African Journal of Science, 70*(6), 167~169.

d'Errico, F., Henshilwood, C. S., & Nilssen, P. (2005). *Nassarius kraussianus* shell beads from Blombos Cave: Evidence for symbolic behavior in the Middle Stone Age. *Journal of Human Evolution, 48*(1), 3~24.

Dissanayake, E. (2008). The arts after Darwin: does art have an origin and adaptive function? In K. Zijlmans and W. van Damme (Eds.), *World Art Studies: Exploring Concepts and Approaches*, 241~263. Amsterdam: Valiz.

Guthrie, R. D. (2005). *The Nature of Paleolithic Art*. Chicago: University of Chicago Press.

Henshilwood, C. S. et al. (2002). Emergence of modern human behaviour: Middle Stone Age engravings from South Africa. *Science, 295*(5558), 1278~1280.

Henshilwood, C. S., d'Errico, F., & Watts, I. (2009). Engraved ochres from the Middle Stone Age levels at Blombos Cave, South Africa. *Journal of Human Evolution, 57*(1), 27~47.

Hodgson, D. (2006a). Understanding the origins of paleoart: The neurovisual resonance theory and brain functioning. *PaleoAnthropology 2006*, 54~67.

Hodgson, D. (2006b). Altered states of consciousness and palaeoart: An alternative neurovisual explanation. *Cambridge Archaeological Journal, 16*(1), 27~37.

Lewis-Williams, D. (2002). *The Mind in the Cave: Consciousness and the Origins of Art*. London: Thames and Hudson.

McBrearthy, S. & Brooks, A. S. (2000). The revolution that wasn't: A new interpretation of the origin of modern human behavior. *Journal of Human Evolution, 39*(5): 453~563.

Mithen, S. (2003). Handaxes: The first aesthetic artifacts. In E. Voland and K. Grammer (Eds.), *Evolutionary Aesthetics* (261~275). Berlin: Springer.

Morwood, M. J. (2002). *Visions of the Past: The Archaeology of Australian Aboriginal Art*. London: Allen and Unwin.

Onians, J. (2008). Neuroarthistory: Making more sense of art. In K. Zijlmans and W. van Damme (Eds.), *World Art Studies: Exploring Concepts and Approaches*, 265~286. Amsterdam: Valiz.

Schlesier, K. H. (2001). More on the "Venus" figurines. *Current Anthropology, 42*(3), 410~412.

Summers, D. (2003). *Real Spaces: World Art History and the Rise of Western Modernism*. London: Phaidon.

White, R. (2003). *Prehistoric Art: The Symbolic Journey of Humankind*. New York: Harry N. Abrams.

生物交换

除了少数例外，在地球的大部分历史中，植物、动物和疾病只在有限的地理范围内传播。人类有意地和无意地在自然界中传播物种，促进了生物交换。随着人类远行机会的增加，生物交换的机会也随之增加，这往往造成巨大的后果。

在地球上的生物的大部分历史中，海洋和山脉之类的地理障碍分割了这个星球，并且限制了大多数物种的迁移。只有鸟类、蝙蝠、会飞的昆虫以及水性好的生物可以不断地突破这些障碍。由于海平线的改变和陆桥的存在，或者随着浮木的偶然航行，少许物种也能偶尔越过这些障碍。然而，对于大部分物种来说，在大多数时间里，生物进化发生在相互隔离的生物地理区域。

大陆内部的生物交换

当人类开始长距离迁移时，这种长期存在的相互隔离的阶段结束了。在史前历史的漫长时期中，原始人（直立的两足灵长类哺乳动物）穿越非洲和欧亚大陆，偶尔将一些植物、种子、昆虫、微生物或者啮齿类动物带到一个地方。如果不是人类，这些物种自己是到达不了这些地方的。随着 1 万至 1.2 万年前动植物被驯化，人们开始有目的地、更频繁地传播这些物种。大多数易于被驯化的动植物生活在欧亚大陆，那些对气候和日照时间（一些开花植物从白天开始开花）敏感的动植物多数沿欧亚大陆的东西轴线扩散开来。欧亚大陆和北非农业和畜牧业赖以存在的一系列驯化动植物按照过去的标准几乎是在同时传播开来的，虽然事实上这种传播经历了几千年。毫无疑问，由于人类扩散造成的外来物种对本地生物地理区的入侵，这一传播过程从生物学角度来看具有高度破坏性。与此同时，从历史上看，由于农民、牧民和最终国家的扩散，这一传播过程也极具破坏性，它淘汰了那些不能适应变化中的生物地理区、疾病机制和政治形势的人。在非洲和欧亚大陆这种混乱之外，生物交换出现于从中国到地中海的古代文明大国。这些文明社会均建立在这种相互交汇又不完全相同的动植物群上。

非洲—欧亚大陆内部的生物均一化有其极限。换句话说，北非与东亚之间的联系在公元前500年以前更加脆弱。不断变化的地形和天气也阻碍了物种的传播。据推测，这一过程在区域间联系蓬勃发展的时期加速，例如，在各帝国为货物的流通和人民的交往创造有利的条件时。再比如，中国的汉朝（公元前206—公元220年）和古罗马帝国，凭借穿越亚洲的丝绸之路，引发了一次生物交换的小高潮。樱桃在这一时期传入了地中海，可能还有天花和麻疹；高粱从东非途经印度传到中国，葡萄、骆驼和驴则来自亚洲西南部和北非地区。

在欧亚大陆的历史上，又发生了两个生物交换高峰期。下一个时期出现在中国的唐朝（公元618—907年）初年。唐朝的统治者来源于不同的族裔和文化传统，他们在一个半世纪里对外国事物表现出浓厚的兴趣：贸易、技术、文化（比如佛教）和动植物。朝廷引进异族事物：珍奇生物、芳香植物、观赏花卉。这些新奇的东西多数对社会和经济发展无关紧要，但是其中一些，比如棉花（从印度引进）则不是无关紧要的东西。虽说唐朝在文化上善于接受陌生的动植物，但是它的政治条件也有助于此：他们的政治权力主要在西部边疆，公元750

年以前的地缘政治形势总体上促进了贸易、旅行和交通，从而使生物交换成为可能。

在大致一个半世纪的时间里（公元600—750年），中亚地区的许多政治组织时常合并商旅，开展一些简单的旅行，以降低护卫成本。一批大的帝国横行于整个中亚地区，使得中国、印度和波斯帝国（今天的伊朗）之间的联系比以往更安全。公元751年以后，随着穆斯林击败唐朝武装力量，以及公元755年以后安史之乱动摇了唐朝的统治基础，这一地缘政治安排土崩瓦解。此后，地缘政治稳定性和唐朝对外来事物的包容性都被改变，此消彼长，阴晴圆缺，生物交换的机会变得越来越少。

欧亚大陆内部的另一个生物交换高峰期出现在13和14世纪"蒙古治下的和平时期"（蒙古的和平时期）。到这一时期，大多数可行的动植物交换业已发生。不过，穿越中亚沙漠—草原走廊的交通能力的增强为中国带去了胡萝卜和柠檬的某个品种，也向波斯输入了小米的某个品种。很有可能，这一交通路线也使得杆菌从中亚地区迅速扩散，造成腺鼠疫，引发了著名的黑死病，这是欧亚大陆西部和北非地区历史上记载的最严重的一次流行病。在这两个世纪，瘟疫可能也重创了中国，尽管现有的证据尚不明确。

虽然欧亚大陆（以及北非）的生物交换实际上并未结束，但其显示出，无论什么时候，政治状况都在削弱地区间的联系。约公元200年后，随着两个促进欧亚大陆内部长途旅行和贸易的"和平时期"的衰落——"古罗马治下的和平时期"（古罗马的和平时期）和"中国治下的和平时期"（中国的和平时期），欧亚大陆—北非的生物交换进程在总体上放慢了。在那个时期，从新几内亚引进的甘蔗已经在印度扎根。小麦已经被广泛传播到其可以生存的大多数地区，同时还有牛、猪、马、绵羊和山羊。即使在政治和经济条件促进生物交换的时候，地区之间需要的生物交换也越来越少。

与此同时，在其他大陆，尽管规模较小，相似的生物交换和均一化过程也在发生。在美洲，玉米从中美洲地区（北美洲以南的地区，在前哥伦布时期，由那些具有相同文化特征的族群占据着）向北方和南方传播，似乎因为需要适应不同纬度地区的不同日照时长，这一进程很缓慢。在非洲，2000 年前的班图移民可能将一些作物传播到整个东非和南非地区，而且可能也带去了传染病，从而减少了此前隔绝的非洲南部原住民人口。非洲和美洲历史上的这些事件也是生物学上的大变动和政治混乱，虽然证据并不充足。

从生物学的角度来看，人类促进生物交换的过程无疑也选择了各种各样的物种，即那些与人类活动息息相关的物种：驯化物、共生物（不通过破坏和受益的方式从其他生物那里获得食物或其他好处的有机体），以及生长在受干扰土地上的植物，其中大部分我们通常称为“杂草”。在由人类迁徙和互动而扩散的新机制下，这些物种得以蓬勃成长；因为它们，历史发生了有利的转折。事实上，人类在某种程度上为它们而工作，将它们的基因广泛地传播到大陆各处和未来。

生物交换和生物入侵

洲际生物交换也有着悠久的历史。4 万至 6 万年前，首先迁徙到澳大利亚的人可能偶然带了一些物种过去。大约 3500 年前，后来迁徙到澳大利亚的移民特意将野狗（一种体形较大的狗）带到此地，成为澳大利亚历史上首种被驯化的动物。这种野狗很快就扩散到除孤岛塔斯马尼亚之外的地方，融入其他所有的本土原生动物群中，而且形成了野生群体。这是一种很有用的猎狗，它导致了一些本地哺乳动物的灭绝。狗（不是澳大利亚野狗）也是美洲首先被驯化的动物，是在最后一个冰期由跨越西伯利亚—阿拉斯加陆桥的第一批定居者带去的。在这里，狗可能也对本地大型哺乳动物的减少产生了重要影响，而其中许多本土原生动物在人类到达南北美洲后迅速灭绝。在整个太平洋西南部和波利尼西亚，最初定居在那些无人岛的人也引起了重大的生态变迁，包括大量物种的灭绝，时间从约4000年前直到约700年或者1000年前新西兰殖民地的形成。

所有这些例子都反映了对“处女”岛屿的入侵——这些大陆和岛屿过去杳无人烟、鸟兽绝迹，换句话说，不存在刀耕火种。这个事实有助于解释这种令人吃惊的影响，特别是在人类定居澳大利亚、新西兰和美洲之后的物种灭绝。

最终，人类开始横跨海洋，把动物、植物和病原体从一个人类群落带到另一个人类群落。在许多情况下，这种传播的唯一证据就是引进物种的存在。南美洲的本地物种甘薯在公元1000年以前就以某种方式被传入波利尼西亚中部地区，并且随后广泛地传播到整个大洋洲（太平洋中部和南部的陆地）。甘薯是一种脆弱的作物，不能通过浮木漂流的方式到另一个地方生存；因此，没人怀疑它是由人类带到这些地方去的，尽管没有人知道是什么时候，通过什么方式，以及由谁带过去的。而甘薯最终也成为太平洋以西地区、新几内亚高地的主食；在东亚的部分群岛和内陆，它在一定程度上也成为当地的主食。

第二批神秘越洋作物的传播发生在印度洋海域，大约在公元500年前。有人把香蕉、亚洲山药和芋头带到了东非。这种作物很值得被传播到这里，因为它们在潮湿的环境中生长得很好。小米和高粱则随着班图族的扩散被引入非洲中部和东南部地区，以适应干燥的环境。香蕉的一个品种大蕉生长于从印度到新几内亚的荒原中。语言和遗传证据表明，它们早在3000年以前就来到了东非沿岸，然后在大约2000年以前被传播到非洲大湖（Great Lake）以西的森林地带，差不多就是班图人迁徙到此地的时间。很可能因为说班图语族群的成功——这往往归因于使用铁，所以他们很成功地接纳了这些外来作物。相对而言，他们是东非和南非的新来者，但是，他们对于现行的生态模式所花成本较少，在实验性探索中受到的阻碍也更少。香蕉、芋头和山药可能不止一次被引入东非地区，而且几乎可以肯定的是，在距今并不远的公元500年以前，这些物种被再一次带到马达加斯加定居地。这些亚洲的作物帮助农民成就了非洲中部潮湿的热带森林殖民地的辉煌（虽无记录），马达加斯加定居地也是这样。

其他几个发生在公元1400年以前的重要的洲际生物传播主要是在非洲与亚洲之间，这条线路对航行造成的障碍很小。非洲的珍珠粟是现今世界上第六重要的谷物，来自西非的稀树草原。它在3000年前被引入印度，现今约占印度谷物种植面积的10%。大约在同一时期，非洲东部的高粱也进入印度，最终成为印度仅次于大米的第二大重要谷物。高粱茎也是有用之物，是印度牛的饲料。龙爪稷也来自非洲，被引进印度仅1000年左右的时间，成为喜马拉雅山山麓一带和印度南部地区的主食。传播到以印度为主的南亚地区的非洲作物主要是耐旱作物，这一传播路线为这种作物开辟了新的种植区域，并且在供水不稳定的地区获得了更稳定的收成。这些例子显示了大约3000至1500年前出现在印度洋沿岸的一个作物交换生机勃勃的图景——杂草、疾病和动物或许也是如此。印度洋的季风帮助这一地区在世界海洋事业中较早成熟，因此也有利于生物交换的较早产生。

南亚从非洲接收新作物的同时，也向中东地区和地中海传播新的物种。在相对和平的阿拔斯王朝（749/750年—1258年）治下，即10至13世纪，阿拉伯贸易商队将糖、棉花、大米和柑橘类水果从印度运输到埃及和地中海地区。这些植物及其栽培技术也随着货物到达埃及和地中海，从而引发了北非、土耳其安纳托利亚和南欧炎热而疟疾肆虐的沿海地区的一场小小的革命。它们为许多沿海平原带去了周期性耕种模式，这是自古罗马帝国建立以来的第一次。糖和棉花只需要无技术和无斗志的奴隶劳动就能蓬勃发展；它们被引进可能加快了奴隶劫掠行为的产生，使地中海和黑海地区的人长达几个世纪都处在担惊受怕的状态中。在黎凡特（东地中海沿岸国家）、埃及、塞浦路斯、克里特岛、西西里岛、突尼斯和西班牙安达卢西亚等致命的疟疾海岸，要维持一支劳工大军正常运转，必须不断从毫无防御的农民那里补充食糖。这种要求将奴隶商人和劫掠者带到了黑海沿岸，以及穿越撒哈拉沙漠直到非洲的大西洋沿岸。摩洛哥——一个发端于苏斯和德拉河谷（Sous and Draa River valleys）流域的种植园的国家，将蔗糖和非洲奴隶以一种有利可图的方式结合在一起，而这种方式将很快传播到大西洋上的岛屿，诸如加那利群岛和马德拉群岛，最后到达美洲。

第二条交换通道将地中海盆地与西非连接起来。虽然这一交换实质上并不是洲际的，撒哈拉沙漠在几千年来都类似于一片汪洋大海，正如阿拉伯语“海岸”（sahel，萨赫勒）一词暗示的那样。在克里斯托弗·哥伦布横渡大西洋1000年前，某个未知的人种穿越撒哈拉沙漠，重新将地中海和萨赫勒地区连为一体。由于撒哈拉沙漠日益干旱，这里自公元前3000年左右就开始四分五裂。跨撒哈拉的贸易在盐、奴隶和黄金中兴盛起来。然而，这一统一毫无疑问包含生物学方面的因素。马似乎就是通过跨撒哈拉贸易首次在西非亮相。语言学证据表明，他们来自非洲北部的马格里布地区（Maghreb）。马最终在萨赫勒地区的一场军事革命中成为决定性的因素，创造出骑士贵族阶层，他们在14世纪建立了帝国。骑兵是西非的卓洛夫（Jolof）、马里（Mali）和桑海（Songhai）三个帝国的主要军事力量。通过劫掠奴隶，骑兵也支撑了帝国的经济。在生态条件允许的时候，这些帝国自己繁殖战马，而当条件不允许的时候，就进口战马，通常从摩洛哥进口。不论是哪种情况，西非的社会、经济和政治历史都因为马的到来而走上了新的发展道路。

这些事实表明，早在大航海时代到来前，太平洋、印度洋和撒哈拉沙漠之间的贸易和殖民联系带来了生物交换，有力地影响了历史进程。哥伦布、葡萄牙航海家费迪南德·麦哲伦（Ferdinand Magellan）、英国海军上尉詹姆斯·库克（James Cook）和其他人的航海事业，带来了进一步的生物交换，从而颇为艰难地将这一历史进程扩展到以前在生物学（在其他方面也一样）意义上与世隔绝的大陆。

生物全球化

公元1400年后，水手几乎将人类居住的地球的每一个角落都变成了生物学上相互影响的单位。世界上的海洋和沙漠不再是孤立的生物地理区域。因为植物、动物和疾病传播到所有生态环境允许它们存在的地方，所以，世界变成一个没有生物边界的地方，尽管它们的传播速度和传播程度往往取决于贸易、生产和政治模式。

哥伦布开启了跨大西洋的常规生物交换。通过这种方式，美洲获得了大量新的动植物和致命病毒，后者使美洲人口在1500—1650年大幅减少。同时，非洲和欧亚大陆也从美洲获得了许多有用的作物，尤其是马铃薯、玉米和木薯（树薯）。美洲的生态系统和社会由新的生物和新的文化重新塑造，对非洲和欧亚大陆也是如此，虽然谈不上灾难性的。新的粮食作物促进了欧洲和中国的人口增长，可能也促进了非洲人口的增长（这一点没有确凿的证据）。玉米和马铃薯改变了欧洲的农业，就像玉米和甘薯改变了中国的农业一样，从而为集约型生产提供了可能性，并且使那些不适宜种植小麦、大麦、黑麦或水稻的地方也有作物产出。在非洲，玉米、木薯和花生成为重要的作物。如今，2亿非洲人以木薯为主食。其他大部分地区，主要在非洲南部和东部，则以玉米为主食。

这些现代的生物交换有其政治意义和语境。在美洲、澳大利亚和新西兰的欧洲帝国主义促进了欧洲（或者通常说的欧亚大陆）动物、植物和病毒的传播；与此同时，后者也促进了欧洲帝国主义的发展。欧洲人带去了一个生物群（一个地区的植物和动物），这有利于欧洲殖民者的迁徙、欧洲强国的殖民和欧亚大陆物种的传播，从而创造了研究这些进程最著名的历史学家艾尔弗雷德·克罗斯比所称的“新欧洲”，包括澳大利亚、新西兰、北美洲大部分、巴西南部、乌拉圭和阿根廷。

在新欧洲之外，美洲也现出了所谓的“新非洲”。超过1000万非洲人乘坐奴隶船到达了美洲。跟随这些船只到来的还有黄热病和疟疾，它们深刻地影响了美洲的殖民模式。这些船只也从非洲西海岸带来了非洲稻米，奠定了18世纪南卡罗来纳州和佐治亚州沿海经济的基础，对于南美洲苏里南的发展也至关重要。还有其他的非洲物种也随船到达：秋葵、芝麻和咖啡（虽然不是与奴隶船只一起来的）。非洲生物对美洲的影响没有随奴隶贸易的结束而停止。后来，非洲蜜蜂被进口到巴西，杂交出一种“非洲化”蜜蜂，从20世纪50年代开始在美洲大部分地区繁衍。

航海时代前所未有地将各大陆连为一体。但是，帆船并不是对所有生物都适宜。它们淘汰了其中一些，有些是出于某种原因不能在长途旅行中生存的生物，有些是帆船无法为其提供维持生存的条件的生物。蒸汽时代和后来的航空时代进一步打破了生物交换的阻碍，外来的入侵物种中有越来越多新的生物增加进来，加速了新旧迁徙物种的扩散。

比如，19世纪末，铁船的出现开启了一个新的生物交换的时代，它涉及的物种来自世界各地的港口和江河入海口。19世纪80年代以后，铁船开始载水作为压舱物。很快，专门的压载水舱成为标准。因此，举例来说，一艘从日本横滨开往加拿大温哥华的铁船会注入一舱的水，而且很可能，一些日本海岸的海洋生物也随水注入舱中，一起横跨宽阔的太平洋，然后在装运加拿大的货物之前，在日本注入的水和海洋生物就会被倾倒在普吉特湾（Puget Sound）。19世纪30年代，日本蛤蜊就搭上了这样的“便车”，一到达普吉特湾，就在那里的海床繁衍，在不列颠哥伦比亚省和华盛顿州创造了一个价值数百万美元的蛤渔业。1980年左右，来自美国东海岸的一种水母对黑海的渔业造成了灾难性破坏。1985年或1986年，原产于黑海和里海的斑马贻贝统治了北美五大湖区和从底特律附近的一个滩头开始的水系。为了防止它们在城市供水系统、工厂及核电站取水时被注入，美国和加拿大花费了数十亿美元。

最近侵入北美五大湖区的物种是鱼钩蚤（fishhook flea），一种原产于里海和黑海水域的甲壳类动物。1998 年，它首次出现在安大略湖，而今漫布于整个五大湖区和纽约的手指湖群，对休闲渔业和商业渔业均造成威胁，并且破坏了五大湖区的食物链。20世纪70年代和80年代，苏联农业的失败及北美谷物贸易的扩张，开创了船舶交通的新模式，并很快造成了破坏性的生物交换。如今，3.5 万艘远洋轮船和 3000 种海洋生物随时都在运输途中，以前所未有的方式将世界各地的港口和江河入海口的生态系统连接起来。由压水舱进行的生物交换只不过是现代正在进行的生物交换旋涡的一种单一形式。现在，运输、旅行和贸易的规模如此之大，速度如此之快，以至于地球上动植物的大规模同质化也在进行之中。

观点

超越世俗的视角让我们看到地球上所有生命的整个历史。从这个高度来说，过去的一万年似乎就是生态系统的一个瞬时同质化的进程，是地球历史上的一个新时期。通过贸易和旅行，人类已经为以前属于不同空间中的生物建立了联系，一眨眼的工夫就再现了以前在大陆漂移过程中完成的事情。大约 3 亿到 2.5 亿年前，世界上的大陆融合成为一个单一的超级大陆，叫作“泛大陆”（Pangaea）。生物以前彼此相互隔离，如今相邻而居。其中大量生物在约 2.2 亿年前灭绝，也许部分是因为这种新的适应过程（虽然还有其他理论解释）。爬行动物继承了地球，在世界各地繁衍。在过去的几千年里，人类这一物种再一次把各大陆融合起来，在一定程度上也融合了海洋，这很可能引发（通过各种方式）地球历史上的第六次大灭绝。

而从世俗的视角来看，其他的图景呈现在眼前。生物交换的过程受运输技术影响很大。船只、远洋船舶、压载舱、铁路和飞机的发明均导致了生物交换模式的变迁和激增。运输技术是一个因素，政治是另一个因素。

一些国家和社会对引进外来物种表现出极大的热情。古埃及和美索不达米亚的君主通过维持养有外来动植物的花园和动物园来巩固他们的威望。上文提到的唐朝就对此表现出类似的热情。托马斯·杰斐逊（Thomas Jefferson）曾经在弗吉尼亚倾其所能种植水稻，养蚕。后来，美国政府雇用了一支植物勘探队，他们在全球搜寻有潜在作用的物种，并将成千上万个物种带回美国。19 世纪，澳大利亚和新西兰以“适应社会”为主要特征，进口得到他们许可（一般来自英国）的物种。如今的美国、澳大利亚、新西兰和其他许多国家斥巨资以阻止不需要的物种进入国内，希望对生物入侵防患于未然，而不是姑息纵容。总体来看，美国现在花在防止生物入侵上的钱比防止其他所有自然灾害的钱加起来都多，包括洪水、飓风、龙卷风、地震等等。

除了任何社会都倾向于想拥有异国物种这一因素外，地缘政治性质的变化也影响着生物交换。贸易和旅行，包括生物交换延长了和平的时期，缩短了战争、劫掠和海上抢劫的时期。或许，帝国的重新统一为生物交换提供了最佳的政治环境。国家之间的无序竞争状态限制了贸易和旅行，从而可能抑制了生物交换，尽管海陆机动部队对其有一些影响。此外，帝国主义似乎也刺激并加速了“集中”的进程：植物园或类似园林的出现。19 世纪末在伦敦之外出现的英国皇家植物园即证明了这两者之间的重要关联，橡胶种子因而从巴西传播到马来西亚，在东南亚开始了新的种植园经济。帝国主义的巩固与无政府主义斗争之间的摇摆形成了另一种影响生物交换史的格局。当然，这种格局反过来也受到生物交换的影响，就像非洲热带稀树草原的马一样。

人们只能假设生物交换史上的这种模式。要证明这些模式的有效性将需要大量证据，这远远超过我们合理希望发现的范围。然而，可以肯定的是，在过去的一万年中，生物交换一次又一次地改变了历史。下一个一万年将截然不同：由于多数生物交换已经发生，现有的物种将较少发生交换。然而，新近改造的物种将偶尔发生变异，形成不可预测的生物戏剧。其中一些物种肯定有助于塑造未来。

约翰 · R. 麦克尼尔
乔治敦大学

进一步阅读

Burney, D. (1996). Historical perspectives on human-assisted biological invasions. *Evolutionary Anthropology, 4,* 216~221.

Carlton, J. H. (1996). Marine bioinvasions: The alteration of marine ecosystems by nonindigenous species. *Oceanography, 9,* 36~43.

Carney, J. (2001). *Black Rice: The African Origins of Rice Cultivation in the Americas.* Cambridge, MA: Harvard University Press.

Cox, G. W. (1999). *Alien Species in North America and Hawaii.* Washington, DC: Island Press.

Crosby, A. (1972). *The Columbian Exchange: Biological and Cultural Consequences of 1492.* Westport, CT: Greenwood Press.

Crosby, A. (1986). *Ecological Imperialism: The Biological Expansion of Europe, 900–1900.* New York: Cambridge University Press.

Curtin, P. (1993). Disease exchange across the tropical Atlantic. *History and Philosophy of the Life Sciences, 15,* 169~196.

Dodson, J. (Ed.). (1992). *The Naive Lands: Prehistory and Environmental Change in Australia and the Southwest Pacific.* Melbourne, Australia: Longman Cheshire.

Groves, R. H., & Burdon, J. J. (1986). *Ecology of Biological Invasions.* Cambridge, U.K.: Cambridge University Press.

McNeill, W. H. (1976). *Plagues and Peoples.* Garden City, NJ: Anchor Press.

Mooney, H. A., & Hobbs, R. J. (Eds.). (2000). *Invasive Species in a Changing World.* Washington, DC: Island Press.

Watson, A. (1983). *Agricultural Innovation in the Early Islamic World: The Diffusion of Crops and Farming Techniques.* Cambridge, U.K.: Cambridge University Press.

承载能力

在特定环境中，人口增长理论上受到资源的可用性和对疾病或灾害的限制，因此一个地区所能支持的生物体的最大数量或密度被称为承载能力。人类的极限是未知的，因为人类面临稀缺的时候会迁徙到新的区域，采用新的资源，或者发明新技术来提高承载能力。

承载能力是在给定的环境中，特定大小的生物体能够无限期地承载一定数量的种群的理论极限。这个极限一般用食物供应来表示，但是，与密度相关的疾病可能是历史上大部分时间里限制许多动物和人类数量的最关键因素。其他的限制性因素可能还包括特定的营养物质或水源，甚至是对高密度人口数量心理压力产生的生理反应。“最低限度法则”是指无论何种资源都设定为最小的供应量，或者使最低的人口密度维持活力的限度。

如果食物是有限的资源，正如通常所假定的那样，那么，任何食物消费者的数量都受限于食物供应的再生能力。如果消耗资源的动物只吃再生的那部分（举例来说，如果狼只吃每年新生的绵羊，或者绵羊只吃重新生长出来的草），消费者和食物供应之间在理论上就会永远在平衡状态中共存（除非环境本身发生变化）。这一平衡可能是静态的，也可能随着两个群体数量的变动而相应波动。比如，当狼群将绵羊吃光时，它们自身的数量也会减少，从而保证绵羊再繁殖。如果消费者吃的猎物持续多于猎物本身的再繁殖数量，那么猎物的数量将会减少，甚至走向灭绝，消费者也一样。超过承载能力造成的结果要么是消费者过多的死亡率，要么是因营养不良或疾病而降低了生育率，或者两者兼而有之。消费者群体中与密度相关的社会动态也会影响死亡率与生育率。同样的原则也适用于以有限资源维持生存的特定的孤立人群（比如在北极或极端的荒漠地带）。人类在这些地区无处可去，没有替代资源，运送食物的能力有限，人类群体提高资源增长的能力也有限。

人类的承载能力

承载能力在人类历史上的重要性是一个有争议的问题。马尔萨斯主义论调认为，人口的数量——并由此推断——受到食品相关技术的限制，而食品相关技术只能通过人类偶然的发明来发展。托马斯·马尔萨斯认为，人口不可能无限地增长，因为人口的增长最终会超出其食物供应量。如果人类吃的东西超过地球通过技术而提高的承载能力，后果将不堪设想。

尽管马尔萨斯关于长远的未来的设想或许是对的，但是，关于人类迄今为止的多数历史和不远的将来，他又明显是错误的。对于作为整体的我们这种物种的增长，“承载能力”的概念显然从整体和长远来看是不实用的（虽然这一概念在地方上和短期来看几乎肯定是实用的）。

人类是杂食动物，吃的东西范围异常广泛（而且仍在扩大）。我们应对食物短缺的方式是扩大饮食的范围。（很少有人会在限度内消耗完所有可食用资源，除非因为饥饿被迫如此。）我们也会扩大我们控制的环境范围，并且会将食物从一个地方转移到另一个地方。最重要的是，我们会通过额外劳动来获得并加工食物，从而增加食物供应量，

曼丹水牛莓采集人。爱德华·S. 柯蒂斯（Edward S. Curtis，1868—1952年）拍摄。任何食物消费者的数量皆受限于其食物供应的再生能力。美国国会图书馆。

显示出我们具有的巨大能力。

在人类历史上，供求关系作为人类食物供应的决定因素，其相对重要性一直存在争议。许多学者认为，马尔萨斯严重低估了人口自身不断增长的能力，他们会强行在食物选择、技术和相关行为方面进行改变。纵观历史，人类每做一次调整，最终都会促使新技术被采用（而不仅仅是发明）。如果需求能推动供给，那么承载能力作为一个固定极限的含义就必须被质疑。

在人类历史上，经济需求重要性的证据有很多种形式。人们吃的新食物通常比被补充的食物更不可口、更没营养，并且更难得到，因此，不大可能只是因为它们被发现或者新技术被发明就被采纳。许多新拓殖的环境很明显并不是人们喜欢的（沙漠、热带雨林和北极），人们也不会很情愿地去拓殖。为改善粮食供应而采取的许多新技术或措施导致食物质量下降，或食物获取技术效率降低。在历史上的多数时候，逐步发展中的经济似乎都涉及收益递减，尤其是在人类健康和营养质量方面。

觅食者的承载能力

大约在10万年到1.2万年前，人口由觅食者构成，其中一小部分群体到最近几个世纪仍然幸存，甚至幸存到今日。他们通过与外界接触，改变了生活方式。这些群体是流动的，人口密度低，食用新鲜的野生食物。营养不良的问题对于现代觅食者来说相当罕见，即便对于以前的觅食者来说也似乎很罕见，但是，随着人口的增长进而"推动"新食物源和新技术的进步，这一问题变得日益重要。古代和历史上的觅食者相对来说也无疾病，因为低人口密度和周期性的迁徙阻止了传染病的蔓延，或将其影响降到最小。纵观人类历史，随着人口密度的增加，患病的压力毫无疑问也逐渐增加。像天花这类主要的传染性疾病很明显是比较现代的时候产生的。现代农民和穷人所获得的营养和健康远不及觅食者的标准。

各种研究表明，大型动物质量最高，而且是最容易被利用的资源。但是，大型动物占据很大的领地，并且很容易被耗尽。早期人类觅食者的日常饮食显然包含较大比例的大型动物，人类捕猎者可能在转而依赖次要资源之前已经将大型动物捕杀殆尽。

在史前历史早期，人口增长速度极其缓慢，主要通过领土扩张吸收人口。增长缓慢的原因可能主要是低生育率或生育控制（因为这些群体的预期寿命与后来增长速度更快的人口相当）。随着人口密度的增加，传染病逐渐成为限制人口增长的主要因素。马尔萨斯认为的食物短缺的限制性因素可能在特定的时间和地点起作用，不过，饥饿和

小彼得·勃鲁盖尔，《乡村景观与农夫》（*A Village Landscape with Farmers*，1634年），油画。人类应对食物短缺的方式是迁徙到新的地方，采用新的资源，或者发明新技术。私人收藏。

饥荒可能实际上增加了后来的非觅食者人口，且次数日益频繁，力度逐渐加大。增长缓慢也可能是人口机制的结果。人口的调整与其说是适应自然资源极限承载能力，不如说是适应由首选的劳动投入和食物选择界定的选择的“承载能力”，乃至适应个人空间的“承载能力”。

随着人口数量在过去的2万年逐渐增长，各族群可获得的领土面积有所下降，大型哺乳动物变得稀少，以至于族群最终被迫扩大日常饮食的范围，包括更加丰富多样的资源（更丰富的蔬菜、鸟禽、小型哺乳动物、鱼类和贝类），从而导致单位土地上的承载能力有所增加。但是，新的资源显然是不太理想的食物，营养价值更低，更难被开发，因此一般只会在优先资源被耗尽的时候才会食用它们。我们的祖先可能采用而不是发明了诸如鱼钩、磨石和弓箭等新技术。这些新技术适合去猎取稀松平常的小型动物，或者去猎取那些早就知道但从未食用过的小型动物。这些是在他们需要的时候才去做，而不是受限于技术发明的时候才去做的。

在首选食物名单上，包括谷物在内的野生的小种子很明显被排得很靠后。它们提高了单位土地上的承载能力，但是并不是特别有营养价值，而且还很难被转化成食物。（即使在今天，谷类作物和块茎类作物仍是穷人的主食，因为它们既充足又廉价。）

农业产生之后的承载能力

农业和植物驯化首先产生于大约 1 万年前，它们通常被认为是重大的变革，进一步提高了土地生产力，并且使得族群变成定居群体。显然，它们也导致人口增长率略有提高，这可能不是因为寿命延长，而是因为生育率提高及（或）节育措施改变。不过，它们也可能是人口密度增加的结果。很明显，它们进一步降低了营养价值，还可能增加了劳动力需求。

一方面，定居和储存食物的能力有助于缓解食物供应的季节性波动和瓶颈；另一方面，食物储存将人口固定在仓库的周围，可能使得这些人口更易受到作物歉收的影响，特别是因人类食用而被驯化的作物通常比它们的野生原种更不适合自然生存，也因此更容易遭受虫害影响。储存食物的想法将人类的日常饮食限制在可储存资源的范围内，而储存的食物在储存时期失去了养分，以及储存物的实际物理损耗（比如由于腐烂）威胁着整个储存食物行为的稳定性。对储存资源的依赖也增加了他人没收所有储存资源的风险，而定居生活也增加了人们感染传染病的风险。

一般的重建观认为，在现有的农民中，锄头、犁、役畜、施肥和灌溉等新工具的发明或者新技术的开发提高了土地承载能力和劳动效率。一个更具争议的论调则认为，需要大量土地供应的耕作方法和低人口密度可能比更为集约的耕作方法和增大的人口密度相结合更有效率。密集的人口需要缩短土地休耕的时间，从而提高土地的生产力，相应地，就必须使用新的生产工具。因此，在农业制度确立之前和之后，需求和劳动投入，而非技术“进步”，可能是经济增长的动力。因此，仅仅依靠偶然的技术发明（不依赖于需要）而改变资源的固定上限的想法几乎没有解释力。

近几个世纪的承载能力

随着文明的出现，对人口进行马尔萨斯式的人为控制显然变得很重要，因为统治阶级（文明的一个明确特征）可以阻止下层阶级获得食物，并阻止他们产生对食物的需求。（需求既意味着欲望或需要，又意味着生产、购买或控制食物的能力。）在食物供应充裕的现代世界，出现饥饿是由于穷人对食物没有支付能力。许多人认为，解决当前的世界饥饿问题的办法与财富分配有关，与马尔萨斯提出的自然极限无关。

此外，近几个世纪以来，世界人口的增长速度明显加快。这种增长速度不能归因于现代医学降低了人类死亡率，因为这一增长在现代医学出现之前就开始了。有人认为，高增长率不是所谓的原始族群的一个属性，即依赖高出生率的族群确保了其自身的生存，而是对殖民体系或世界体系需求的一种有意识的回应。如果或者当新的努力和新技术成为养活世界人口的一种必需时，这些新技术的实施将取决于富人关心穷人的程度。如果是那样的话，食物技术的提高实际上与人口和需求无关。

地球的终极人类承载能力

从长远看，人口统计学家普遍估计地球的终极人类承载能力是100 亿~700 亿人（虽然有些估计比这要高很多）。2010 年，世界人口大约是68亿。这些估计值的变化原因部分在于人们对付诸更多努力、使用新技术、食用新食物和接受更低的生活标准存在不同的假设。

但是，地球的人类承载能力最终很可能不是由食物资源来衡量的，而是由其他一些必需资源的有限供应来衡量的。淡水资源已经处于供应不足的状态，只有花费巨大成本才能增加供应。承载能力也可以最终被定义为人类所能达到的最大人口密度，直到它触发不可阻挡的传染病的流行——在可预见的未来，这恐怕是对人口最重要的限制方式。此外，承载能力也可以被定义为社会组织减轻由于个人空间压缩所导致的社会和心理压力的能力限度。

马克·内森·科恩
纽约州立大学，普拉茨堡（Plattsburgh）

进一步阅读

Birdsall, N., Kelley, K. C., & Sinding, S. W. (Eds.). (2001). *Population Matters.* New York: Oxford University Press.

Bogin, B. (2001). *The Growth of Humanity.* New York: Wiley-Liss.

Boserup, E. (1965). *The Conditions of Agricultural Growth.* Chicago: Aldine de Gruyter.

Brown, L. R., Gardner, G., & Halweil, B. (1999). *Beyond Malthus.* New York: Norton.

Cohen, J. E. (1995). *How Many People Can the Earth Support*? New York: Norton.

Cohen, M. N. (1977). *The Food Crisis in Prehistory.* New Haven, CT: Yale University Press.

Cohen, M. N. (1984). Population growth, interpersonal conflict and organizational response in human history. In N. Choucri(Ed.), *Multidisciplinary Perspectives on Population and Conflict*, 27~58. Syracuse, NY: Syracuse University Press.

Cohen, M. N. (1989). *Health and the Rise of Civilization.* New Haven, CT: Yale University Press.

Ellison, P. (1991). Reproductive ecology and human fertility. In G. C. N. Mascie-Taylor & G. W. Lasker (Eds.), *Applications of Biological Anthropology to Human Affairs*, 185~206. Cambridge, U.K.: Cambridge Studies in Biological Anthropology.

Ellison P. (2000). *Reproductive Ecology and Human Evolution.* New York: Aldine de Gruyter.

Harris, R. M. G. (2001). *The History of Human Populations, 1.* New York: Praeger.

Kiple, K. (Ed.). (1993). *The Cambridge World History of Human Disease.* Cambridge, U.K.: Cambridge University Press.

Kiple, K., & Ornelas, K. C. (Eds.). (2000). *The Cambridge World History of Food.* Cambridge, U.K.: Cambridge University Press.

Livi-Bacci, M. (2001). *A Concise History of Human Populations* (3rd ed). Malden, MA: Basil Blackwell.

Malthus, T. (1985). *An Essay on the Principle of Population.* New York: Penguin. (Original work published 1798)

Russell, K. (1988). *After Eden: the Behavioral Ecology of Early Food Production in the Near East and North Africa* (British Archaeological Reports International Series No. 39). Oxford, U.K.: British Archaeological Reports.

Wood, J. (1995). *Demography of Human Reproduction.* New York: Aldine de Gruyter.

World Watch Institute. (2008). *State of the World, 2008.* New York: Norton.

气候变化

纵观历史，全球气温波动伴随着海平面和天气模式的变化。而这两者又与大规模移民、导致疾病的饥荒、某些文明的崩溃和其他文明的兴起等有关。这些温暖与寒冷的循环受到海洋和大气层之间的能量交换、化石燃料排放及太阳能的影响。

许多世界历史学家依据气候变化来解释地球历史的变化。然而，科学家更直接地关注长期气候变化的原因。这些因素包括：海洋和大气层之间的能量交换；化石燃料排放；太阳能。随着全球气温自 1860 年以来逐渐上升，气候学家预测，在 21 世纪，全球气温可能会继续上升 2℃。正在融化的北极冰帽就是全球变暖的证据——自 20 世纪 70 年代以来，它的体积每 10 年减少 3% 至 4%。其结果是海平面自 1900 年以来呈上升趋势，而且在过去的半个世纪中，变化速度不断加快。冰层收缩和海平面上升使海岸区域被淹没，影响了一些植物、动物和微生物的自然迁徙。联合国政府间气候变化专门委员会（United Nation's Intergovernmental Panel on Climate Change，IPCC）《2007 年气候变化》（*Climate Change 2007*）的报告称："气候系统变暖是很明确的，目前观测得到的全球平均气温和海洋温度升高、大面积冰雪融化和全球平均海平面上升的证据支持了这一观点。"在北半球高纬度地区升温的时期，迁徙性森林取代了北方苔原，以前的边缘土地可能成为适宜耕作

受污染的径流是对美国沿海水域的最大威胁（这张照片显示了佛罗里达州受污染的径流）。因此，化石燃料的排放是长期气候变化的主要原因之一。美国国家海洋和大气管理局。

和进行粮食生产的地方。在逐渐上升的海平面附近、略高于海平面的地方、与海平面齐平的地方或低于海平面的地方，数百万乃至数十亿居住于这些地方的人将付出灾难性的代价，因为逐渐上升的气温和热带地区及中纬度地区不稳定的天气将迫使他们从自己的家园迁移出去。

从温暖、温和及间冰期到寒冷、极冷和冰期，这种气候波动可能在一个世纪内快速发生，而且毫无警示。上一个冰期的最终崩溃发生在约公元前 9500 年，它标志着当前全球变暖期的开始。这种快速的大气变暖可能是近 4 万年来最重大的气候事件，它导致全球海平面急剧上升。约公元前 7500 年，气候变暖和冰川融化使黑海盆地被淹没。《圣经》中的“洪水”可能就是指这一次自然灾难。虽然关于气候变暖和降温的知识尚有许多差距，但为解决全球气候的复杂问题而做的努力都集中在引发天气变化的具体事件上。

大西洋循环能量交换

世界上的海洋是一个热传输系统，吸收来自大气层的太阳能的大部分热量。随着气温升高，淡水融雪，海洋的盐度降低，海洋的循环将受到影响。降低重盐水的体积破坏了大西洋的深水循环，使得温暖的热带海水穿过赤道流向北极。这些温暖的海水变成了暖流，使新英格兰海岸变暖，给不列颠群岛带去了湿气和暖空气。如果没有这股暖流，这些海岸地区将变冷几度，使肥沃的土壤变成永久的冻土。

由于海洋输送热量，温度突然小幅上升或者冰川融化速度稍微加快，都会降低水的密度。也就是说，水的下沉速度变慢，在极端的情况下还会使循环停止。根据某种气候模型，关闭或者减缓这种通常被称为“巨大热泵”的洋流使北温带地区降温，并且导致过去10万年里多次气候突变。

厄尔尼诺

在过去的40年里，北大西洋的含盐量一直在下降。但最近，模拟这些快速的气候变化与大西洋循环之间关系的失败实验迫使科学家去寻找另一种可能导致半球或全球气候变化的气候事件。他们断定，太平洋热带海域及其厄尔尼诺现象与大西洋环流的结合可能提供了一个答案。

作为世界上最大的海洋，太平洋的面积约有1.81亿平方公里，具有回归线附近最宽广的地带，这里正是大部分太阳能被转化成热量的地带。洋流和风速有助于散发这种热量。在一些年里，大气温度和海洋温度异常温暖，其原因尚不完全清楚。这些原因可能包括太阳黑子活动、大西洋深水循环的影响，以及当今的世界海洋承担着化石燃料排放造成的巨大的碳负荷。

一些气候学家认为，这些异常现象可能引发厄尔尼诺海洋现象，这意味着从南美流向太平洋暖池的冷水会减少甚至完全停止。东风将洋面的冷水吹到亚洲，而当东风消失的时候，西风会把太平洋暖池推向美洲。与暖池一同移动的还有炎热潮湿的空气，带去暴雨，浸湿了以前干旱的赤道岛屿和从秘鲁到美国西海岸的美洲沿海地区。随着西风的加速，降水延续到西半球，从美洲和欧亚大陆到俄罗斯平原。干旱袭击了印度、中国、印度尼西亚和非洲。

厄尔尼诺对世界各地的热量和降水分布的影响是众所周知的。尚不清楚的是大西洋的全球气候活动和太平洋的全球气候活动之间的关系。海洋温度和盐度影响环流。事实上，一些北大西洋的深水可能进入赤道太平洋海域，并且就像它们在大西洋一样，使这里的水温和气温冷却，同时，通过这种方式化解了厄尔尼诺可能造成的灾难性气候。如果来自大西洋的冷水环流减速或停止，那么，就目前所知，没有什么可以限制厄尔尼诺的破坏性后果。

厄尔尼诺影响世界历史

公元 1500 年，在西班牙人征服印加人之前，原住民和渔民的先进文明已经出现在秘鲁北部海岸。这些美洲原住民被称为莫希人（Moche），他们建造金字塔，制作手工陶器和黄金饰品来庆祝他们在精神和物质上的成就。他们挖掘的灌溉沟渠和用泥砖砌成的建筑遗迹证明了他们拥有先进的文明。在河床、潟湖中发现的沉积遗迹证据以及通过检查这些沉积物中的化石揭示，厄尔尼诺的反复影响扰乱了莫希文明的发展。洪水和干旱迫使莫希人放弃了已建的家园，转移到一个新的地方。由于从过热的海洋中吸收了更多能量，超级厄尔尼诺激活了水环流和风循环，提高了大气温度，并且创造了多变的天气。

到公元 1100 年，温暖期逐渐让位于小冰期；与此同时，超级厄尔尼诺也逐渐消失。由于激活热带海洋的能量转移较少，最后一次重大的厄尔尼诺现象于公元 700 年在秘鲁北部登陆。这些先于西班牙的征

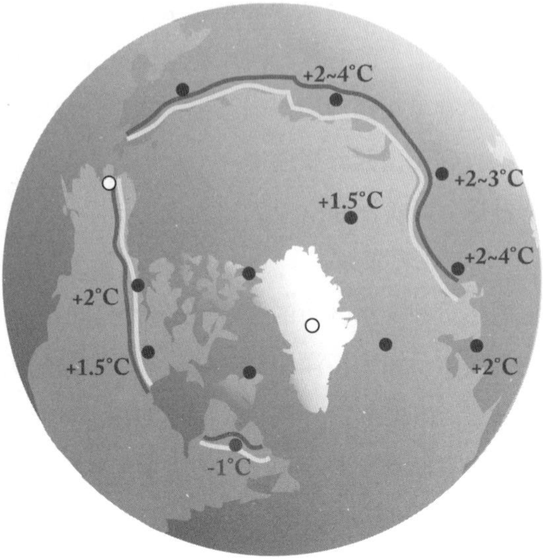

地球北极环境
6000年前：夏季

现代林木线
8000年前的林木线
比现在暖
比现在冷
跟现在一样

数据来源于美国国家海洋与大气管理局卫星和信息服务及国家气候数据中心。

厄尔尼诺现象观测：卫星图像显示太平洋海域风平浪静，1998 年 7 月 11 日，NASA。

服者厄尔尼诺，与世界历史上的其他气候现象类似，导致了原住民生活中重要的政治和文化混乱。沿海地区的洪水和安第斯山脉以东的干旱迫使人口迁移，重建家园，并且去适应在整个温暖期造访南美洲的这一多变的天气。

近代史中的厄尔尼诺

对厄尔尼诺历史的深入研究源自20世纪80年代在世界范围内发现的各种厄尔尼诺现象。由于那10年的干旱状况，农民被迫离开巴西北部，并且引起了撒哈拉沙漠以南国家的政治动荡，使食物短缺在印度、中国和日本变得很普遍。厄尔尼诺天气系统无疑证明，全球气候系统与其对生命体、历史发展和当地及区域天气模式造成的影响之间具有关联性。

1982—1983年的厄尔尼诺现象再一次强化了关于在世界范围内的冷热水，尤其是在印度洋、太平洋和大西洋中的冷热水之间能量交换的理论和知识，它是通过吸收太阳能并向大气层释放热量来实现这一能量交换的。由厄尔尼诺释放的破坏性力量表明，世界范围内的海洋达到了能量负荷的临界点，因此需要释放它们累积的热量。以这种方式，一种不可预测的全球气候系统恢复到了微妙的平衡状态。

正如我们看到的那样，科学家已经确定了全球气候变化的三个基本因素：海洋与大气层之间的能量交换；化石燃料排放；太阳能。尽管如此，关于它的具体成因及其影响，还有许多问题尚待被发现。太阳能的输出是周期性的，并且在强度上时常不规律。高强度时期一般每11年出现一次，低强度时期一般每三年半出现一次。虽然关于这两种强度的相似性尚无定论，但是，一些科学家认为，厄尔尼诺现象是在两次高强度时期之间呈周期性出现的。最后，没有实质性的证据表明近几十年来引发厄尔尼诺现象的太平洋水域变暖与大气污染之间的关系。关于厄尔尼诺还有许多未知情况，而且因为它对全球气候和全球人口具有潜在的影响，它仍是一个引起科学家和历史学家极大兴趣的领域。

化石燃料排放的影响

当世界范围内越来越多的温暖海水蒸发时，逐渐上升的全球气温转化为大气中不断增加的水汽——一种温室气体，从而导致更多的降水。通过燃烧煤炭、石油和天然气，化石动植物中蕴藏数百万年之久的能量被释放，这提高了大气层中另一种温室气体二氧化碳的浓度。这些排放主要来自三个关键领域：发电、交通运输及住宅、商业及公共建筑的供热和制冷。全球 41% 的二氧化碳排放来自发电。在工业化阶段，化石燃料的燃烧和森林砍伐使大气中二氧化碳的含量增加了约 25%。在过去 100 年里，世界上 40%~50% 原始森林和无人居住的土地通过光合作用将二氧化碳转化为氧气，这些土地已被转化为农业生产、商业及住宅建筑。同样通过燃烧化石燃料引起的其他快速增长的温室气体包括甲烷（CH_4）和氟氯烃（CFCs），它们比二氧化碳具有更强的吸热性，也影响了大气层的温度。1850—2000 年，人类通过燃烧化石燃料、砍伐森林和农业生产所增加的二氧化碳浓度大约有 1.7 万亿吨。其中约 40% 的二氧化碳存留在大气之中，并且以每年约 0.5% 的比率在增加。大气中二氧化碳分子的寿命是 100 年，这意味着 1927 年上市的第一部 T 型车和此后每生产一辆车的尾气排放到今天仍然是人类造成的全球碳负荷的一部分。

全球变暖在寒冷的地区更迅速，而非在温带和热带地区，概因北极空气中缺少水蒸气。这一特点使得二氧化碳在空气寒冷干燥的地方成为更重要的温室气体。在温暖潮湿的空气中，水蒸气是一种比二氧化碳更重要的热转化因素。由于地球范围内变暖分布不均匀，因此，二氧化碳在全球变暖中究竟起什么作用仍然存在争议。

在目前的全球变暖阶段，人们可以预期二氧化碳的物理特性将导

自 1900 年以来，由于气候变化，海平面不断上升，并且在过去的半个世纪里变化速度不断加快。美国国家海洋和大气管理局下设的国家大地测量局（National Geodetic Survey）的研究人员进行了海岸线测量。美国国家海洋和大气管理局。

致更多的降雨、更高的大气和海洋温度、更多的云层和更大的风速。二氧化碳的生物效应更值得注意，它有助于延长温带和热带气候的生长季节，曾经不适宜于耕种的干旱和半干旱土地获得充足的水分，增加了粮食产量，这将为 2050 年世界人口达到 90 亿~120 亿时提供稳定的粮食储备。虽然如此，人口增长对全球气候系统的具体影响目前仍然未知。

太阳能的作用

另外还有两种因素影响全球气候系统。其中一种在科学文献中经常被引用，但最近受到了“米兰科维奇解释”（Milankovitch explanation）

的挑战。塞尔维亚天文学家 M. M. 米兰科维奇认为，地球的偏心轨道确立了其主要的全球气候循环为 10 万年周期。在此期间，地球经历了一个完全的间冰期 / 冰期循环。在这个较长的模式下，另一个 41 000 年的周期控制着到达地球高纬度地区的太阳能总量。这是由地球在其地轴线上倾斜所造成的。

一个短得多的周期是由地球在其地轴线上的"摆动"造成的，循环周期是 2.3 万年或者 1.9 万年，它影响了低维度地区和赤道地区的辐射量。米兰科维奇认为，在过去的 80 万年中，地球经历了 8 个完整的冰期 / 间冰期循环。冰期持续了 9 万年，接着是 1 万年的温暖期。因此，目前的间冰期阶段行将结束。

对于到达地球的太阳能总量，"米兰科维奇解释"仅有 0.1% 的变化。然而，一些气候学家已通过其他途径寻找气候变化背后更连贯的驱动力。他们认为，太阳能的波动遵循太阳黑子活动的周期性模式。根据这一模式，他们确定地球过去 72 万年里有 8 次循环。每一个循环有 9 万年，从完全冰期（–0.3% 的太阳能输出）到完全温暖期（+0.3% 的太阳能输出）。鉴于地球历史上的动态变化，以及我们对其物理和生物特性知识的差距，尽管这种循环规律依然存在，未来气候变化将如何依然扑朔迷离。

气候变化对世界历史的影响

公元前 33000—公元前 26000 年最后一个主要的冰期出现的温暖期可能有利于解剖学意义上的现代人从非洲和亚洲西南部迁徙到欧洲，并取代了尼安德特人。在全球海平面上升并淹没从西伯利亚到北美洲的通道之前，这一温暖期也使得狩猎民族能够穿越冰冻的白令海峡。在此后的一系列迁徙中，可能早在公元前 32000—公元前 11000 年，他们沿着狩猎路线，最后在美洲定居。

最后一次冰期结束于约公元前 13000 年。当时，格陵兰岛逐渐上升的气温接近现在的温度，冰川的消退被两个小冰河期阻断了，前一次出现于公元前 12100 年，称为“老仙女木期”（Older Dryas），后一次出现于公元前 10800 年，称为“新仙女木期”（Younger Dryas）。（仙女木是在最后一个冰期生长于欧洲的一种寒带植物。）暖水流未能在约公元前 12700 年到达北半球并开始“新仙女木”时期的证据表明，在最后一次最大冰期结束时，进入北大西洋的冰川融化减缓了深水循环，或使其停止。在接下来的 1300 年里，它把北方温带地区带入了一个小冰期。不列颠群岛变成了永久的冰土带，夏季气温降到了 32℃，冬季温度降到了零下 10℃。冰山漂到伊比利亚海岸，而长期的干旱影响了亚洲、非洲和北美洲中部地区。大西洋环流的减速可能是半球气候变化的主要因素。

气候变化对印欧文明的影响

在这种气候变暖时期，小冰河期不时打断世界历史。变冷的结果是，撒哈拉沙漠曾经肥沃的田园文明崩溃了，迫使其居民在约公元前 5500 年迁徙到尼罗河流域。沿尼罗河定居点的建立与古埃及文明几千年的兴起同步发生。公元前 5000—公元前 4500 年，埃及人建立了他们的第一个帝国，并且在几个世纪里建造了伟大的吉萨金字塔。与此同时，印度河流域的哈拉帕文明（Harappa civilization）也繁荣起来，他们用泥巴和烧制的砖建造公共建筑和私人住宅，并且用几何图案规划他们的城市。

公元前 4500—公元前 3800 年，一个“全球寒冷期”中断了人类文明进程，并伴随着似乎永无终止的干旱期。全球气温可能比自“新仙女木”时期以来任何时候都要冷。在寒冷时代和干旱时期的早期，人类往南迁徙，以逃离极端的气候条件。几千年前就逐渐在移民并将农业技术从亚洲西南地区带到西欧和北欧的印欧农业人口，这时也由于寒冷的气候被迫向南撤退。他们撤退到地中海沿岸的温暖地区，向东南到乌克兰，向西南到亚洲、印度，然后向西北进入中国。

公元前 3250—公元前 2750 年，另一次旷日持久的寒冷期给依赖灌溉的底格里斯河、幼发拉底河和印度河流域的“肥沃新月”文明带来了干旱。事实上，一些考古学家认为，在今天的伊拉克南部肥沃并获得自然灌溉的地区可能是《圣经》中所说的“伊甸园”所在地。最近的考古研究证实，美索不达米亚（公元前 3200—公元前 2900 年）北部阿卡德人农业帝国的崩溃恰逢一次重大的火山喷发和随后气候从潮湿凉爽变为持续一个多世纪的干燥炎热。这些并发事件迫使古代人离开北方，迁往美索不达米亚南部（今天的伊拉克）。

玛雅文明的兴衰

另一个全球性的寒流期是在公元前 2060—公元 1400 年，它产生了有益的效果，为热带和亚热带地区带来了寒冷和干燥的气候。在中美洲，玛雅文明将其农业生产力向北扩散到尤卡坦地区，即今天墨西哥的一部分，在过去覆盖着浓密的热带植被及布满携带疟疾的蚊子的地区建立了金字塔和城市。他们在那里居住了大约一千年。

多年没有降雨导致了玛雅农业生产力的一系列崩溃。沉积地质遗迹表明，干旱在公元 1200 年降临这个地区，并且在 500 年后再次造访这一地区。公元 1240 年，玛雅人放弃了一些城市；公元 1190 年，当另一个严重的干旱期袭击这一地区时，他们又放弃了剩下的城市。虽然导致玛雅文明消亡还有其他一些因素，但气候变化无疑是其中一个重要因素。在这个特殊的全球寒冷期结束后，随着气候变暖，水文循环强度增强。热带雨林和蚊子一同再现，迫使剩下的玛雅人放弃他们的家园，向南迁徙。如今，玛雅人的遗址在中美洲浓密的热带森林中被发现，这一事实证实了最近一次的全球变暖。

由于过去 150 年更强的水文循环，拓荒者砍伐森林以发展农业，生长季节延长，日益增多的人口可获得更多的食物。在全球气候变化作为影响世界历史进程的一个因素被更广泛接受之前，气候变化、移民、动物数量和文明兴衰之间的关联还需要更多的具体研究来加以证明。

小冰期

来自沉积物和冰芯的证据揭示，一个小冰期（比典型的冰期短 8 万~9 万年）持续时间大约是 1300—1850 年，横扫了北半球。在中世纪温暖时期（公元 1000—1300 年），维京人在格陵兰岛建立了前哨基地，在 1200—1300 年的严寒时期放弃。粮食生产在前工业时期的欧洲骤然衰退。即使在最好的情况下，饮食主要包括面包和土豆，每日食物消费也很少超过 2000 卡路里。普遍的营养不良之后，是饥荒和传染病的暴发。

1400 年欧洲大饥荒之后，黑死病来袭。1100—1800 年，法国频繁地发生饥荒，12 世纪发生 26 次，19 世纪发生 16 次。在北欧国家，渐渐变冷的气温至少缩短了一个月的生长季节，种植作物的海拔高度也缩短了 18 米。但是，在这个小冰期，并不是所有人口的遭遇都是一样的。对于那些居住在主要河流和沿海地区的人来说，渔业弥补了多数人饮食所需要的动物蛋白。在新英格兰，1815 年被称为“没有夏季的一年”。在 1850 年后，小冰期毫无迹象地结束了。不断增加的太阳能、工业化对大气中温室气体浓度的影响，以及大西洋深水循环的变化被确认为小冰期结束的原因，或者是单独成因，或者是与其他因素共同作用。

气候变化：未来

回顾历史上的气候事件及当前的科学发现表明，没有单一的原因能够合理解释重大的气候变动。世界上的海洋、大气和陆地种种变化的集合导致我们认定的重大气候现象的暴发和中止。这些气候现象具有复杂和不可预测的特点，以至于迄今为止最高级的计算机和全球气候模型（GCMs）都无法预测未来的气候事件。

尽管对过去气候事件的认识只是零星的，但我们知道面临巨大挑战的我们将来要做些什么。在气候突变时期，沿海地区和陆地边缘地区的人口增长更有可能造成灾难性后果。物质消费和能源使用的增长会持续不断地给全球生态系统施加压力。发达国家可持续增长的目标和发展中国家可持续增长的预期仍然难以捉摸。用瓦茨拉夫·斯米尔（Vaclav Smil）的话来说："如果对地球变暖的关注将有助于使发达国家的人更理智、谨慎地对待经济增长和个人对财富的追求，如果它们将帮助贫穷国家控制人口增长和制定负责任的发展政策，那么，全球变暖的趋势就有可能是一个理想变化的有效催化剂。"

安东尼·N. 彭纳（Anthony N. Penna）
东北大学

进一步阅读

Alley, R. B. (2000). Ice-core evidence of abrupt climate changes. *Proceedings of the National Academy of Sciences of the United States of America, 97*(4), 1331~1334.

Caviedes, C. N. (2001). *El Niño in History: Storming through the Ages.* Gainesville: University Press of Florida.

Congressional Budget Office. (2003). *The Economics of Climate Change: A Primer.* Washington, DC: United States Government Printing Office.

Culver, S. J., & Rawson, P. F. (Eds.). (2000). *Biotic Response to Global Change: The Last 145 Million Years.* Cambridge, U.K.: Cambridge University Press.

DeBoer, J. Z., & Sanders, D. T. (2002). *Volcanoes in Human History: The Far Reaching Effects of Major Eruptions.* Princeton, NJ: Princeton University Press.

Diaz, H. F., & Markgraf, V. (2000). *El Niño and the Southern Oscillation: Multiscale Variability and Global and Regional Impacts.* Cambridge, U.K.: Cambridge University Press.

Durschmied, E. (2000). *The Weather Factor: How Nature Has Changed History.* New York: Arcade.

Dyurgerov, M. B., & Meier, M. F. (2000). Twentieth century climate change: Evidence from small glaciers. *Proceedings of the National Academy of Sciences of the United States of America, 97*(4), 1406~1411.

Fagan, B. (1999). *Floods, Famines, and Emperors: El Niño and the Fate of Civilizations.* New York: Basic Books.

Glantz, M. H. (2001). *Currents of Change: Impacts of El Niño and La Nina on Climate and Society.* Cambridge, U.K.: Cambridge University Press.

Global warming: New scenarios from the Intergovernmental Panel on Climate Change. (2001). *Population and Development Review, 27*(1), 203~208.

Intergovernmental Panel on Climate Change (IPCC). (2007). *Climate Change 2007: Synthesis Report.* Contribution of Working Groups I, II and III to the Fourth Assessment Report of the Intergovernmental Panel on Climate Change [Pachauri, R.K. and Reisinger, A. (Eds.)]. Retrieved June 14, 2011, from http://www.ipcc.ch/publications_and_data/ar4/syr/en/mains1.html

Jones, P. D., Ogilvie, A. E. J., Davies, T. D., & Briffa, K. R. (Eds.). (2001). *History and Climate: Memories of the Future?* New York: Kluwer Academic/Plenum.

Keys, D. (2000). *Catastrophe: A Quest for the Origin of the Modern World.* London: Ballantine.

Ladurie, E. L. (1971). *Times of Feast, Tmes of Famine: A History of Climate Since the Year 1000.* Garden City, NY: Doubleday.

Lovvorn, M. J., Frison, G. C., & Tieszen, L. L. (2001). Paleoclimate and Amerindians: Evidence from stable isotopes andatmospheric circulation. *Proceedings of the National Academy of Sciences of the United States of America, 98*(5), 2485~2490.

Marotzke, J. (2000). Abrupt climate change and thermohaline circulation: Mechanisms and predictability. *Proceedings of the National Academy of Sciences of the United States of America, 97*(4), 1347~1350.

McIntosh, R. J., Tainter, J. A., McIntosh, S. K. (2000). *The Way the Wind Blows: Climate, History, and Human Action.* New York: Columbia University Press.

National Assessment Synthesis Team. (2001). *Climate Change Impacts on the United States.* Cambridge, U.K.: Cambridge University Press.

Novacek, M. J., & Cleland, E. E. (2001). The current biodiversity extinction event: Scenarios for mitigation and recovery. *Proceedings of the National Academy of Sciences of the United States of America, 98*(10), 5466~5470.

Perry, C. A., & Hsu, K. J. (2000). Geophysical, archaeological, and historical evidence supports a solar-output model of climate change. *Proceedings of the National Academy of Sciences of the United States of America, 97*(23), 12433~12438.

Pierrehumbert, R. T. (2000). Climate change and the tropical Pacific: The sleeping dragon wakes. *Proceedings of the National Academy of Sciences of the United States of America, 97*(4), 1355~1358.

Smil,V. (1990). Planetary warming: Realities and responses. *Population and Development Review, 16*(1), 1~29.

Smil, V. (2003). *The earth's biosphere: Evolution, Dynamics, and Change.* Cambridge, MA: Massachusetts Institute of Technology Press.

Webb, T., III, & Bartlein, P. J. (1992). Global changes during the last 3 million years: Climatic controls and biotic responses. *Annual Review of Ecology and Systematics, 23,* 141~173.

Western, D. (2001). Human-modified ecosystems and future evolution. *Proceedings of the National Academy of Sciences of the United States of America, 98*(10), 5458~5465.

宇宙学

随着时间的推移，人类对宇宙的认知发生了巨大的变化，从仔细观察的现象中推断出证据，以及粒子物理学等学科的发现都取得了进展。宇宙模型的每一次改变都削弱了人类在浩瀚而古老的宇宙中的重要性。

宇宙学是对宇宙的整体、结构、组成、历史和未来的可能的研究。由于人类的记录只涉及宇宙生命的微小部分，人类的探索也只是限定于一个很小的区域，宇宙学家不得不依靠推理和推测，这是其他科学所不能接受的。宇宙学的多数理论对于理解地球上的生命有机体的生存环境没有直接关系，因此，宇宙学揭示生物进化的时间尺度和发现新资源的可能性。宇宙学涉及一些与宗教有关的问题，而且对许多思想家来说，宇宙学需要修正他们对人类在自然界中的地位的认知。

地心宇宙和占星术

因为古代人是通过太阳、月亮和星星来观察天空的日常变化的，所以，他们认定地球是这些天体运动的中心便是很自然的事情。通过近距离观测，人们发现似乎一些类似星星的天体运行轨迹有一点点不同，它们看起来好像漫步在穿梭于天空的星星组成的背景中，就好像是附在一个透明的球体上。这些“漫步者”被称为行星，它们的运动被认为影响了人类的事业。一群专业的占星家开始通过星座来预测个人的命运，星座是基于个人出生的时候行星所处的位置来确定的。人类已经制定了行星的位置表，假定行星是在环绕地球的圆形轨道上运行的。其中最著名的是“托勒密天文学大成”（Almagest of Ptolemy，公元 90—168 年），它是今天使用的星象表的基础。

日心宇宙

托勒密学说一直占据支配地位，直到波兰牧师尼古拉斯·哥白尼（Nicolas Copernicus，1473—1543）于 1512 年发表《天体运行论》（*On the Revolutions of the Celestial Orbs*）。哥白尼意识到他的观点可能会遭到教会当局的反对，所以，他推迟了书的出版时间，直到他去世那一

圆周上的 Coelvm Empirevm Habitacvlvm Dei Et Omnivm Electorvm 译为“上帝和所有选民的住处”。

内圈对应数字及其后的字母为：
10 第十重天：原动力
9 第九重天：水晶球
8 第八重天：天空
7 土星
6 木星
5 火星
4 太阳
3 金星
2 水星
1 月亮

亚里士多德的宇宙理论，基于托勒密的理论。彼得·阿皮安，《世界志》(*Cosmographia*，1524 年)。

年。意大利数学家伽利略（Galileo Galilei，1564—1642）推广了哥白尼学说，并因其观点而招致非议。然而事实上，托勒密和哥白尼的理论体系都存在缺陷，他们在哲学的基础上假定行星运动一定是圆周运动。在丹麦贵族第谷·布拉赫（Tycho Brahe，1546—1601）观察的基础上，德国学者开普勒（Johannes Kepler，1571—1630）证明，行星在椭圆形的轨道上环绕太阳运动。伟大的英国数学家牛顿（Isaac Newton，1643—1727）最后成为集大成者，他发现了运动定律和万有引力定律，解释了椭圆轨道，并证实了日心说。

一个巨大而古老的宇宙

20 世纪初，天文学家普遍认为，太阳不过是众多恒星之一，而且可见恒星团簇在一个大的体系之中，即银河系。一群被称为星云的物体模糊不清，有待被进一步解释。1918 年，美国天文学家哈洛·沙普利（Harlow Shapley，1885—1972）已经证明太阳离银河系的中心相当遥远。1923 年，美国天文学家埃德温·哈勃（Edwin Hubble）测量了到仙女座星云的距离，表明它和其他星云实际上是它们自己的星系。那时，宇宙被理解为由许多像我们的星系一样的星系组成，因此比我们以前预期的还要大得多。

理论成果就是我们所知的“奥尔博悖论”（Olber’s paradox），它表明宇宙或者至少是宇宙中的恒星不可能有无限的年龄，因为如果它有无限的年龄，那么天空就会像白天一样亮。1929 年，埃德温·哈勃在加利福尼亚州的帕洛马山（Mount Palomar）用当时世界上最大的天文望远镜发现，与地球相距甚远的星系正在远离地球，其速度随着距离的增加而加快。这一事实和其他证据一起推导出一个结论：我们所知的宇宙从大约 100 亿~200 亿年前产生开始，便被局限于一个十分狭小的空间，并且开始分裂，结果就是一个巨大的爆炸，我们称为“大爆炸”。

恒星的生命周期和化学元素的来源

直到 20 世纪，太阳的能量来源一直是个谜。20 世纪 30 年代，人们发现，小原子核的聚变形成一个大的原子核，结果导致较小的原子核的质量一小部分转化为热能，按照爱因斯坦著名的公式 $E=mc^2$ 转化。现在众所周知的是，太阳的能量来源是氢原子核的聚变形成氦原子核。计算机模型现在可以显示有 50 亿年历史的太阳已经将大部分氢转化为氦，之后，太阳的内部区域将会收缩，并且变热，直到氦核形成碳和氧原子核的化合物成为可能。它还会进一步收缩，直到像铁一样重的原子形成。比铁重的原子核形成的过程，要么是通过一个缓慢的过程实现的——在这一过程中，一个重的原子核吸收中子，然后

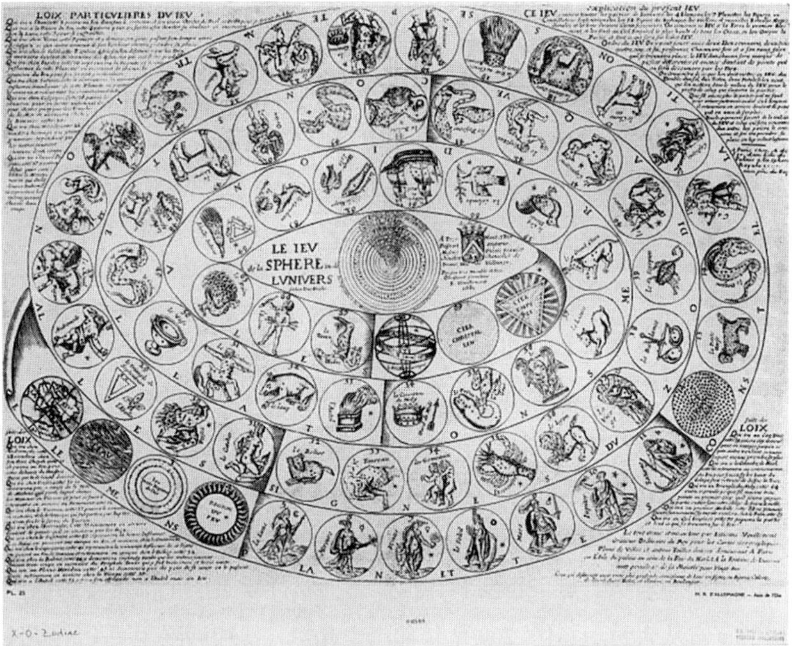

一款桌面游戏“模拟”了一次穿越宇宙的航行，它基于丹麦天文学家第谷 · 布拉赫的研究。艾蒂安 · 武耶蒙（Estienne Vouillemont）雕刻，1661 年。《法国贵族的游戏，1640—1950 年》（巴黎：格伦德，1950 年）。

通过 β 衰变转化为质子，要么是通过大质量的恒星爆炸成为超新星实现的。

我们目前对化学元素分布的认知是：氢和一定量的氦形成于“大爆炸”的时候，即大约 130 亿年前。生命的基本元素和那些大量发现于地球中的元素只有在恒星中才能形成，这种恒星已经经过氢燃烧的阶段，而且最终将它们的物质返回到星际介质中，物质可以在那里凝结成新的恒星，太阳和行星也由此产生。原子序数比铁高的元素是在非常古老的恒星或者超新星的爆炸中形成的，因此，无论地球上的资源勘探程度如何，它们都注定是稀有的。

今天的宇宙学

现代宇宙学家运用相对论原理和粒子物理学实验的发现，尝试了解我们已知的宇宙的起源及其最终命运。他们也必须结合哈勃天文望远镜和一些人造卫星的观测结果。这些观测结果显示，当在较大距离上取平均值时，宇宙是相对均匀的。相比地球在宇宙中占有特殊地位的假定，许多天文学家如今做出了均质性和同质性的假设。也就是说，从宇宙中的任何一个点和从空间中的任何一个方向看，宇宙看起来都是完全一样的。也许今天宇宙学的最大问题是这种一致性的原因，这被用以证明：在“大爆炸”不久之后出现了一个特别快速扩散或膨胀的时期，也被用以证明所谓的暗物质的性质——这是解释已观察到的星系的转动速度所必需的。一旦这些问题得到解决，宇宙学家将对宇宙早期的历史有更好的了解，同时也将更自信满满地谈论宇宙遥远的未来。

唐纳德·R. 弗兰切斯凯蒂（Donald R. Franceschetti）
美国孟菲斯大学（University of Memphis）

进一步阅读

Chaisson, E. J. (2001). *Cosmic Evolution.* Cambridge, MA: Harvard University Press.

Hartquist, T. W., & Williams, D. A. (1995). *The Chemically Controlled Cosmos.* New York: Cambridge University Press.

Kaufmann, W. J., III & Comins, N. F. (2005). *Discovering the Universe* (7th ed.). New York: W. H. Freeman.

Kippenhahn, R. *100 Billion Suns*. (1983). New York: Basic Books.

Primack, J., & Abrams, N. (2007). *The View from the Center of the Universe: Discovering Our Extraordinary Place in the Cosmos*. New York: Penguin/Riverhead.

Seeds, M. A. (2007). *Foundations of Astronomy (10th Ed.).* Belmont, CA: Wadsworth.

创世神话

几乎每个人类社会都有一套解释宇宙起源的故事；这些创世故事（对那些相信这些故事的人从来不是“神话”）试图给予所有存在物以意义，通常也是它们所来源的文化的反映。现代创世故事虽然基于科学观察和研究，但仍然力求回答与早期神话相同的基本问题。

创世神话是故事或者故事集，讲述万物起源的故事：关于共同体和山水风景，关于地球及居于其上的动植物，关于星体，以及关于万物的存在。对于多数人类共同体来说，它们代表了“历史”所表达的含义。创世神话似乎在所有的人类社会都存在着，并且深深地根植于世界各大主要宗教中。通过回答关于起源的问题，创世神话提供了一幅现实情况的地图，人们可据此了解人类在宇宙中的位置，以及他们在其中扮演何种角色。正如芭芭拉·斯普劳尔（Barbara Sproul）在她的书《原始神话》（*Primal Myths*，1991 年，第 2~3 页）中说道：“创世神话是神话叙述中最综合性的叙述，涉及最广泛的问题，阐明意义，但也是最深刻的。它们解决首要原因，以及现实蕴含在其文化中的本质。人们在创世神话中阐述他们对于人与世界、时间和空间的基本理解。”玛丽–路易丝·冯·弗朗兹（Marie-Louise von Franz）在《创世神话》（*Creation Myths*，1972 年，第 5 页）一书中写道，它们“指人类生活中最基本的问题，因为它们与终极意义相关，不只是关于我们人类的存在，也关注整个宇宙的存在”。

传统的创世神话和现代社会中的基本故事之间具有许多惊人的相似之处，它们根植于现代科学和历史学之中。那么，现代社会对起源的叙述与传统社会有根本性的区别吗？或者说，它们能否也被看作“创世神话”？这些问题值得探究，因为它们提出了关于真相本质的重要问题，这些真相可以在现代历史学中获得，尤其是世界历史，它追求从多个角度对过去进行连贯的叙述。

创世神话的一个例子

创世神话表现为许多不同的形式。犹太教—基督教—伊斯兰教宗教传统中的创世故事算得上是创世神话。在一些没有书写历史的社会中，在它们的口述传统中发现的关于起源的故事也是创世神话。正确评价创世神话的完整意义很难，因为像许多文化特性那样，它们的含义对那些伴随它们成长的人来说显而易见，但对外人而言却是不甚明了的。所以，对于他者的创世神话，外人的经历始终是陌生的、奇异的，甚至是错误的。正如“神话”一词在《大美百科全书》（*Encyclopaedia Americana*）中的定义：“神话在其自己的社会中被视作真实的故事。（只有从神话所在的社会外部视角来看时，它才会具有一个不真实故事的通俗含义。）”（朗，1996 年，第 699 页）从外来者角度理解创世神话是困难的，这一点可以从以下摘录中予以准确评价。这一摘录来自法国人类学家马塞尔·格里奥勒（Marcel Griaule）的叙述，他总结了与来自马里的多贡人智者奥格托莫力（Ogotemmeli）之间的对话。奥格托莫力在阐述他所在社会的宇宙学说方面被视作权威，但是，从他们的对话中可以清晰地看出，他意识到他在和一个可能不懂或者不能充分理解他所说的一切的局外人交谈，而格里奥勒自己也敏锐地意识到转译话语这一复杂过程充满困难。

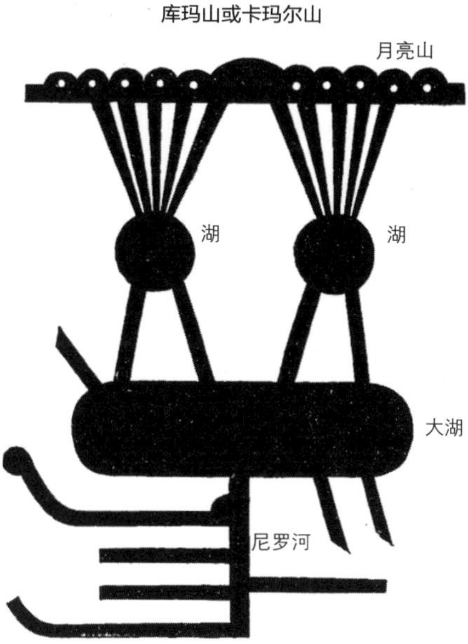

月亮山——马苏迪，11 世纪

这个图结合了神话和现实，描述了 11 世纪非洲伊斯兰教中关于尼罗河的起源。

星星是由阿玛神（God Amma）抛向太空的地球颗粒。他以一种更为复杂的方式创造了太阳和月亮，这不是人类已知的第一个发明，却是业已被证实的上帝的第一个创造物：陶器艺术。在某种意义上，太阳是一个一次性加热到白热的锅，周围环绕着一个旋转了 8 圈的紫铜色螺旋线。月亮也是同样的形状，只不过外围是白铜色螺旋线。月亮一次只加热了 1/4。奥格托莫力说他之后会解释这些物体的运动。目前，他只想去表明这一设计的主要内容，并将其传递给参与者。他急于……给出一个关于太阳大小的概念。他说："一些人认为它大如营地，也就是有 30 腕尺[1]。但是它实际上要大得多。它的表面比整个桑加（Sanga Canton）更大。"他犹豫了一会儿之后补充说："它可能比这还要大。"……

月亮的功能并不重要，他会在之后谈论它。然而，他说，非

1　腕尺（cubit），古代长度单位，1 腕尺等于 45 厘米。——译者注

洲人是来自阳光的生物，欧洲人是来自月光的生物，因此他们的外表不成熟……

阿玛神……拿起一块黏土，在手中捏碎，然后扔出去，就像他制造星星那样。黏土散开并落在了北方，那里是高处，接着从那里向南延伸，那是世界的低处。尽管如此，整个运动过程是水平的。地球是平的，而北方位于高处。它向东和向西延伸，有独立的成员，就像子宫中的胎儿一样。它是一个身体，也就是说，它的成员是一个从中心向外伸展出分支部分的东西。这个身体平躺着，面朝上，从北向南排成一行，是女性化的。它的性器官是一个蚁丘，其阴蒂则是一座白蚁山。阿玛神感到孤独，渴望与这个生物接触，就走近了它。那是第一次破坏宇宙秩序的时刻。

奥格托莫力不再说了……他已经触及问题的根源和神最初的疏忽。"如果他们偷听到我说的话，我会被罚一头牛！"

在上帝的指引下，白蚁山上升了，挡住了通道，露出了阳刚之气。它和陌生人的器官一样强壮，故不能合欢。但是，神是全能的。他砍下白蚁山，与被砍下的泥土交欢。但最初的事件注定要永远影响事物的进程；从这个不完美的结合中诞生的不是预期的孪生子，而是一个金豺（Thos aureus）或者豺，它是神的困境的象征……神继续与他的大地之妻交欢，这一次没有发生任何意外，厌恶部分地切除也清除了过去失序的因素。水是神圣的种子，因此能够进入地球的子宫，并且正常的生殖周期导致了孪生子的诞生。两个生命因此形成了。神把它们创造得像水一样。它们的颜色是绿色的，一半是人，一半是蛇。从头到腰部，它们是人；腰部以下，它们是蛇。它们红色的眼睛像人的眼睛一样睁得大大的，它们的舌头又像爬行动物一样呈分叉状。它们的手臂灵活，却没有关节。它们通体绿色而光滑，像水面一样闪闪发光，覆盖着绿色的短毛，预示着植被和生机。这些特征是奴莫（Nummo）孪生子的特征，即水神，它在后来地球的创造中起了决定性的作用。（斯普劳尔，1991 年，第 50~51 页，引自格里奥勒，1975 年，第 16~40 页）

创世神话的特征

这些简短的摘录，从一个冗长而复杂的故事开始，反映出创世神话的几个特点。首先，奥格托莫力的叙述是以故事的形式展开的。这可能只是因为叙事是解释和传播复杂而重要的真相的最有力、最令人难忘的方式。“像神话一样，记忆需要对素材进行彻底简化。所有的回忆都是基于现在的立场来讲述的。在讲述中，他们必须了解过去。这就需要选择、排序和简化。一个连贯的叙事结构，其逻辑就是把生活故事引向寓言。”（塞缪尔和汤普森，1990 年，第 8 页）

其次，起源被解释为神灵或上帝有意识行动的结果。在一些传统的宇宙学中，精神实体创造了世界的一般结构是其默认的假设。但这并不是普遍的。许多起源故事都依赖于出生的隐喻，其意思或多或少都可以照字面上去理解，假定存在一个原生卵或者一个原始的性行为。有些起源故事把创世解释为从睡眠中醒来，那是一种令人回忆过往的东西，我们个人的起源故事都具有从前意识中苏醒的特点。某些创世神话正视起源的悖论，假设有一个先于神的范畴，在存在与不存在之间维系了一种不甚稳定的平衡关系。《梨俱吠陀》（*Rig Veda*）——古代印度北部神圣的赞美诗中说：“彼时，既无不存在，也无存在；既无空间之界限，也无其上之天空。何物被搅动？在哪里？在谁的庇护之下？那有水吗？有无底之深的水吗？彼时，既无死，也无不朽。既无黑夜之迹象，也无白昼之征兆。无风之吹拂，那呼吸的一个全凭其自身的意念。”（奥弗莱厄蒂，1981 年，第 25 页）。这种语言暗示所有关于终极起源故事中存在的悖论——什么东西（无论是神还是整个宇宙）

地板的中心部分，镶嵌图案（公元200—250年），来自森提努姆（Sentinum）的一个古罗马别墅［现在的意大利萨索费拉托（Sassoferrato）］，描绘了永恒之神爱伊奥（Aion）和地母忒耳斯（Tellus）（相当于罗马神话中的盖亚）。孩子们可能象征着四季。

可以从虚无中产生呢？

第三，所有创世神话都比它们初看起来更为复杂。因为它们直面现实，现实中的真相又如此复杂，以至于它们只能通过使用丰富的隐喻或诗性语言予以呈现，它们的讲述者对其自相矛盾甚至暂时性的本质通常十分清楚。马塞尔·格里奥勒曾一度对奥格托莫力故事中的一处细节困惑不已。根据这个故事，大量的生物出现时站立在一个单独的台阶上，长宽高均只有一腕尺。这怎么可能呢？奥格托莫力回答说："所有这些只可意会不可言传，而说所有一切都在台阶上只是一个象征，是象征性的羚羊、象征性的秃鹫、象征性的鬣狗。任何数量的象征物都可以在一腕尺的台阶上找到它们的空间。”格里奥勒补充道，奥格托莫力对象征使用的语词在字面上意思是“这个（低等）世界的语词”。（斯普劳尔，1991 年，第 64 页）

第四，在创世神话的循环中，通常有大量关于现实世界的经验信息，它们是关于动物迁徙、狩猎和农耕技术的信息，是一个社会中的年轻人需要学习的信息。外来者对这种信息通常不怎么感兴趣，因此外来者可能会不清楚大多数创世神话实际的、经验主义的本质。而这又有助于解释它们在非正式的教育系统中的基础性作用。比如，在奥格托莫力的故事中包含一个重要动物的长名单，许多口头传说是关于生殖和性生活，关于在他所居地区耕种的主要谷物的细节描述，以及

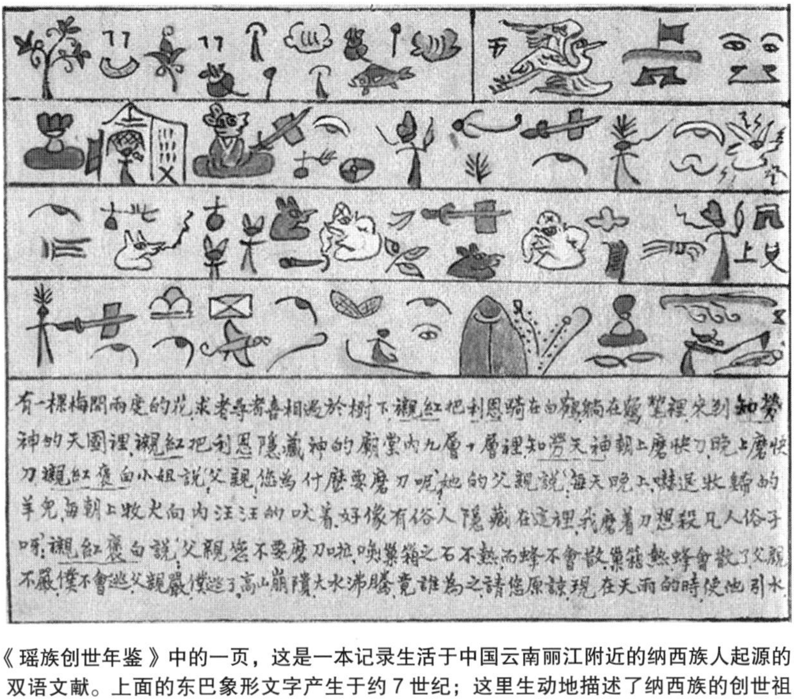

《瑶族创世年鉴》中的一页，这是一本记录生活于中国云南丽江附近的纳西族人起源的双语文献。上面的东巴象形文字产生于约 7 世纪；这里生动地描述了纳西族的创世祖先崇忍利恩和其妻子衬红褒白的故事。中国国家图书馆。

关于人类解剖学和世界地理学的象征性叙述。

最后，由于创世故事包含了很多熟悉的信息，所以，内部的人对创世故事抱有真实感，就像 21 世纪那些受过教育的人对现代科学的感受一样。对于那些由创世故事伴随成长的人来说，独特的创世神话是他们最好的现实指南，而且创世神话中所说的多数东西都与这些人的常识经验相符合。这并不意味着内部的人就必然对创世故事不加批判地接受——他们始终都有可能对创世故事的细节进行讨论，或者对创世故事的某些方面表示怀疑，甚至困惑不已。正如格里奥勒对奥格托莫力的评论一样："奥格托莫力对于八世祖先转变为奴莫之后的天堂到底发生了什么并没有清晰的认识。"（斯普劳尔，1991 年，第 59 页）但这确实意味着，为人所熟知的创世神话给人的感觉就是现实世界最好的指南，人们依其行事；在某种意义上，它们将社会凝聚在一起。因而，这使得它们极其重要，不能轻率或漫不经心地讲述它们，而是珍视它们，并由那些懂得其中所含知识的人认真地传播下去。创世神话包含有说服力的信息，这就是为什么当奥格托莫力在讨论阿玛神的第一个失误时压低了声音。

相似性和差异性

这里列举的有关传统创世故事的特征表明，对于过去的叙述，创世神话和现代"科学"之间具有某些主要的相似之处。关于起源的现代叙述和传统叙述都起了一个重要的教育作用，因为传统的创世故事也包含许多经仔细证实的有关现实世界的信息。与创世神话一样，现代对历史的叙述也可以以叙事的方式得到最好的传播，这也是现代历史写作和多数科普的主流方式。关于起源的现代叙述也纠结于终极起源的问题，在现代"大爆炸宇宙论"中很明显的事实只有在创世的那一刻才能得到精确的叙述。事实上，跟许多传统的创世神话一样，现代物理学把"无"（真空）视作潜在的状态，是一种虚空的领域，事物能从中出现。进一步说，当认识论出现困难的时候，甚至现代科学都不得不求助于复杂而自相矛盾的概念，其本身的意义可能依然有些晦涩。在某种意义上，像“重力”、“黑洞”或“量子不确定性”这些概念所扮演的角色就类似于传统创世故事中的神或其他神话人物所扮演的角色。最后，对于今天受过教育的人来说，他们在现代起源故事中获得的真实感与那些伴随传统创世神话成长的人所获得的真实感也是一样的。由于这些相似性，现代“科学”史学，尤其是世界史能够扮演过去创世神话所扮演的角色，这似乎是合情合理的。

然而，差异性也是存在的。声称关于过去的现代科学叙述比传统创世故事中的历史叙述更真实是很有诱惑力的。这种观点可能是对的，但也需要谨慎看待。现代起源故事有固定的时间和空间，因此，在将来，他们可能也会像今天的传统创世故事一样，无疑会在某些方面显得天真幼稚。另外，所有的创世故事在一定程度上都有助于外来者，因为它们提供了思考现实的不同方式。例如，许多环保人士认为，现代社会需要重新认识到自身是自然世界的一部分，这一观念普遍存在于觅食社会的创世故事之中。一个明显的区别是，科学的起源故事（通常所说的现代科学）以普遍性为目标。它们期望地球上所有受过教育的人相信它们，而不是成为一种文化的信仰。为了获得这种普遍性，它们需要一种在许多创世故事中缺乏的灵活性和开放性，因为它们必须吸引来自许多不同文化背景的有思想的人，并且它们必须具有整合新信息的能力。这就需要对各种假说和细节不断进行证实，以避免大多数传统创世神话中存在的狭隘性。由于现代科学史学（例如一般科学）面向全球受众，它要经受大量和彻底的证实。（与奥格托莫力不同，我们现在从直接经验中知道月亮是由什么组成的，以及它到底有多大）。正是因为现代创世故事所包含的信息在一定程度上业已得到确切证实，所以，可以说现代创世故事比传统创世神话更为真实。最终，现代创世故事也被更广泛的受众认为是真实的。检验现代科学历史叙述的普遍性和开放性解释了最后一个关键差异：它们不愿意为那些关于起源的拟人化的或精神的解释提供支持。这种解释被现代科学排除在外，因为它们太过圆滑，以至于不能提供严谨的、可反驳的解释，也不能经受奠定现代科学基础的严格的实证规则检验。

本文的讨论表明，世界历史可能与传统的创世神话没有太大区别。它也代表了一种叙述起源故事的尝试。但它的受众来自全球。为了使全世界的受众都产生所有创世神话都追求的那种“真实”感，它必须设法在不留下任何文化偏见污点的情况下讲述起源故事，并且在严谨性和客观性上经受仔细的检验。

大卫·克里斯蒂安
悉尼麦考瑞大学
首尔梨花女子大学

进一步阅读

Berry, T. (1988). *The Dream of the Earth.* San Francisco: Sierra Club Books.

Brockway, R. W. (1993). *Myth from the Ice Age to Mickey Mouse.* New York: State University of New York Press.

Christian, D. (2004). *Maps of Time: An Introduction to Big History.* Berkeley: University of California Press.

Griaule, M. (1975). *Conversations with Ogotemmeli.* Oxford, U.K.: Oxford University Press.

McNeill, W. H. (1985). *Mythistory and Other Essays*. Chicago: University of Chicago Press.

O’Flaherty, W. D. (Trans.). (1981). *The Rig Veda.* Harmondsworth, U.K.: Penguin.

Samuel, R., & Thompson, P. (Eds.). (1990). *The Myths We Live By.* London: Routledge.

Sproul, B. (1991). *Primal Myths: Creation Myths around the World.* San Francisco: HarperCollins.

von Franz, M.-L. (1972). *Creation Myths.* Dallas, TX: Spring Publications.

疾病

由于传染病的快速演化，并很快产生新的菌株和耐药性，因此，疾病研究是一项永无止境的追求。研究表明，疾病的增加发生在人类觅食阶段结束并开始定居生活时。直到20世纪，流行病学家才认识到，只有寄主与病菌相互适应，症状（以及医学诊断）才会改变。

疾病指的是多种身体机能失调：有些是致命的，有些是慢性的，有些只是暂时的。像癌症和阿尔茨海默病的发病风险则是随着年龄的增长而增大，并且是由于身体内部机能紊乱造成的；另一些则是来自外部细菌的感染，通常儿童比成人更容易遭受病毒感染，因为成人在初次接触这些病毒后获得了免疫力。由于人类抵抗力的变化和病菌本身的不断演变，传染性疾病的症状随时间和地点而异。因此，不管古代关于传染病的书描写得多么详细，它往往都与现代医生所见不相符合。因此，即便记录仍存，要确切地判断特定的传染病是什么时候最初感染了特定地方的人，这一点通常无从得知。而且也没有人会怀疑那些没有为历史学家留下记录的民族也遭遇过重大的传染病。尽管存在种种困难，但是，在历史的长河中，人类经受疾病的一些里程碑事件还是依稀可辨的。在最近的时代中，影响和控制变化中的疾病的医学努力广为人知。

觅食者和早期农民的疾病

可以肯定的是，我们远古的觅食者祖先遇到过许多种寄生虫，其中一些寄生虫就像导致疟疾的有机物一样使人严重虚弱。昏睡病经由采采蝇传播，这种病对猎人具有致命的杀伤力，所以直到今天，非洲东部的某些地区都无人居住，也因此使今天的游客能够在那里看到成群的野生动物。虽然如此，我们早期的祖先在大多数时候可能还是颇为健康和具有活力的。这一点至少是今天人类学家在非洲观察到的幸存的觅食者的情况。或许传染性微生物和它们的人类寄生体彼此十分适应，他们共同在热带非洲进化成长；因衰老而生病对他们来说几乎无关紧要，因为他们的寿命比我们短得多。

因为非洲热带的许多寄生虫不能在严寒的气候条件下生存，所以当人类成群结队地扩大其地域，穿过寒冷的气候带并迅速地散居于全球各地时，传染病可能会急剧减少。离开非洲传染病源可能使人口数量增加，并且有助于人类维持意义非凡的地理扩张。

但是，在地球的另一些地区，当一些人类群体开始学会翻耕土地并且长年累月地定居在同一地方时，传染病又开始增加了。部分原因在于粮食生产使得更多人聚集在一起，然后交叉感染传染病，特别是由于供水容易被人类废弃物中的细菌感染。这样便增加了消化道被感染的风险。此外，无论农民在什么地方灌溉，只要他们在浅水里行走，就有感染使人致病的血吸虫病（或裂体血吸虫）的风险，它们寄生于蜗牛中。而且，只要耕种者开始依赖一种作物来获得几乎所有的食物，就很容易产生营养不良。比如，以玉米作为主食会导致人体缺乏某种必需的氨基酸，从而引起被称为“糙皮病”的一种慢性疾病。最后，虽然驯化的动物为人类提供了肉和奶，但它们也增强了疾病在人类与牲禽之间交叉传播的风险。大量的细菌和病毒就是通过这种方式传播的。

然而，感染此类疾病风险的增强并没有阻止农业人口的增长。相

老彼得·勃鲁盖尔，《死亡的胜利》（*The Triumph of Death*，1562 年）。这幅画反映了黑死病摧毁中世纪欧洲之后的社会动乱和恐怖景象。马德里普拉多博物馆。

反，耕种土地的人越来越多，粮食产量越来越多，生养的孩子也就越来越多。农村数量成倍地增加，并且从他们最初定居的地方扩散开来，而后，人类很快结束了与自然相抗衡状态中居于弱势的情况，就像他们的觅食者祖先和诸如狮子及老虎这样的其他顶级掠食者一直以来的样子。

尽管如此，农民必须比觅食者更长时间地劳动，并且从事更单调乏味的工作。遇到恶劣天气或者植物病害引发作物歉收的时候，他们还得面临饥荒。在种植谷物的农民人口多到足以占据几乎所有可耕土地的那些地方，强盗对他们储粮的掠夺是另一种严重的风险。另外，当掠夺者懂得只占据农民一部分收成，当作租金和税收时，他们就成了统治者。农民面临着另一种资源被耗尽的风险，并且不得不始终如一地努力工作，以养活自己和他们的新领主。按照我们的标准来看，他们的寿命很短，因此，年老病死依然很少见。

从约公元前3500年开始，统治者及其各种各样的随从开始在一些人类密集居住的农业区创建城市，尔后，疾病模式再次改变，显现出变化多端和不稳定的局部均衡。这些或许可以被描述为区域农业疾病体系；大约公元1550年后，继之产生的是同样不稳定的全球疾病体系，在其中，我们仍然能发现我们自己。本文主要探讨这些连续的疾病环境。

区域农业疾病体系

当大量人口开始聚集到这些城市的时候，废物处理的问题以前所未有的速度成倍增加。接触新病毒感染的概率也成倍地增加，因为士兵、商人、海员和商队人员在长途往来过程中会穿越疾病疆界，到处传播病毒。此外，当城市人口超过了临界阈值，一些新型的疾病开始折磨人类。这种疾病最初是在野生畜群中产生的，或者是在那些密集群居的掘洞啮齿目动物和其他小型动物身上产生的。这类疾病的一个显著特点是，当它们不至于致命时，会在其动物和人类宿主身上产生抗体，因此，幸存者产生免疫力，避免被再次感染。这就意味着，这种细菌只有在发现足够的新生儿在死亡或康复之前的几周内进食时才能继续存在，否则这种感染就会引发另一次生存危机。

究竟多大数量的宿主能够让一系列病毒感染无限存在下去，这取决于人口出生率和它们与潜在宿主之间密切接触的程度。为了从一个宿主到另一个宿主，许多传染病通过飞沫传播，以呼吸、咳嗽和打喷嚏的方式传染，因此它们需要密切的接触才能成功传染。比如，在现代（约1750年至今），麻疹——一种通过飞沫传播的病毒——在一个大约有30万人口的社区中至少需要7000个易受感染的个体才能继续存在。显然，像麻疹这样的传染病只能在城市这样的环境中和与大城市中心有接触的村民中间维系生命。

其中像天花和麻疹这样的传染病具有高度的致命性，其他如腮腺炎和流感较一般。没有人知道它们是何时何地从动物群身上转移到人类身上的，但可以肯定的是，这一过程发生在亚洲某个地方，而且可能是在不同的时间和不同的地点。同样可以确定的是，它们只发生在城市中和城市周边地区，因而成为独具特色的新的“文明的”疾病。

它们的到来具有自相矛盾的结果。通过使城市居民致命，它们很快令大多数城市变得不健康，从而需要从周边村庄移入一大批人口来维持其数量。然而，这些疾病也为患过病的人口接触未患过病的人口创造了一种新的和十分有利的条件。这是因为这些人没有获得免疫力，族群感染就像野火一样蔓延，杀戮成人和儿童。在现代，初次感染麻疹或天花通常在几周内就会使人口减少大约 1/3，而幸存者则会头晕目眩、失心发狂，很难抵抗新来的病毒携带者的再次传染。当所谓“文明的”疾病接二连三地暴发时，后果更为严重。天花、麻疹、流感甚至普通感冒都可能是且经常是致命的。

在那种极端的模式能够普遍建立之前，不同的文明中心必须在这些疾病最初开始的地方生存下来。关于欧亚大陆和非洲境内最初的族群疾病传播，一切都仍然未知，不过，疾病灾害在公元 165—180 年肆虐古罗马帝国，之后又在公元 251—266 年第二次侵袭，这可能与天花和麻疹到达地中海陆地的时间吻合，它是由士兵从美索不达米亚带回来的。文字记载同样显示，中国在公元 161—162 年和公元 310—312 年两次异乎寻常地遭受致命疫疾袭击。

因此，由于连接中国与叙利亚的“丝绸之路”的开辟，欧亚大陆内部的联系似乎扩大了，这导致欧亚大陆两端几乎同时暴发了高度致命的疫疾，给古罗马帝国和中国都造成了严重破坏。但是，现存的记录对两端之间的地区几乎没有什么记载，猜测毫无意义。相比之下，我们知道美洲人免遭这一族群疾病侵害，直到西班牙人出现，对于全球其他孤立隔绝的族群也是如此。因此，在 16 世纪，当欧洲海员开始与那些对此类疾病无免疫力的人相遇时，大规模的死亡接踵而至。

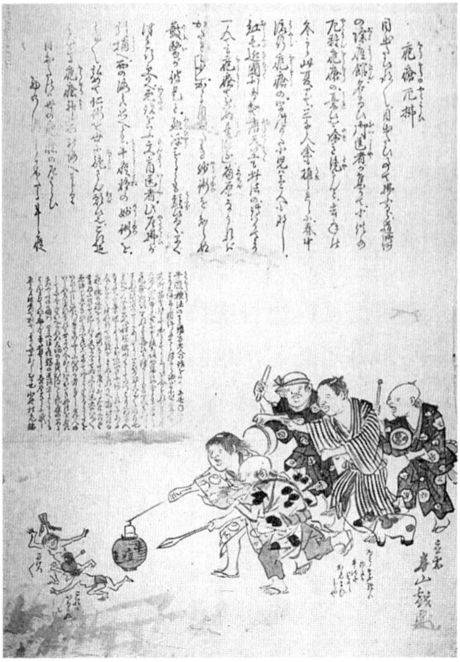

这张图由松川饭山所绘，向观者展示天花疫苗和绪方洪庵工作的重要性。绪方洪庵是一位受过西方教育的医生。1849 年，他在其位于日本大阪的诊所中为 3000 人接种了天花疫苗。

到那时候，欧亚大陆的农耕人民又遭遇了 120 多年的疾病交换和感染。一场举世闻名的疫疾发生在公元 534—750 年。黑死病不时暴发，破坏了地中海沿岸地区，结果在接下来的 6 个世纪消失。历史学家普罗柯比（Procopius）对这场瘟疫最初暴发的情况有详细的描述，说是它们来自船只，其源头在中非地区。其他因素也起到了影响作用；现代研究显示，黑死病通常是通过鼠蚤叮咬进行传播的，在它们一般的宿主死亡后就转移到人类身上。有问题的家鼠可能原产于印度，公元 534 年，它们刚到达地中海沿岸地区不久。

这种传染本身就在非洲中部和印度北部的各种啮齿动物居住的地下洞穴中存在。在这些老鼠身上，病毒就像是处于它们的幼年时期。只有当它们侵袭未曾接触过这种病毒的家鼠及人类的时候，它们才变成致命的瘟疫。在这种情况下，这种传染病确实高度致命。

普罗柯比说，当这种疾病在公元534年首次袭击的时候，在40天里，君士坦丁堡每天都有上万人死去。人口和财产的损失肯定很严重，从而阻止了拜占庭国王查士丁尼（527—565年在位）夺回帝国西部最富有的地区，虽然他已经开始这么做了。

日耳曼和北欧逃过了这一劫，可能是因为老鼠那时候还没有在那里安家。但是，在所谓的黑暗时代，其他严重的疾病，包括天花、麻疹和流感不时在北方地区暴发，这时船只开始频繁地航行到北欧，整个欧洲开始与由地中海城市网络形成的疾病中心建立起密切的联系。麻风病、肺结核和白喉也是其中的疾病，在数个世纪里更为广泛地传播。但是它们的传播毫无迹象可寻，因为它们并没有像天花、麻疹和瘟疫那样引起突然的、大规模的死亡。

关于欧亚和非洲其他文明中心在古代和中世纪如何遭遇新的传染病的，我们同样无从得知。但有两篇中国文献描述了在公元610年南部海岸暴发的一次疫情，因此，这看起来又像是中国的疾病史与欧洲的疾病史具有紧密的关联。这并不奇怪，因为那时候船舶和商队往来于欧亚大陆所有的文明区域，他们携带传染病菌。同时，入侵的军队不经意间也使数以千计从未经历过这些疾病的士兵突然被感染。

非洲北部和东部共享这一同质化的过程，而非洲内陆地区、东南亚地区和欧亚大陆北部地区更多是零星的暴发，也因此较其他地区落后一点。但是，总的来说，由于疾病传染在旧世界更趋严重，对传染病的抵抗力也在增强，当地居民习惯了与更严重的疾病相处。流行病的种类总是随各地而不同，因为气候会限制许多传染病毒。一般来说，温暖而潮湿的环境有利于病毒机体；寄生在蚊子、跳蚤或其他昆虫身上的传染病菌不断选择宿主，它们在这样的环境中也生存得更好。冬天的严寒天气限制了许多种寄生虫的传播，在炎热和干燥的沙漠地区也是这样。此外，本土风俗有时候也会减少疾病的感染。比如，在中国西南部地区，淋巴腺鼠疫菌是穴居啮齿类动物特有的，当地的村民在他们的房子里发现有死老鼠后，就会逃到地势更高的地方去。19世纪的时候，欧洲的医生还嘲笑过这些迷信的村民。然而，半个世纪后，当欧洲人了解到这种瘟疫是如何传染时，他们意识到这种方式是一种有效预防感染病毒的措施。另一方面，有一些风俗增强了感染的风险。宗教朝圣就是一个典型的例子。在穆斯林清真寺的洗脚仪式中，由于洗脚用水的水池中有时候含有微生物，从而导致血吸虫病菌感染。

多数疾病灾难很快就被人们遗忘，这就是为什么我们对传染病传播所知甚少。但黑死病是个例外。1346年，鼠疫再次横扫欧洲，导致大量人口死亡，而后继续留在民间记忆中，成为我们共同的话语中浓墨重彩的一笔。1346—1350年，大约有1/3的欧洲人口死于这场瘟疫，而使黑死病的记忆仍然存在的原因则是从那时候至今，欧洲和北非地区不时暴发这种瘟疫，即使在20世纪40年代有效的抗生素被发现之后也是如此。我们知道这是如何发生的。

首先，辽阔的蒙古帝国领土从中国延伸到俄国，使横跨欧亚大陆的快速而远距离的迁徙规模比以往任何时候都大得多。许多传染病利用这一条件突破了它们原有的界限，而瘟疫只是其中一种。尤其是在1252年，蒙古军侵入中国和印度的边境，进入鼠疫感染长期存在的地区，可能从这里将传染毒菌带回了干草原故乡。不管怎样，巴氏杆菌（鼠疫耶氏菌）——引起鼠疫的细菌的称谓——以某种方式找到了新的地方，然后在北方草原上的穴居啮齿类动物中传播。直到19世纪90年代，这一点才被俄国科学家发现。这是1346年在欧洲和伊斯兰世界暴发的瘟疫的源头所在。

船舶迅速地将传染病毒从瘟疫最先暴发的克里米亚地区的费奥多西亚（Feodosiya，又称卡法）传到地中海和北欧港口。随后，传染病传播到内陆地区。在瘟疫所到之处，死亡以迅速和前所未有的方式降临在老幼身上。超过半数的感染者死亡。在伊斯兰地区，传染病也造成了相似的后果；随着元朝的灭亡和1368年明朝的建立，中国也由于战争和瘟疫的双重打击而损失约一半人口。

此后，瘟疫持续不定期造访所有这些地方。欧洲人口持续下降，

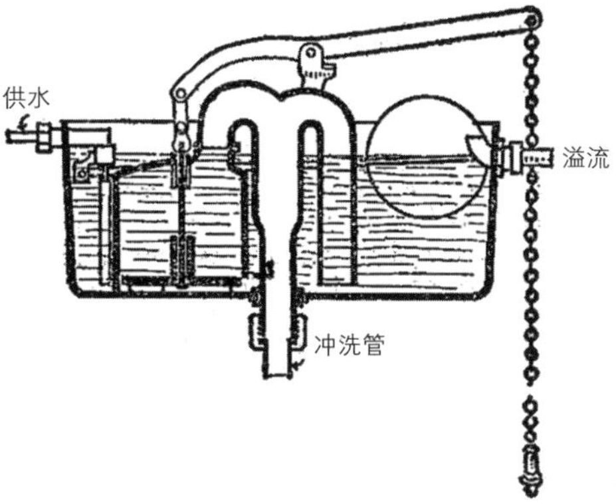

室内管道和地下污水系统有助于控制疾病在人口密集的城市中心的传播，从而促进了公共卫生。

一直到1480年左右，幸存者的不断累积最终使得人口呈恢复增长的状态。在1665年最后一次袭击伦敦之后，瘟疫在英格兰和北欧消失，同时人口加速增长。其部分原因是对来自瘟疫感染港口的船只进行检疫隔离，另一个原因是为了防火而发明了板岩屋顶，从而使人类与鼠蚤之间的接触概率比老鼠在茅草屋顶筑窝所带来的接触概率更低。在东欧和亚洲，直至20世纪，瘟疫仍然持续暴发。不过，当地的适应性也逐渐减小了瘟疫的影响。

总的来说，在干草原——蒙古人的故乡，游牧部落的牧民发现他们永久地处在传染病致死的危险之中，最持久的变化开始了。损失太过严重，以至于游牧民族甚至从肥沃的乌克兰草原上撤走，从大约1550年起，这里开始被农业拓荒者占据。这就扭转了人类自第一个千禧年开始形成的喜欢游牧的生活潮流，首先把印欧语系，接着把土耳其语传到了欧洲和亚洲大部分地区。

伴随着鼠疫突然传播，其他疾病模式的改变很快而来。最引人注目的是麻风病的消退，这使欧洲人依据《圣经》禁令建立起来隔离麻风病人的麻风病院空空如也。许多麻风病人在第一次病毒袭击的时候死亡；但是，对于征服各种各样的皮肤传染病——欧洲人将这些皮肤传染病统称为“麻风病”，还有其他因素可能起了作用。一个可能的因素是，欧洲人口的减少使得羊毛制衣的供应量相对于人口比例来说更为充足。通过穿上长的、温暖的睡衣，欧洲人减少了彼此皮肤接触的概率，也就减少了皮肤病传染的概率。这一点没有铁证。

具有讽刺意味的是，另一种皮肤病——“雅司病”，是一种与引起梅毒的细菌不同的细菌造成的传染病，可能也从欧洲人口中几乎消失了。1494 年后梅毒流行病的暴发，可能是因为细菌通过性器官的黏膜而找到了新的传播途径。这同样没有确切证据。

然而，1500 年前，所有横跨欧亚大陆和非洲的疾病的混合和传播从未消除地方差异。首要的是，随着传染疾病在旧世界人口中不断增加，世界上的多数地区没有受到影响，而后者会发现当横渡海洋成为主要的交通路线时，他们相对来说更脆弱，一种新的全球疾病体系开始形成。

全球疾病体系

航海首要和最具颠覆性的影响是向没有免疫力的人群传播了大量致命传染病。这一过程甚至今天还在遥远的亚马孙丛林和北极海岸持续。但到目前为止，几乎所有人都具有至少一部分感染概率，最初那种破坏性结果已经一去不复返了。但是，当传染疾病还是新事物的时候，整个族裔消失，美洲和大洋洲广大地区的人口大量减少。来自欧洲和非洲——随后也来自亚洲——的移民因此取代了老居民，创造了我们今天所知的混血种族。

美洲原住民是在新的疾病体系中被毁灭的最大的群体。在哥伦布建立总部的伊斯帕尼奥岛（Hispaniola）上的原住民人口在几十年里就完全消失了，墨西哥和秘鲁人在接触到新的传染病的最初半个世纪里，人口减少到 1500 年人口总量的 1/10。数以百万计的人口死于天花和无数其他传染病，直到幸存者的血液系统中产生免疫力，才遏制死亡。在墨西哥和秘鲁，最糟糕的情况直到 1650 年才结束。尽管在美洲一些更偏远的地区，当地人口的死亡持续发生，但人口数量仍然开始逐渐增长。战争和各种组织程度较低的暴力行动在毁灭美洲原住民中也扮演了部分角色，但非洲—欧亚大陆传播过来的疾病始终起主要作用。

加勒比群岛和美洲热带沿海地区也被证明适宜疟疾和黄热病的传播，它们来自非洲，寄生于不同种类的蚊子身上，跟随跨大西洋上贩奴船只而来。疟疾来到新世界的确切时间无法被证实，不过，1648 年，在哈瓦那发生了一场黄热病致命疫疾，这清楚地表明这种病毒已经来到了新世界。随后，当这种疾病成为当地病时，幸存者获得了一种潜在的抵御外来入侵者的能力，因为来自欧洲的士兵通常感染生病，而后在到达六周的时间里就会死亡。这使得在 18 世纪西班牙人能够打败英国人，征服蔗糖岛屿，使拿破仑注定要在 1801 年重新夺回海地，也促使他在 1803 年将路易斯安那领地卖给托马斯·杰斐逊。一种来自热带非洲的病毒在相当程度上影响了政治进程。

在其他地方，澳大利亚、新西兰和其他原来隔绝的共同体，这些地方的居民在携带病毒的欧洲人到来后也遭遇了如同美洲原住民一样的命运。这些新来者总是会带来一系列其他丰富多样的物种：各种农作物和杂草，以及像虱子、大鼠和小老鼠这样的驯化动物和害虫。当人类和其他无数的生命有机体开始横渡海洋时，地球仍然处在由这一过程形成的生态动荡之中，同时将生物圈变成一个前所未有的单一相互作用的整体。

疾病交换几乎完全是单向的，从非洲—欧亚大陆到其他陆地。反向传播的证据很难被找到，虽然有些专家认为，梅毒是从美洲传到欧洲的。欧洲人知道这种疾病是在 1494 年一支围攻那不勒斯的法国军队中暴发的，因此他们把这件事情与 1493 年哥伦布返回欧洲联系起来，也确实有可能。但是，并没有确凿的证据证明新世界中存在梅毒，所以，没有人能肯定梅毒是从美洲传到欧洲的。

另一种疾病斑疹伤寒也在 1490 年侵入欧洲；但这是由士兵从塞浦路斯带来的，而且可能并不是新的疾病，只不过是在那时候医生刚认识这种疾病。最近，其他病毒感染也袭击了地球上有病史的人群。艾滋病是其中最严重和最普遍的，它也许是从非洲内陆某地的猴子那里传播出来的，也可能像斑疹伤寒一样。艾滋病由来已久，只不过尚未被认识，直到因为不断增多的性滥交而流行起来。

在现代时期，其他三种影响工业人口的疾病也值得一提。结核病是一种非常古老的传染病，在 1780 年左右又获得了新的暴发势头，因为这时候以煤和蒸汽为动力的新工厂蜂拥而至，人们与工厂挤在卫生状态很差的工业城镇中。它对欧洲的破坏作用在 1850 年左右达到顶峰，随后不久，德国专家罗伯特·科赫（Robert Koch）于 1882 年发现了结核杆菌，开创了预防医学的新纪元。然而，虽有现代医学技术，结核病依然是最普遍并在世界范围内感染人类最持久的疾病。到 1950 年左右，由于城市的非同寻常的发展，过半人口拥挤在城市之中，结核病持续存在。

霍乱在印度本土也是一种古老的疾病，在到恒河沐浴的印度教朝圣者身上暴发。霍乱弧菌可以在淡水中单独生存很长一段时间，但是它在人体消化道中会迅速滋长，并在数小时内引起腹泻、呕吐甚至死亡。因脱水引起身体收缩，以及因毛细血管破裂引起皮肤变色，这些使得霍乱呈现的症状特别可怕。这种疾病在长期未暴发后的 1819 年再次暴发，波及东南亚、中国、日本、东非和西亚地区。虽然它造成的死亡率不高，比如，仅占开罗总人口的 13%，但仍然引发了强烈的忧虑和恐慌。1831—1833 年，一场霍乱疫情席卷从俄国到波罗的海各国，再到英格兰、爱尔兰、加拿大、美国和墨西哥。更重要的是，霍乱于 1831 年在麦加地区产生，感染了穆斯林朝圣者。接着，他们把疾病带回了本国，一直到 1912 年，霍乱从棉兰老岛（Mindanao）到摩洛哥一路周期性地暴发。之后霍乱在麦加地区消失，穆斯林也不再到处传染这一疾病；但是，这一疾病却在印度扎根，印度教信徒于是成了它的主要携带者。

欧洲人和美国人对这一可怕传染病的反应的确很紧张。英格兰的改革家着手重新设计伦敦和其他城市的供水系统和沟渠系统，以确保无菌饮用水的供应。人们花费了很多年去建设新的供水系统，不过，当一座又一座城市建立起这种供水系统时，许多其他类型的传染病很快就消失了。早在18世纪就产生了的预防天花接种使得城市远比过去更加健康。促进城市卫生的措施包括新的立法，以及具有强制执行预防措施权力的健康医疗委员会。这是现代医学的第一次重大突破。逐渐地，疫苗接种和卫生系统在全球范围内传播，根本性地改变了人类感染疾病的历史，以至于我们很难想象婴儿死亡理所当然、成年人感染疾病死亡比老年疾病死亡更常见的时代。

然而，有些疾病受这些预防措施的影响很小。例如，引起流感的病毒每年都不同，通常发生在那些免疫力早几年前就对新的变体无效的人类宿主身上。1918—1919年，一种新的病毒种类特别致命，当它在全世界范围内传播后，杀死了约2000万人，比第一次世界大战更致命。然而，就像以前通常那样，幸存者几乎很快就遗忘了他们感染致命流感的遭遇。

部分原因是在第二次世界大战之后，医学史上的第二次突破出现了，它堪比19世纪卫生系统上的成功。突然间，DDT在杀灭蚊虫幼虫上的使用几乎消灭了地球上许多地区的疟疾；与此同时，青霉素和其他抗生素也开始被普遍使用，用于消灭其他传染病毒。突然之间，即刻治疗古代就存在的疾病成了一件必然的事情。从预防方面来看，世界卫生组织在1976年成功进行了一场消灭天花病毒的运动（实验标本除外）。然而，这些胜利并未持续很长时间。DDT虽然能有效地消灭蚊子，但是它也会毒害其他许多生命，因此很快就被禁止。更普遍的是，传染病开始对新的抗生素产生耐药性。结果，疟疾刷了一次存在感，其他古老的传染病差不多也是如此。

后来，艾滋病在1981年被发现，并且成功地抗拒化疗，曾经很自信能够战胜传染病的医生不得不承认他们的医疗技术有意想不到的局限。传染病正在回来，古老的疾病正在增多。显而易见的是，尽管有许多现代医学奇迹，但人类的身体仍然遭受病毒感染，并且随着年龄的增长而退化。

疾病在改变，并且一直在改变。人类的行为也在改变，并影响了疾病折磨我们的方式。自 1750 年左右以来，医学知识和临床试验极大地改变了全球的疾病体系，使数十亿人延长了生命。但是，我们所有的技术都没有改变这一事实：我们仍然是地球生命网的一部分，到处和始终在吃和被吃。

威廉・H. 麦克尼尔
芝加哥大学荣休教授

进一步阅读

Cook, N. D. (1998). *Born to Die: Disease and the New World Conquest, 1492–1650.* Cambridge, U.K.: Cambridge University Press.

Cunningham, A., & Williams, P. (1992). *The Laboratory Revolution in Medicine.* Cambridge, U.K.: Cambridge University Press.

Ewald, P. W. (1994). *The Evolution of Infectious Disease.* New York: Oxford University Press.

Grmek, M. (1989). *Diseases in the Ancient Greek World* (L. Muellner & M. Muellner, Trans.). Baltimore: Johns Hopkins University Press.

Kiple, K. (1993). *The Cambridge World History of Human Disease.* Cambridge, U.K.: Cambridge University Press.

McNeill, W. H. (1998). *Plagues and Peoples* (2nd ed). New York:Anchor Books.

动植物驯化

人类最重要的生存技巧之一是对环境的驯化。驯化基于人类的偏好，改变动植物的自然习性和特征。最早的动植物驯化的例子可以追溯至几十万年前，但这些生活方式的改变对环境造成的影响直到今天仍然存在。

动植物驯化是人类历史上最基本的生存改变。人类以采集和狩猎维持生存长达 10 万年甚至更长。然后，到更新世（公元前 190 万—公元前 1 万年）末期，少数地区的人分别开始控制和培育他们迄今为止采集过的物种。公元前 12000 年—公元前 5000 年，食品生产开始替代食物采集。在人类获得前所未有的掌控自然世界的进程中，人口数量呈几何级增长。但是，适应性的成功是以生态失调、新的传染病和加速的环境破坏为代价的。

驯化在一个单独的有限区域里产生，然后向世界其他地区扩散，这一理论已经被证实不足为信。现在看来，动植物驯化是分别发生的，然后在六个甚至以上主要的“源地”（hearths）——西南亚、撒哈拉以南的非洲、东南亚半岛、东亚、中南美洲和南美安第斯山脉——重复这一过程。后来，在诸如北美东南部和南亚这类次级“源地”中发生了更加有限的驯化。

确定这些“源地”的位置比找到为什么这些地方会产生如此深

刻的适应性变化的原因更容易。人种学（有关人类文化的研究）记录表明，一般来说，食物采集者不耕种，除非新的环境使得采集食物变得困难或者不可能。因此，在更新世末期，食物采集系统向食物生产系统的转变可能是由全球气候变化引起的，哺乳动物灭绝、海平面上升和人口的显著增长也大约在这一时期发生。考古学家马克·科恩在 1977 年断言，虽然史前食物采集者人口增长贯穿整个更新世时期，但是，只是在这一时期末期，当气候和环境变化削弱了现有的采集经济时，人口增长对食物资源的压力才变得至关重要。随着环境逐渐失去其生产力，人口压力迫使食物采集者增强和扩大他们的维持生存的活动。根据经济史学家弗雷德里克·普赖尔（Frederic Pryor）在 1983 年的说法，这种增强生存的活动可能就包括驯化动物和植物，其目的在于：1. 降低因过分依赖日益不可靠的野生食物而产生的风险；2. 用其他季节栽培的食物补充主要在某个季节才有的野生食物；3. 利用那些不能充分从事初级食物收集活动的社会边际劳动力；4. 甚至只是单纯地增加饮食的多样性。

在那些长期驯养和培育合适的再生性食物的地方，可能的结果就是驯化。不过，并不是所有学者都接受“粮食危机理论”，而是认为有其他因素，包括人类适应体系内的人口增长、分化和专门化，或者人类对环境创造性的可控性。

植物驯化

无论出于何种理由，当人类开始系统地播种他们收集的种子后，他们在有机物与环境的自然选择因素之间加入了人类选择的因素。

> 丰收时期一个常见的程序是耕种者检查他的田地，仔细地选择种子，保存起来，作为下一个播种期的种子。田地里剩下的收获则是为了消费。在这种情况下，选择就是绝对的。对下一代有

用的人口的组成部分是那些由耕种者选择的部分。而其他的部分则会从基因库中被清除。（哈伦、德威特和施特勒，1976年，第8页）

因此，在野生状态时通常会被淘汰的基因突变开始在耕种者的田地里受到欢迎。在野生小麦、大麦、燕麦或者黑麦等野生禾本科植物中，种子的扩散机制在耕种中首先被改变。野生谷物具有极好的散播成熟种子的方式，因为自然选择仅仅允许那些具有有效散播机制的植物基因传播给后代。虽然阻止种子散播的基因突变在野生植物的每一代都发生，但是，它们只对携带它们的植物后代是致命的。然而，具有阻止种子散播的野生植物很容易被人类收集。正是它们的种子被采集者不经意地选择了。当采集者将种子播种到田地里的时候，这样的突变开始幸存下来。播种可能首先是由采集者完成的，他们把野生谷物引入自然之外的环境中生长。无论什么原因，当采集者开始保存和播种他们收获的一些种子时，越来越多的抑制散播突变集中到谷物中。各代的无意识的人类选择在遗传上改变谷物，并且增加了收获量，进而提高了每单位劳动成本的产量。

收获者也无意识地促进了始终如一的种子成熟率。野生谷物种子不会同时发芽，而是倾向于在整个生长季发芽。有些甚至会蛰伏多年。耕种的谷物则一次性被收获。在收获季长出最多种子的单株植物对下一代的贡献最多。以这种方式，收获缩短了种子发芽的周期，并且缩短了持续时间很长的种子休眠期。

在栽培的谷物中，种子变大的趋势也很常见，尽管不完全普遍。驯化种子变大部分归因于人类在播种时选择最大的种子进行播种，但种子变大也是种子间竞争的结果。种子的大小与种子的生存能力有密切关系，在苗床上首先发芽且生长最快的幼苗最可能对下一代贡献基因。

除了这些无意识的选择行为之外，由于耕种者在口味、颜色、加工便捷性和存储方面的偏好，其他各种各样的因素被强加进来。作为一般准则，人类最常使用的植物是通过人类选择改造最多的那些植物。因此，在玉米穗、甘薯块茎或者豌豆荚和这些植物的野生祖先上的类似植物器官之间几乎没有相似之处。驯化植物已经被人类的选择塑造了。随着时间流逝，这一进程以或大或小的程度进行着，植物丧失了在它们的生命周期中没有人类直接干预情况下的生存能力。

驯化的小麦是一种小麦属禾本科谷物，已被证明是人类历史中最重要的驯化植物。然而，微小的遗传差异把野生小麦和驯化的小麦区分开来，它们可能很乐意包含在同一物种中。这种遗传邻近性表明，驯化小麦既简单又迅速。考古学家戈登·希尔曼（Gordon Hillman）和植物学家斯图尔特·戴维斯（Stuart Davies）1990 年对驯化率的测定实验表明，野生单粒小麦和二粒小麦可以在 20~200 年里被完全驯化。相反，驯化玉米或玉蜀黍似乎要花上 2000 年以上的时间。

玉米（玉米属）是由中美洲和南美洲北部地区的多年生野生禾本科植物进化而来的。关于玉米可能由什么进化而来的最早证据是来自公元前 5100 年的一个花粉剖面。在考古学上，最早确定的玉米遗址是古伊拉·纳奎茨（Guilá Naquitz），它位于墨西哥瓦哈卡的一块干燥岩石上。这些小小的穗子可以追溯到大约公元前 4200 年，并且来自植物的早期驯化阶段。直到大约公元前 3000 年，玉米似乎才被完全驯化。从那时候起，玉米在北美和南美得到广泛的培植。南瓜（南瓜属植物）是另一种新世界中来源不详的植物（即某种生物在分类或种类上的野生祖先不详），它最早种植于公元前 8000—公元前 6000 年。相较之下，玉米驯化的缓慢进程也算是显著的了。

虽然玉米在每单位耕种土地上的产量比其他美洲本土作物更高，但它存在营养上的缺陷。最显著的是，它所含成分中的某些氨基酸对人类来说很难消化。美洲原住民学会了提高玉米营养品质的方法，即在把玉米粒磨成粉前将干燥的玉米粒放在青柠水中。豆类（豆科植物）提供了玉米所不具有的许多营养成分，因此，美洲原住民也学会了一起种植和消费这两种作物的方法。

尽管大量的蔬菜品种生长在亚洲东部地区，但是，喜阴和喜阳的稻子（稻属植物）是这些地区耕作的主要作物。在世界范围内，只有小麦在膳食的重要性方面可以超越大米。虽然有人认为稻米的驯化开始于大约公元前15000年，不过，关于稻米驯化的最早的考古证据约在公元前5500年，是在泰国北部、水源充足的中国南部热带地区发现的。此后不久，水稻栽培在中国北方迅速传播，也可能是独立出现的。

黍类是许多广泛用作人类食物、动物饲料和干草的耐旱类禾本科植物的共同称呼。显而易见，今天耕种的大多数种类是在中国北方地区驯化的。从中国的南方到北方，降雨量和年平均气温下降。毫不奇怪，那些在中国北方被驯化的植物与那些在中国南方被驯化的植物截然不同。狐尾草（狗尾草）、珍珠稷（狼尾草）、糜子（黍属）和其他类似种类可能是在长江中上游地区被驯化的。在黍类被驯化之后，各种各样的黍类在半干旱的亚洲内陆地区传播，并于公元前4000—公元前2500年到达今天的中国台湾。

在世界上的热带和亚热带地区，传统的耕作是以块根植物的无性繁殖或营养繁殖为主的，比如竹芋（竹芋属）、甘薯（薯蓣属）、土豆（马铃薯）、芋头（芋属）、木薯或树薯（木薯属），以及像香蕉（芭蕉属）这样的果树。种子对它们的繁衍来说并不是必需的。这些植物都有再生其组织和结构的能力，或通过自然的方式，或通过人工切割或嫁接的方式。通过无性繁殖，农民们能够世世代代地保留所需的植物特征。精耕细作的营养繁殖已经导致一些物种完全丧失了有性繁殖的能力。有性繁殖方式在园艺中的消除表明，通过营养繁殖对块根农作物的驯化可能先于谷类作物和其他种子类作物的驯化。公元前5000年，驯化的块根植物在巴拿马出现。

动物驯化

一般认为，当野生动物遇到人类的时候，会本能地攻击或者逃跑。但动物考古学家查尔斯·里德（Charles Reed）在1986年声称，事实上，大多数野生动物都很容易被驯服。在他看来，对动物进行驯化的主要障碍是人类的狩猎行为。最低限度地控制狩猎的生存系统可能最有希望开始驯化进程，而那些专门从事狩猎的生存系统最不可能开始这一进程。从考古遗址中的骨骼残骸里识别驯化的信息往往并不容易。但幸运的是，最近几年发展起来的DNA分析对考古学来说是一个很有用处的辅助手段。

在巴勒斯坦狩猎营复原的一只可追溯到公元前12000年的狗（犬科动物）的骨骼是动物被驯化的最确切的考古学证据。人们据此可了解为什么狗是第一个进入人类生活轨迹的动物。犬科动物是食腐动物，它们的狼祖先从史前时代开始就鬼鬼祟祟地匍匐于人类居住地附近。最终，这些偷偷摸摸的方式使它们半驯化了。最终的驯化——以及人类学会使用狗进行狩猎，毫无疑问在此后出现。但问题是多久之后出现的？最近对狼和狗的DNA序列的比较分析表明，这两个物种“分道扬镳”的时间不超过10万年。很少有史前史学家愿意接受这个驯化开始的时间，他们认为这个时间过早了。对世界范围内当代狗大样本的遗传分析表明，家养狗最可能起源于东亚，在15 000年前，然后从那里传播出去。相关的DNA分析也表明，新世界的狗来源于旧世界，它们是随着穿越白令海峡陆桥的人去的，然后在更新世结束之际进入北美。

羊——绵羊（绵羊属）和山羊（山羊属）——是第二个进入人类生活轨迹中的动物。考古学证据表明，它们可能早在公元前9000年被驯化，在土耳其东部和伊朗西部的山区。野生羊彼时正在“预适应”人类的生活；它们在尚幼小的时候很容易被驯化，还能够消化大量人类不能食用的植物。更重要的是，雄性羊（占主导地位）既不捍卫它们的个体领地，也不集合自己独有的雌性伴侣。因此，野生羊保持着群居、杂交的生活。在约公元前7000—公元前6000年，驯养的山羊和绵羊开始成为亚洲西南地区最早出现的农民的肉类和毛皮的主要来源。在那之后，它们向欧亚大陆和非洲扩散的速度似乎很快。

家养猪是野猪（野猪属）的后代，是最早发现于从欧亚大陆到北非的阔叶、落叶森林中的一个物种。虽然成年的公猪很危险，但小野猪还是很容易被驯服的。考古学证据表明，猪的驯化只比羊的驯化晚一点点，并且分别独立地驯化于亚洲西南地区和东部地区。

现代很温顺的黄牛是原始黄牛的后代，是旧世界的野牛。这种野牛在17世纪的时候灭绝。然而，它们的习性可以从西班牙长角牛推断出来，它们在得克萨斯州和加利福尼亚州边缘地区又恢复了野性。长角牛凶猛、敏捷，不经挑衅也会发动攻击，而且很难被杀死。如果野牛的习性像长角牛，其腰身往往有两米长，那它们必定是史前人类所遇到的最难对付的野兽之一。这使研究者很疑惑，究竟人类祖先怀揣着什么想法要去驯服它们。可能只是宗教动机促使人们这样去做。野牛可能被驱赶到天然的圈地中，在那里，个别动物被选择用来献祭。最终，通过这种方式被禁锢的畜群可能被饲养和繁殖。不管动机如何，约公元前7000年开始，牛开始在安纳托利亚、希腊和亚洲西南部分地区被驯化。重要的是，来自约公元前6000年有关公牛崇拜的考古学证据开始为人所知，出现在诸如土耳其的加泰土丘（Çatal Hüyük）和地中海东部其他地区的早期历史遗址中。一旦被驯化，牛群就会快速传播。追溯至公元前4500年的普通黄牛骨在北非的卡普莱蒂（Capeletti）被重新找到。约公元前5500—公元前2500年，牛群在一个潮湿的时期向南扩散到撒哈拉沙漠。撒哈拉沙漠中部的高原岩画描绘了貌似普通黄牛的长角牛、无驼峰牛的形象。干燥的撒哈拉沙漠迫使畜群进一步向南迁徙。驯养牛，可能是非洲黄牛，在约公元前3000年的时候出现在非洲东部。牛群在撒哈拉以南非洲的扩散在这之后进展很顺利。然而，最近的DNA证据表明，撒哈拉以南非洲的本土原生牛可能在非洲黄牛到来之前就已经被人类驯化了。

南亚是牛驯化的第三个独立中心。那里是水牛（亚洲水牛）和肉峰瘤牛（瘤牛）驯化的一个主要源地。来自印度次大陆的瘤牛在大约公元前1000年之后的某个时候出现在非洲东部地区。这一物种的引入必定改良了非洲本身的牛群。瘤牛需要的水和饲料通常比非洲黄牛更少，并且在干旱后能够很快恢复体力。瘤牛与当地品种的杂交也产生了抗病能力更强的奶牛，能够产出更多的牛奶。

牛是最早被用于运输和作为牵引力的动物，但是，随着马、驴和骆驼被驯化，它们取代牛，更有效地完成了这两项任务。虽然人类驯养这三种动物是为了它们的肉、皮和奶，但随后人类对这些物种的驾驭彻底改变了人类的贸易、运输和战争。驴似乎是马家族（马科）第一个被驯化的物种，出现在美索不达米亚考古记录中的时间大约是公元前4000年。对现代马的DNA分析表明，马的驯化在欧亚大陆有许多中心。考古遗迹表明，马直到公元前3000年在黑海以北的草原上被驯养。关于驯养骆驼的考古证据很少，但这些动物大概到公元前3000年可能出现在亚洲西南地区。

席卷新世界更新世晚期的物种灭绝使一些野生物种消失了，例如马和巨型骆驼，否则它们可能已经被驯化了。幸存下来的主要的牧群——叉角羚（美洲羚羊）和美洲水牛（野牛）——获得了有限的驯化。虽然叉角羚跟羊一样群居，但是它们在容许身体接触的次数上跟羊截然不同。它们不是“接触性动物”，而是彼此保持距离。叉角羚的成年雄性具有良好的领地意识。它们强烈地驱使雌性叉角羚留在自己的领地上，驱使其他雄性叉角羚在其领地之外。这些特征使得驯化叉角羚很难，几乎不可能成群地放牧它们。野牛即便对于今天的放牧者来说，也表现出难以被驾驭的行为特征。因此，这两个物种都是保留着它们的野性进入现代社会的，这就不足为奇了。故而，在美洲，具有驯化潜在性的动物数量是无限的。与新世界数量可观的驯化植物相比，被驯化的动物数量实在是微不足道，包括狗、番鸭（疣鼻栖鸭）、火鸡、天竺鼠（土拨鼠）和新世界各种各样的骆驼科（羊驼），例如美洲驼、骆马、安第斯山骆马、南美羊驼。驯养动物的缺乏给新世界的人带来了致命的后果——16世纪西班牙征服者在墨西哥和秘鲁上演的快速军事胜利的事实戏剧性地说明了这一点。但是，前哥伦布时代驯养动物数量少也有其积极的一面：它降低了美洲原住民感染从动物传染到人类身上的致命疾病的可能性。

沉默的驯化

可见世界的动植物驯化伴随着不可见的微观世界的有机物的驯化，其中许多微生物是良性的或有用的。例如，酵母使发酵成为可能。在没有封闭的陶罐情况下，发酵系统是不现实甚至不可能的。因此看来，酵母驯化想必是陶制品的一个意外结果。发酵过程依赖酵母，包括酸洗，制作奶酪，制作面包，培制和生产醋、酱汁（尤其是鱼酱），以及各种蔬菜的乳酸发酵（诸如腌菜）。发酵可以保存食物，去除有毒成分，利用食物废料，以及提供必要的食物次级成分。发酵的酱汁和调味品增添了味道，或者说掩盖了食物的缺陷。

红酒和啤酒的发酵必须提一下。早期的红酒是由蜂蜜、棕榈树液、海枣、无花果、葡萄干、苹果、石榴和许多其他水果制作而成的。啤酒主要由小麦和大麦的发酵而来，为种粮农夫提供了重要的营养。谷物粥缺少维生素B复合物。令人高兴的是，大多数啤酒富含维生素B复合物。但是，人类的适应性是在精神和物质两个层面同时进行的。啤酒和红酒在精神层面也有用处，英国诗人豪斯曼（A. E. Housman）写道："麦芽比弥尔顿更能调和上帝对人的态度。"（1988年）

早期农夫在利用微生物发酵方面的成就确实令人印象深刻。就一个近代科学以前的语境而言，通过尝试和错误而获得发酵的实践知识尤其令人注目。除了酵母菌和细菌，早期农夫驯化了大量低等植物，比如蘑菇、真菌和海藻。酵母、细菌和低等植物的培植有三个优势：

生产周期短，需要的空间适中，对水的需求低。另外，管理的相对简单性保证了最终产品特性能够被精确控制。

不幸的是，沉默驯化具有更加危险的一面。通过与他们驯化的动物密切相处，人类改变了现有动物病原体（疾病病原体）的传播方式，并刺激了新的病原体的进化。人类逐渐共有了他们所使用的生物的疾病。例如，在旧世界，人们患麻疹、肺结核和天花（来自牛群），以及流行性感冒和百日咳（来自猪，也可能来自鸭子和狗）。还有其他很多，其中一些是在野生动物与驯养动物接触的时候，从驯养动物传播来的。

早期农业是一种更加安土重迁的生活方式，它使人们持续地接触人类和动物的排泄物。由于缺乏关于粪便与疾病之间关系的确切认知，农夫并没有十分谨慎地处理人类和动物的排泄物，并且似乎也没有为系统性地防止食物和水源受到污水污染而采取措施。这种污染为疾病的传播提供了理想的环境，比如腹泻（尤其危害幼儿）、伤寒和霍乱。像蠕虫和原生动物这类肠道寄生虫也很容易在这种环境中传播。

这再次引起人们对啤酒的讨论。在一定程度上，这些疾病可以通过不喝水而改喝啤酒和红酒来避免。酒精发酵因此成为一种针对疾病和健康新环境的重要的文化适应，这正是活跃于早期农业生活的沉默驯化进程创造的。

杂草

微生物并不是唯一一种意外的驯化生物。另一种意外驯化的物种是杂草，它被发现于耕田者农田的边缘。杂草是民间术语而非科学术语。它指的是由于火灾、山崩、风暴、洪水等因素使植被生长遭到中断和破坏，一些植物就迅速地在这些土壤上生长。在农业出现以前，这类植物相对而言比较少。然而，农业中的土地清理极大地扩大了这类植物的栖息地，并且最终使它们变成意外的栽培品种（在耕作环境中产生并持续生长的有机体），它依赖于人类对环境的干扰，而且受人类的操纵。这样，杂草的各种新品种就作为耕种的副产品产生了。在野生的和栽培的谷物与其他植物一起生长在同一块田地里的时候，这些新的品种就作为杂交植物出现了。有些杂草品种最终被驯化。黑麦和燕麦都是欧洲的杂草，当农民—垦殖者开始在欧洲大陆的内陆地区耕作的时候，它们就进入旧世界驯化植物的名单中了。但是，大多数杂草都仍然是半驯化的有害植物，至今仍使耕作者苦不堪言。

农业的传播将这些有害的杂草带到了新的地方。农业人口到达北欧的最好证据是地中海典型的杂草的出现，比如车前草（茅尖状车前草）、荨麻（异株荨麻）和各种各样的酸叶草（酸模属）。后来欧洲农业传播到新世界、澳大利亚和太平洋岛屿，也引进了这些导致灾难性后果的旧世界的杂草。

人类导致的环境破坏

到了史前时代晚期，在地球上，极少有陆地生态系统没有受到人类的影响。不过，并不是所有影响都具有同等的程度。狩猎—采集民族对生态系统的影响相对比较适中，而农民则彻底地改变了他们足迹所至的自然环境。通过开荒、火种，捕杀野生食肉动物，以及后来的犁耕和灌溉，他们突破了地域限制，创造了新的、相对均质的环境。农业是人类生计的生态简化形式。它将人类限制在仅依赖一小部分植物和动物而生存的范围内，而这些物种大部分是由农民自己掌控的。一旦由人类照料，这一系列驯化物种就能够适应范围更广的环境。他们驯服的动植物的适应性，包括他们改变环境的努力，意味着这些从事农业的人不必去了解他们新的生态的来龙去脉，也不太关心保护野生食物资源。通过改变他们的环境，以及增加由这一环境维系的人口数量，农民使得狩猎—采集民族难以生存。随着农业民族和他们驯养的动物而来的是动物传染病（由动物传染给人类的疾病）。随着史前时代结束，由农业创造的人口持续增长刺激了耕作形式日益集约化，以及畜牧业的规模化，诸如乳业、羊毛业、灌溉农业及其伴生物——完全的游牧业。以一种残酷的方式，增长和规模的扩大导致城市、国家与文明的兴起。从那时候起，就没有了回头路。

D. 布鲁斯·迪克森（D. Bruce Dickson）
得克萨斯 A&M 大学

进一步阅读

Clutton-Brock, J. (1999). *A History of Domesticated Mammals*. London: Cambridge University Press.

Cohen, M. (1977). *The Food Crisis in Prehistory*. New Haven, CT: Yale University Press.

Crawford, G. W., & Shen, C. (1998). The origins of rice agriculture: Recent progress in East Asia. *Antiquity*, *72*(278), 856~866.

Crosby, A. W. (1986). *Ecological Imperialism: The Biological Expansion of Europe*. New York: Cambridge University Press.

Daszak, P., Cunningham, A. A., & Hyatt, A. D. (2000). Emerging infectious diseases of wildlife—Threats to biodiversity and human health. *Science*, *287*(5452), 443~449.

Dickson, D. B. (1988). Anthropological utopias and geographical epidemics: Competing models of social change and the problem of the origins of agriculture. In P. Hugill & D. B. Dickson(Eds.), *The Transfer and Transformation of Ideas and Material Culture*, 45~72. College Station: Texas A&M University Press.

Flannery, K. V. (1969). Origins and ecological effects of early domestication in Iran and the Near East. In P. J. Ucko & G. W. Dimbleby (Eds.), *The Domestication and Exploitation of Plants and Animals*, 73~100. Chicago: Aldine.

Giuffra, E., Kijas, J. M. H., Amarger, V., Carlborg, Ö., Jeon, J.-T., & Anderson, L. (2000). The origin of the domestic pig: Independent domestication and subsequent introgression. *Genetics*, *154*(4), 1785~1791.

Haeun, M., Schäfer-Pregi, R., Klawan, D., Castagna, R., Accerbi, M., Borghi, B., & Salamini, F. (1997). Site of einkorn wheat domestication identified by DNA fingerprinting. *Science*, *278*(5341), 1312~1314.

Harlan, J. R., De Wet, J. M. J., & Stemler, A. (1976). Plant domestication and indigenous African agriculture. In J. R. Harlan, J. M. De Wet, & A. Stemler (Eds.), *Origins of African Plant Domestication*, 3~19. The Hague, The Netherlands: Mouton.

Hillman, G. C., & Davies, M. S. (1990). Measured domestication rates in wild wheats and barley under primitive cultivation, and their archaeological implications. *Journal of World Prehistory*, *4*(2), 157~222.

Housman, A. E. (1988). A Shropshire lad (verse LXII). In *Collected Poems and Selected Prose*. New York: Penguin.

MacHugh, D. E., & Bradley, D. G. (2001). Livestock genetic origins: Goats buck the trend. *Proceedings of the National Academy of Sciences*, *98*(10), 5382~5384.

Pennisi, E. (2002). Shaggy dog history. *Science*, *298*(5598), 1540~1542.

Piperno, D. R., & Flannery, K. V. (2001). The earliest archaeological maize (*Zea mays* L.) from highland Mexico: New accelerator mass spectrometry dates and their implications. *Proceedings of the National Academy of Sciences*, *98*(4), 2101~2103.

Piperno, D. R., Ranere, A. J., Holst, I., & Hansell, P. (2000). Starch grains reveal early root crop horticulture in the Panamanian tropical forest. *Nature*, *407*(6806), 894~897.

Pryor, F. L. (1983). Causal theories about the origins of agriculture. *Research in Economic History*, *8*, 93~124.

Reed, C. (1986). Wild animals ain't so wild, domesticating them not so difficult. *Expedition*, *28*(2), 8~15.

Savolainen, P., Zhang, Y.-P., Luo, J., Lundeberg, J., & Leitner, T.(2002). Genetic evidence for an east Asian origin of domestic dogs. *Science*, *298*(5598), 1610~1613.

Smith, B. D. (1997). The initial domestication of *Cucurbita pepo* in the Americas 10,000 years ago. *Science*, *276*(5314), 932~934.

Stanton, W. R. (1969). Some domesticated lower plants in south east Asian food technology. In P. J. Ucko & G. W. Dimbleby (Eds.), *The Domestication and Exploitation of Plants and Animals* (463~469). Chicago: Aldine.

Troy, C. S., MacHugh, D. E., Bailley, J. F., Magee, D. A., Loftus, R. T., Cunningham, P., Chamberlain, A. T., Sykes, B. C., & Bradley, D. G. (2001). Genetic evidence for Near-Eastern origins of European cattle. *Nature*, *410*(6832), 1088~1091.

Vilà, C., Leonard, J. A., Götherström, A., Marklund, S., Sandberg, K., Lindén, K., Wayne, R. K., & Ellegren, H. (2001). Widespread origins of domestic horse lineages. *Science*, *291*(5503), 474~477.

Vilà, C., Savolainen, P., Maldonado, J. E., Amorim, I. R., Rice,J. E., Honeycutt, R. L., Cranndall, K. A., Lundeberg, J., & Wayne, R. K. (1997). Multiple and ancient origins of the domestic dog. *Science*, *276*(5319), 1687~1689.

Zhao, Z. (1998). The middle Yangtze region in China is one place where rice was domesticated: Phytolith evidence from the Diaotonghuan cave, northern Jiangxi. *Antiquity*, *72*(278), 885~897.

Zohary, D., & Hopf, M. (2000). *Domestication of Plants in the Old World* (3rd ed.). Oxford, U.K.: Oxford University Press.

灭绝

在地球史上，灭绝时有发生；灭绝事实上是进化论的关键要素，它归因于自然选择、随机因素或灾难性事件。地球上发生过五次大规模的灭绝，包括恐龙灭绝的那一次。所有灭绝事件塑造了我们今天所熟悉的这个世界。

化石遗迹揭示，生命的历史有一个物种形成的过程，或者说是有机体进化为新物种的多元化过程；这一过程伴随着物种灭绝，或者说现存物种的消失。物种形成和灭绝是进化过程中平等互利的两方。在新达尔文理论中，遗传变异和自然选择是进化的主要动因。自然选择有利于遗传变异，从而改善有机体在其生存环境中存活的概率，进而再繁殖。成功的变异被遗传给下一代。人口中变异频率从一代到另一代逐渐增加，直到某个变异最终取代较早的有缺陷性状的变异。新性状的获得时常使有机体侵入新的栖息地。在新达尔主义中，环境是自然选择的首要来源。因此，环境变迁——就栖息地入侵来说，或可称环境的变化，被认为是物种进化的主要原因。新环境状况改变操控有机体数量的选择性压力。有机体数量必须适应新的环境，否则就会断子绝孙。除了自然选择，随机因素以及罕见的灾难性事件在灭绝中似乎也发挥作用。

地球大约有 46 亿年的历史。地质学家将这些时间划分为代、纪和世。（参见表 1。）地球上首次出现生命的时间大约是 35 亿年前的太古代。这些生物自出现以来一直在进化，而大多数物种如今业已灭绝。纵观历史，物种通常是在“基础性灭绝”（background extinctions）中个别地消失。但是，在最后五个大规模灭绝事件中，大量的物种是在（地质学上来说）短的时间内同时消失的。（参见表 2。）通过消除某些以前成功的物种并保证其他过去较小的群体壮大和多样化繁衍，每一次大规模灭绝都重组了生物圈。

表 1：地质年代

代	纪	世	距今
新生代	第四纪	全新世 更新世	1 万年 12 万年
	第三纪	上新世 中新世 渐新世 始新世 古新世	530 万年 2370 万年 3660 万年 5780 万年 6640 万年
中生代	白垩纪	晚期 早期	14 400 万年
	侏罗纪	晚期 中期 早期	20 800 万年
	三叠纪	晚期 早期	24 500 万年
古生代	二叠纪	晚期 早期	28 600 万年
	宾夕法尼亚纪	晚期 早期	32 000 万年
	密西西比纪	晚期 早期	36 000 万年
	泥盆纪	晚期 中期 早期	40 800 万年

续表

代	纪	世	距今
古生代	志留纪	晚期 中期 早期	43 800 万年
	奥陶纪	晚期 中期 早期	50 500 万年
	寒武纪	晚期 中期 早期	57 000 万年
元古代			25 亿年
太古代			46 亿年

资料来源：美国地质调查局和埃德·柯比（Ed Kirby）著：《探索伯克希尔山：胡萨托尼克流域地质学和早期工业》（*Exploring the Berkshire Hills: A Guide to Geology and Early Industry in the Housatonic Watershed*, 1995）。

白垩纪末期灭绝

白垩纪（11400 万年—6500 万年前）是恐龙时代的最后一个时期。在其末期，几乎所有这些巨型动物，包括 50% 以上的地球生物突然完全消失了。许多学者将它们的灭绝归因于气候变化，但是这种消失并不是渐进的，并且恐龙似乎在这一时期结束的时候还呈现多样化趋势。物理学家刘易斯·阿尔瓦雷斯（Luis Alvarez）和他的同事在 1980 年注意到，上溯到白垩纪末期的岩石层通常含有一层稀薄的铱黏土层，这是一种类似于铂的金属，还有由熔融的硅酸盐液滴形成的小圆石或陶粒、玻璃质岩石的球形颗粒。他们将这一现象解释为大约在 6500 万年前一个或多个巨大的小行星或彗星撞击过地球的证据。他们假设，撞击产生了巨大的蒸气云（小圆石就是从中凝聚而来的），向地球表面撞出冲击碎片，创造出一个巨大的火球，然后向大气层投下巨大的烟尘。当这一烟尘上升，大气风将烟尘吹进环绕地球的云中，将地球表面的阳光遮挡了一年或一年以上。在这一情形下，大规模灭绝既是由最初的撞击造成的，也是由因此受到影响的食物链造成的。可能这一碰撞也引燃了巨大的全球火灾，它所产生的烟雾注入撞击碎片所形成的烟尘之中，进一步遮挡阳光。在墨西哥尤卡坦半岛，一个已经鉴定大致时代和形貌的灰坑的直径在 200 千米 ~ 300 千米，它可能就是这一次撞击的一个点。小行星碰撞可能也导致了泥盆纪晚期、二叠纪到三叠纪期间以及三叠纪晚期更早的一些大规模灭绝。无论是何原因，白垩纪的灭绝结束了恐龙的统治，创造了一个空荡荡的生态空间，由一种迄今为止无足轻重的脊椎动物——哺乳动物来填补。

更新世 / 全新世的灭绝

更新世（180 万年前到公元前 8000 年）紧跟着上新世，随后是全新世（公元前 8000 年至今）。这一时期被称为冰期，因为在这一时期，大陆冰川面积发生周期性的增长和退缩。在更新世末期，解剖学意义上的现代人（智人）开始进化，可能是在非洲，然后向地球上的大部分地区传播。虽然“基础性灭绝”发生在这整个世代，更新世的动物仍然很丰富。而后，在公元前 1 万年—公元前 6000 年，一场大规模的灭绝发生了。成年体型较大、重量超过 45 公斤的“巨型动物”受到的影响最严重。

尽管灭绝在所有大陆都发生过，但它们并非一致地发生。在新世界中，巨型动物的数量比其他地区消失得更多。在公元前 1 万年后的 4000 年时间里，哥伦比亚猛犸象、乳齿象、马、拟骆、沙斯塔地獭、剑齿虎以及其他 70 属在北美洲和南美洲灭绝。欧洲和欧亚大陆的灭绝概率较低。尽管如此，长毛象、披毛犀、爱尔兰麋和其他耐寒动物在公元前 14000 年后消失。麝香牛、草原狮和鬣狗在这些地区消失了，但在其他地方存活了下来。马和草原野牛的分布受到更大的限制。更新世晚期，非洲的灭绝率最低。巨型动物在这一时期早期就开始频繁灭绝，不过到这一时期结束的时候，其数量都是微不足道的。

表 2：地质史中五大大规模灭绝事件

白垩纪末期	6500 万年前
三叠纪末期	21 000 万年至 20 600 万年前
二叠纪末期至三叠纪早期	25 200 万年至 24 500 万年前
泥盆纪末期	36 400 万年至 35 400 万前
奥陶纪末期	44 900 万年至 44 300 万年前

F. 约翰，《德隆特奥得河上的渡渡鸟》(*Dodo oder Dronte*，1890 年)。彩色插图。渡渡鸟被科学家认为是代表灭绝的“招牌鸟”。纽约公共图书馆。

原因是什么?

更新世晚期出现的气候迅速变化可能是一个原因。在这一世代的最后 12.8 万年间，北半球经历了一个漫长的大陆冰川扩散的时代，间或被较短冰川收缩或者称间冰期打断。冰川扩散大约在公元前 1 万年突然被中止，接着是冰川的快速消失期，并出现一种更温暖、湿润的气候。在这个间冰期，欧洲、欧亚大陆和北美森林向北蔓延，严重缩减了诸如马、猛犸象、野牛和披毛犀这类草原巨型动物的活动范围，减少了它们的数量。这个间冰期大约在公元前 9000 年结束，冰期再次回来，又持续 1000 年的时间。然而，灭绝并不完全与这个冰期消失时间同步。另外，气候的迅速变化在更新世即使不触发类似的灭绝浪潮，也时有发生。据推测，大多数更新世物种已经进化为在心理上能够耐受气候的变化，要不然也能够在面对气候变化的时候进行迁移。此外，一些物种，最显著的是马，在北美开始灭绝，但在欧亚大陆幸存下来，并被重新引入新世界。如果说在更新世晚期，北美的环境对马来说是致命的，那么当这些西班牙野马重新成功地进入美国西部的时候，为什么今天它们又能驰骋于荒野之中呢?

既然气候变化无法解释更新世生物灭绝，也许就是人类毫无节制的狩猎这一“人为过度的杀戮”造成的。有两种证据表明了这一点：1. 世界范围内灭绝的不对称性；2. 人类所用石器与灭绝物种的骨骼之间的地层关系。非洲、欧亚大陆和新世界中灭绝速度的变化可能反映完全现代人在各大陆出现的不同时间。在过去的 400 万年到 600 万年，巨型动物和人种在非洲同步进化，解剖学上的完全现代智人在非洲进化的时间可能是 15 万年前。有人认为，非洲巨型动物的灭绝率到更新世晚期时还较低，因为那个时候，生物已经进化了应对人类捕杀的行为方式。解剖学上的完全现代智人直到约 35 000 年前才在欧洲出现。欧洲狩猎动物与这些新的人类捕食者之间关联时间较短，可以解释为什么与非洲相比，欧洲的巨型动物灭绝速度更快。

> 在专业的生物学家看来，有一点几乎毫无疑问，即当前地球上的物种不断濒临灭绝，堪比地质史中五大大规模灭绝事件。
>
> ——奈尔斯·埃尔德雷奇（Niles Eldredge），1943 年

在更新世末期考古遗址中发现的石器和已经灭绝的巨型动物骨骼之间的地层意义上的关联也同样被视为人类“过度杀戮”的证据。在乌克兰的献祭屠杀遗址上发现的大量猛犸象骨骼表明，欧亚大陆的猎人在这里屠杀了数量惊人的动物。在北美，类似这样的证据最有说服力，古印第安人使用的投掷武器上有矛尖状石头，它与巨型动物之间具有直接和主要的关联，这是有据可查的。在北美，更新世的巨型动物包括地树懒、拟骆、貘、乳齿象、各种各样的野牛、猛犸象和马，在公元前 1 万年—公元前 8000 年灭绝，关键的因素显然与公元前 9500 年—公元前 9000 年古印第安人的突然出现有关。如果说专业化古印第安猎人是首批到达新世界的人，那么，他们一定发现了一个充满猎物而又没有竞争者的乐园。这个乐园与旧世界的任何东西都不同，因为在这个乐园里生活的动物不需要像旧世界的动物那样要跟狡猾的、直立行走的捕猎者斗智斗勇。随着古印第安人数量的增长，他们向南迁徙，穿越大陆不断向前。受捕杀猎物的驱使，以及不加区别地屠杀大量动物的奢侈屠杀策略的存在，这些早期的猎人很有可能在一个日益扩大的战线上灭绝巨型动物。解剖学上的现代人——在索特留（Solutré）、下维斯特尼采（Dolni Vestonice）和奥尔森-查伯克（Olson-Chubbuck）这样的屠杀点实践大规模、肆无忌惮的掠夺行为，这使本已承受气候变化压力的巨型动物在数量的天平上彻底倾斜，这一点看起来似乎很有道理。如果说这些屠杀点事实上反映了人类在“大屠杀”方面的肆意行为，那么，它们也提供了一个警示性故事：一旦被破坏，物种就再也不会回来。

巨型动物的灭绝一定是来自大型狩猎民族为了维系其自身生存而

施加的武力造成的。考古学家马克·科恩在1977年断言：由于现有猎物的减少，大约公元前8000年后，灭绝引发了“食物危机”，迫使欧亚大陆、欧洲、非洲和美洲的人扩大他们赖以生存的基础，从而利用了更大范围的物种和栖息地。迄今为止被人类忽略的物种，诸如鱼、蟹、海龟、软体动物、陆地蜗牛、迁徙的水鸟和兔子开始成为人们日常饮食的一部分。由于水果、块茎、坚果和种子的食用，植物的利用也开始系统化。最终，食物危机可能促进了农业的发展。

史前末期和历史时期

由人类造成的灭绝在史前末期和历史时期仍在继续，以下面几种方式进行：栖息地分裂和破坏；捕食者或外来竞争者侵入（尤其是岛屿）；过度狩猎；用于市场买卖的狩猎或捕获野生动物。到史前末期，世界上极少有栖息地未受到过人类的影响。尽管如此，所有这些影响都不是同时进行的。在狩猎—采集比较适度的时候，农业体系改变了生态面貌。基于栖息地减少而造成的物种灭绝主要是由于农业的扩散，以及本土原生动物和驯养动物之间的竞争造成的。然而，驯养动物并不是唯一导致灭绝的新来物种。在岛屿上，大量的鸟类随着人类带来老鼠、猫鼬或蛇而灭绝。大约在1950年，棕树蛇被引入关岛，结果它们消灭了岛上13种本土原生森林鸟类的9种。物种的灭绝也来自人类有意的迫害。一个引人注目的例子来自在新西兰岛的考古发现。这个长久与亚洲大陆隔绝的岛屿上原来有一种独特的、体形较大的、栖息在地上、不会飞的鸟，叫恐鸟。恐鸟的体形大小从火鸡到大型鸵鸟般生物不等，高达10英尺（约305厘米）或10英尺以上。它们在没有捕食者的情况下得已进化，也可能对大致在13世纪的某个时候来到这里的波利尼西亚殖民者并不感到害怕。于是，在接下来100年的时间里，11种恐鸟被捕杀殆尽。

当生物被用于市场买卖的时候，人类的迫害尤其可能导致其灭绝。

1906 年左右在华盛顿特区国家动物园里的袋狼。科学家认为，袋狼在 20 世纪 30 年代灭绝。E. J. 凯勒（E. J. Keller）拍摄，史密森尼学会档案馆。

栖息于北美的候鸽不计其数，它们在迁徙的时候会遮天蔽日。在 19 世纪，这种鸟因为市场买卖而被系统地捕杀，到 1914 年，这个物种就灭绝了。类似的命运也降临在大海雀、渡渡鸟和其他大量鸟类的身上。黑猩猩和大猩猩也面临着同样严峻的命运，目前它们在非洲部分地区被当作“丛林肉”售卖。犀牛濒临灭绝是因为犀牛角在亚洲被认为是一种壮阳药。世界范围内的鱼类也受到系统的市场买卖和钓鱼活动的威胁。未来灭绝的物种可能包括鳕鱼、金枪鱼、青枪鱼、剑鱼和某些鲸鱼。令人沮丧的名单还会一直延续。

重视灭绝

灭绝对世界历史产生了深远的影响。首先，白垩纪末期恐龙的大规模灭绝保证了哺乳动物的多样化，并最终促成了人类的进化。那个遥远的灭绝事件标志着人类历史的萌芽。其次，由于维持生计方面的巨大变化，更新世末期的大灭绝引发的“食物危机”导致了农业的出现。再次，更新世末期的灭绝极大地减少了新世界的动物。由于缺少主要的驯化动物品种，新世界的农业主要依靠植物。而旧世界的人生活在一种较少受到灭绝削弱的环境中，驯养了许多动物品种，最终受困于动物传染病，天花和流感等传染病就来自他们驯养的动物。只要美洲原住民仍被隔绝于旧世界之外，他们就能保持对这些传染病的免疫力。然而，随着欧洲人和非洲人的到来，对这些传染病缺乏适应性和免疫力的美洲原住民被置于大规模的“原地感染”之中，这直接导致他们的失败，以及引发来自旧世界族裔大规模的基因替代。更新世末期的动物灭绝模式因而决定了美洲的人口构成。

第六次大灭绝？

目前灭绝的速度似乎是已知地质时代大部分灭绝速度的 1000 至 10 000 倍。全球变暖的可能性使这一前景更加灰暗，因为气候变化模式可能由于破坏物种的分布和数量而导致其灭绝。那么，世界是否处于第六次大灭绝的边缘呢？如果是这样，有什么办法可以避免呢？在短期内，必须从国际共同努力的角度加强对世界主要的栖息地森林和海洋的保护。必须减少外来物种对新环境的引入，同时加强对濒危物种的保护。这种保护从来都不是廉价或容易的，但是，加利福尼亚秃鹰、海獭、美洲野牛、鸣鹤和其他物种的保护经验表明，这种保护还是能够实现的。同时，动物园和水族馆必须果断地采取行动，在他们的管理下培育濒危物种。繁殖和发育生物学能够提供帮助。濒危物种精子在基因库中的存储也是大有希望的，因为像体细胞克隆这样的实验越来越多。中国生物学家正在试图增加大熊猫的数量，使用熊为卵子供体和代孕体的核移植技术实现。通过基因的方式恢复已经消失的物种，诸如复活塔斯马尼亚虎和猛犸象的努力也正在进行中。

不管我们做什么，都必须认识到，当今时代的灭绝是由我们人类这个物种的所谓无节制的成功造成的。因此，控制人口和抑制我们的破坏性冲动至关重要。全球经济的不发达状态加剧了这两个问题。穷人并非出于恶意而杀害犀牛或猎杀猩猩。他们这样做只是为了缓解贫困。要终止这些行为，需要消除造成贫困的经济不平等状况。这不是个小任务，如果我们没有做到这一点，灭绝对世界历史造成的最终影响可能将是我们人类自身的灭绝。

D. 布鲁斯·迪克森
得克萨斯 A&M 大学

进一步阅读

Alvarez, L. W., Alvarez, W., Asaro, F., & Michel, H. V. (1980). Extraterrestrial cause for the Cretaceous-Tertiary extinction. *Science, 208,* 1095~1108.

Anderson, P. K. (2001). Marine mammals in the next one hundred years: Twilight for a Pleistocene megafauna? *Journal of Mammalogy, 82*(3), 623~629.

Brook, B. W., & Bowman, D. M. J. S. (2002). Explaining the Pleistocene megafaunal extinctions: Models, chronologies, and assumptions. *Proceeding of the National Academy of Sciences, 99*(23), 14624~14627.

Cohen, M. N. (1977). *The food crises in prehistory.* New Haven, CT: Yale University Press.

Corley-Smith, G. E., & Brandhorst, B. P. (1999). Preservation of endangered species and populations: A role for genome banking, somatic cell cloning, and androgenesis? *Molecular Reproduction and Development, 53,* 363~367.

Fritts, T. H., & Rodda, G. H. (1998). The role of introduced species in the degradation of island ecosystems: A case history of Guam. *Annual Review of Ecology and Systematics, 29,* 113~140.

Grieve, R., & Therriault, A. (2000). Vredefort, Sudbury, Chicxulub: Three of a kind? *Annual Review of Earth and Planetary Sciences, 28,* 305~338.

Kerr, R. A. (2002). No "darkness at noon" to do in the dinosaurs? *Science, 295,* 1445~1447.

Myers, R. A., & Worm, B. (2003). Rapid worldwide depletion of predatory fish communities. *Nature, 423,* 280~283.

Olsen, P. E., Shubin, N. H., & Anders, M. H. (1987). New early Jurassic tetrapod assemblages constrain Triassic-Jurassic extinction event. *Science, 237,* 1025~1029.

Purvis, A., Jones, K. E., & Mace, G. A. (2000). Extinction. *Bioessays, 22,* 1123~1133.

Saegusa, A. (1998). Mother bears could help save giant panda. *Nature, 394,* 409.

Serjeantson, D. (2001). The great auk and the gannet: A prehistoric perspective on the extinction of the great auk. *International Journal of Osteoarchaeology, 11,* 43~55.

Vangelova, L. (2003). True or false? Extinction is forever. *Smithsonian, 34*(3), 22~24.

Walsh, P. D., Abernethy, K. A., Bermejos, M., Beyers, R., de Wachter, P., et al. (2003). Catastrophic ape decline in western equatorial Africa. *Nature, 422,* 611~614.

盖亚假说

盖亚假说认为，地球的物理和生物进程紧密地联系在一起，形成了自我调整系统，以保证地球自身的宜居性。盖亚假说声称，生命有机体和它们的无机环境就像单一的生命系统一样一起进化，这极大地影响了地球表面的状况。该假说时常被描述为把地球视为一个单一的生物体。

1969 年，英国科学家詹姆斯·洛夫洛克假定：地球上的生命调节着大气的组成部分，以保持地球的宜居性。洛夫洛克的朋友、邻居、小说家威廉·戈尔丁（William Golding）建议洛夫洛克以希腊大地女神的名字将这一假定称为盖亚假说。虽然在其早期的阐述和在大众媒体上，盖亚假说都被理解为说地球自身是一个生命有机体，不过，正如洛夫洛克清楚地表明的那样，确切地说，地球的行为就像一个生命有机体，其生命体和无生命体协调一致地创造出一种始终适宜生命生存的环境。

盖亚假说的发展

地球上的生命体不仅仅是一名过客的观点可以追溯到许多学科的学者和研究人员的著作中：苏格兰地质学家詹姆斯·赫顿（James

Hutton，1726—1797）及其支持者英国生物学家 T. H. 赫胥黎（T. H. Huxley），动物生理学家艾尔弗雷德·雷德菲尔德（Alfred Redfield），水族生态学家 G. 伊夫林·哈钦森（G. Evelyn Hutchinson），以及地质学家弗拉基米尔·维尔纳茨基。1924 年，美国化学家、生态学家、数学家和人口统计学家艾尔弗雷德·洛特卡（Alfred Lotka）首先提出了一个激进的看法，即生命和物质环境像一个系统一样共同进化，但很少有人把这个观点当回事儿。

20 世纪 60 年代末，美国国家航空航天局在水星上进行生命体搜索的时候，收集了行星大气组成部分的信息。洛夫洛克那时候是美国国家航空航天局的顾问，他注意到金星和水星都有大气层，而且其主要成分是二氧化碳，并且接受化学平衡。相比之下，生命有机体产生的气体构成大气的主要成分，尽管远离化学平衡，但长期保持稳定性。洛夫洛克意识到这种稳定性需要一个调节器，而且，由于大气主要是一个生物产品，他认为地球上的集体生命形式扮演了调节器这个角色。

1971 年，他与著名生物学家林恩·马古利斯（Lynn Margulis）合作，马古利斯带来了她广博的关于微生物的知识，以另一种方式向基于大气证据的一个化学假说中增加了新的内容。

对盖亚假说的批判与改进

洛夫洛克和马古利斯的共同工作引发了强烈的批判，主要来自其他生物学家。W. 福特·杜利特尔（W. Ford Doolittle）和理查德·道金斯（Richard Dawkins）是两个主要的批评者，他们认为，生命有机体在超越其个体本性之外不可能对其他任何东西进行调节。一些科学家特别批评这一假说是目的论的，即认为所有事物都有一个预定的目的。洛夫洛克回应："马古利斯和我都从未提出一种目的论的假说。"（1990 年，第 100 页）。杜利特尔认为，单个有机体的基因组中并没有提供盖亚假说提出的反馈机制。道金斯则认为，有机体不可能协调一致地行动，因为这样做需要预见性和计划性。美国著名的古生物学家和进化论生物学家斯蒂芬·杰·古尔德（Stephen Jay Gould）想要了解自我调节实现动态平衡可能性所依赖的机制。这种批评产生于科学最好的传统之中，并且需要一个合理的回应。

1981年，洛夫洛克通过创造数值模型“雏菊世界”（Daisyworld）来回应批评，这是一个虚构的行星，有两种植物，一种是浅色的，另一种是深色的。这个行星的温度来自像地球所拥有的太阳一样的恒星，并随着时间流逝而变得越来越热。当这颗恒星逐渐变冷的时候，每一株深色的雏菊通过吸收阳光温暖自己，直到深色的雏菊占主导地位并温暖这个行星；当恒星变得越来越热的时候，每一株浅色的雏菊通过反射阳光使自身和这个行星冷却。这两种雏菊对空间的竞争就使得这个行星保持温度的恒定，因此，尽管恒星不断输出热量，它都能维持一种宜居的状态。这一模型表明，即使不调节自身以外的其他任何事物，有机体及其环境也是作为一个强大的自我调节系统而共同进化的。这个演示与关于地球气候和化学调节机制的成功预测给予盖亚假说一个强有力的理论基础，而且还得到了一系列模型的进一步支持，一是来自生态学家蒂姆·伦顿（Tim Lenton）1998年的模型，一是来自生态学家斯蒂芬·哈定（Stephan Harding）1999年的模型。

盖亚假说的核心

盖亚假说视地球表面环境为一个自我调节的系统，由所有的生物、大气、海洋和地壳岩石组成，维系着一种适宜生命生存的环境。它将生命的进化和地球表面及大气层的演变视为单一的进程，而不是像生物学和地质学教授的那样是单独的过程。生物通过自然选择的方式进化，但在盖亚假说中，生物并不是单纯地适应环境，它们也在改变环境。人类显然正在改变大气层、气候和陆地表面，而其他的生物，多数是微生物在过去的那些时间里对环境的改变甚至更加深刻。20亿年前空气中氧的出现不过是这些变化的其中之一。从某种程度上说，盖亚假说以达尔文主义为基础，就像相对论和牛顿物理学之间的关系一样。它并不是对达尔文学说的否定，而是对其的延伸。

那么，盖亚假说有什么用处？它已经是新研究的一个富有成果的来源，而且启发了环保主义者。它导致了天然化合物二甲基硫醚和碘甲烷的发现，从而使必要元素硫黄和碘从海洋转移到陆地。它表明土壤中和岩石上的生命是如何增加去除空气中二氧化碳的比率，从而调节二氧化碳的含量，最终调节气候的。盖亚假说最大胆的预测是在 1987 年由罗伯特·查尔森（Robert Charlson）、洛夫洛克、梅因拉特·安德烈（Meinrat Andreae）和斯蒂芬·沃伦（Stephen Warren）阐明的：海洋中的微生物藻类通过排放气体、二甲基硫醚而与云朵和气候产生关联。根据这一理论，当地球变得越来越热时，这些藻类向大气层释放出更多的二甲基硫醚，从而增加了覆盖地球的云层，反过来又使地球变冷：没有云层，地球将会变热 10~20℃。这一观点对于正确理解气候变化至关重要。1988 年，因为这一理论，这些学者从世界气象局获得了诺伯特—格比尔奖（Norbert-Gerbier Prize）。10 年后，世界范围内数百名科学家致力于研究海洋藻类、大气化学、云层与气候之间的关系。气候学家甚至生理学家已经在他们的研究中利用雏菊世界模型。多年来，盖亚假说已经改变了科学家的思维方式。最好的例子就是 2001 年的《阿姆斯特丹宣言》（*Amsterdam Declaration*）。2001 年，环境科学家举行了一场会议，发表了该宣言，其中第一个要点是："地球系统表现为一个单一的、自我调节的系统，它由物理成分、化学成分、生物成分和人类组成"（开放科学大会，2001 年）。虽然还没有关于盖亚假说的完整表述，但它也是对早先存在的地球观和生命科学独立看法的一个实质性推进。

近年来，盖亚假说已经成为公众讨论和大众媒体的一部分，尤其在涉及全球气候变化问题上。它的主题——行星生命的复杂的相互依赖性——是以"地球系统科学"命名的学术课程的一部分。

盖亚的报复

在 2006 年的一本书中，洛夫洛克提出了这样的观点：环境的退化和气候的变化正在检验盖亚的自我调节和维持地球宜居性的能力。他相信，想要避免重大的气候变化为时已晚，故而，它导致我们所在星球的大部分地区都不那么宜居了。可持续发展和可再生能源已经晚了 200 年，没有太大的帮助；现在是时候直接朝着适应性而努力。洛夫洛克是主张把核能源作为维持能源需求的短期解决办法的倡导者，但是，其他能想到的清洁的、可替代能源实在太少，也为时已晚。考虑到环境压力的范围，他声称人类文明将面临生存困境，在下一个百年，人类数量将会有显著的下降。洛夫洛克声称，盖亚的自我调节可能会阻止任何地球上的生命发生灾难性的失败，但是目前的一系列行动都是难以为继的，所以，地球上的生命将会以某种方式被改变。

詹姆斯·洛夫洛克
英国独立学者

进一步阅读

Charlson, R. J., Lovelock, J. E., Andreae, M. O., & Warren, S. G.(l987). Oceanic phytoplankton, atmospheric sulphur, cloud albedo and climate. *Nature*, *326*(6ll4), 655~66l.

Crist, E., & Rinker. H. B. (Eds.) (2009). *Gaia in Turmoil: Climate Change, Biodepletion, and Earth Ethics in An Age of Crisis*. Cambridge, MA: MIT Press.

Harding, S. P. (1999). Food web complexity enhances community stability and climate regulation in a geophysiological model. *Tellus*, *51*(B), 815~829.

Lenton, T. (1998). Gaia and natural selection. *Nature*, *394*, 439~447.

Lotka, A. (1956). *Elements of Mathematical Biology*. New York: Dover. (Original work published 1924)

Lovelock, J. E. (1969). Planetary atmospheres: Compositional and other changes associated with the presence of life. In O. L. Tiffany & E. Zaitzeff (Eds.). *Advances in the Astronautical Sciences,* Vol. 25, 179~193. Tarzana, CA: American Astronautical Society.

Lovelock, J. E. (1979). *Gaia: A New Look at Life on Earth*. Oxford, U.K.: Oxford University Press.

Lovelock, J. E. (1988). *The Ages of Gaia: A Biography of Our Living Earth*. New York: W.W. Norton.

Lovelock J. E. (1990). Hands up for the Gaia hypothesis. *Nature*, *344*, 100~102.

Lovelock, J. E. (1991). *The Practical Science of Planetary Medicine*. London: Gaia Books.

Lovelock, J. E. (2006). *The Revenge of Gaia: Earth Climate Crisis & the Fate of Humanity*. New York: Basic Book.

Lovelock, J. E. (2008). *The Vanishing Face of Gaia: A Final Warning*. New York: Basic Books.

Lovelock, J. E., & Margulis, M. (1973). Atmospheric homeostasis by and for the biosphere: The Gaia hypothesis. *Tellus*, *26*, 2~10.

Lovelock, J. E., & Watson, A. J. (1982). The regulation of carbon dioxide and climate: Gaia or geochemistry. *Planet. Space Science*, *30*(8), 795~802.

Open Science Conference (2001, July 10~13).The Amsterdam declaration on global change. Retrieved September 5, 2002, from http://www.sciconf.igbp.kva.se/Amsterdam_Declaration.html

Watson, A. J., & Lovelock, J. E. (1983). Biological homeostasis of the global environment: The parable of Daisyworld. *Tellus*, *35*(B), 284~289.

人类进化

涉及人类进化——作为一个进程，既有关于也区别于其他人种的起源和进化——研究的学科包括人类学、考古学、古生物学、灵长类动物学、语言学和遗传学。由于时间跨度的广泛性和数据的相对稀缺性，人类进化研究是一个需要一定程度理论化的不精确的科学。

历学家拓展关于人类过去的看法的一个主要途径是把人类进化和对过去5000年事件的一般性看法结合起来。想要了解人类进化，我们必须求助于古人类学家的研究成果。他们主要依靠化石证据而不是书面记录，以重新建构史前模式，时间可追溯到500万—700万年前。在这个时期，我们最早的人类家庭直系祖先与各种各样令人惊异的卓越物种，尤其是更新纪灵长类，或者称南方猿猴分道扬镳，进入其自身的进化路线。7000万年前，灵长目动物具备了条件，并最终有可能产生和发展成为人类。人类遗传了灵长目动物的特性，也就衍生出各种物理属性的独特组合，包括与体形相配的大脑、能够双目前用的眼睛、灵巧的双手、较小的犬齿状牙齿以及直立行走的骨骼。人类进化也依赖于灵长目动物由来已久的行为习惯，包括社会学习和合作、制作工具和团队组织。不过，在更详细地讨论人类进化之前，提及在古人类学中使用的证据和往往出现的各种争议，这是很重要的。如果古人类学家掌握的证据不足，或者如果已有知识存在巨大鸿沟，以及如果最近大量考古发现导致对主流观点的质疑，那么，世界历史学家将会毫不惊讶地发现，专家一直会对人类进化的各种变量争论不休。他们利用翔实的遗址勘测、地层观察、年代测量方法和气候学、生物分子和比较解剖学分析等精确的形式去解释他们发现的东西。关于早期人类，以及早期人类广泛生活在撒哈拉以南的非洲的可能性，他们越来越强调多样性，而不是一致性。但是，他们对于如何区分种类或属性，以及关于正确命名的问题仍有分歧。人类进化最基本的方面，诸如行走的进化、说话和狩猎—采集能力的适应性获得仍然是引发激烈争论的主题。

最早的人类

虽然存在悬而未决的分歧和不确定性，以及也有关于灵长目动物明显的直立姿势进化的证据，但是，古人类学家主要聚焦于双足行走，这是人类的一种独特能力，即完全以直立的姿势有效地用双足行走，它被视为我们最古老的祖先区别于其他类人种的关键因素。无可争议的是，生活在东非和南非的南方古猿有猿猴的身体，适于保持直立平衡，并且可以迈步行走。用双足行走代表一种有益的适应性反应，也就是对非洲不断扩大的开放林地和稀树热带大草原的适应。为了生存而觅食，或者当夜幕降临的时候获得一个庇护之所，他们使林地不断收缩，被迫远距离地穿梭于这些不断收缩的林地之间。我们的远古祖先获得的好处是：直立姿势（可能导致着凉）、有双目可看到全景的好处，尤其是当他们穿过高高的草丛时，以及有一双自由的手方便拿食物、工具或者抱小孩。南方古猿偶然获得的双足直立能力是自然选择不断加强的结果，为了特定的需求，他们一直为随后获得的其他每一个基本特征的进化打好基础，不断适应，从而使我们区别于我们人类的同类。这也有助于一些物理面貌的改变，诸如不断脱发、改善汗腺和双手的精细化。通过间接地鼓励使用工具和提高社会互动水平，这也可能成为文化行为发展的源泉。

在阿法南方古猿于 1974 年被发现几十年后，古人类学家开始非常重视化石证据，这些证据证明这是一种体形相对较小、纤细的人种，被称为阿法南方古猿，生活在 400 万年到 300 万年前的东非。阿法一直被研究者视为随后出现的类人种的共同祖先，他们拥有脖子以下几乎跟人类一样的骨骼，只不过其脑容量只有现在普通人的大约 1/3。20 世纪 90 年代中叶，考古学家发现了以前未知的其他两具类人种遗骸，被称为南方古猿湖畔种，这是一种像猿一样的生物，很明显生活于距今至少 400 万年前的东非浓密的森林中。另一种研究者最初将之命名为南方古猿始祖种，这是一种与黑猩猩非常相近的东非类人种。

南方古猿始祖种在大约 580 万年前居住在平坦的森林地区，而且很明显是直立行走的，至少也是偶然直立行走，虽然对他们的双足行走能力还有怀疑，但研究者还是得出结论，将其视作一种独特的人种，称为南方古猿始祖种。如果这一判断没有问题，那么，始祖种将被视为阿法种的直系祖先，他们自己在 250 万年前完全灭绝了，但在此前即 300 万年前，还没有出现其他种类的南方古猿种和我们最古老的类群。作为其中的一种，阿法种生活在 300 万年到 250 万年前的南非，之后出现的则是更强大的族群，包括南方古猿埃塞俄比亚种、生活在东非的东非种和在远南部的粗壮种。（一些古人类学家将他们划分为埃塞俄比亚种、东非种和粗壮种，归为傍人属的成员，这引起了该领域一定程度的争论。）粗壮种在大约 150 万年前灭绝，而东非种多活了 50 万年，最终屈服于并不怎么强壮但脑袋更大且更多地使用工具的人种。我们人类的最早形式人属，统称为能人或者“手巧的人”，于 200 多万年前出现在东非，这一点无可争议。他们与南方古猿东非种共同生活了至少 100 万年，与南非的粗壮种共同生活的时间则短得多。

人属的出现

古人类学家统称的能人实际上可能是彼此紧密相连的几个物种。至少，一些专家坚持认为，鲁道夫人和东非能人是有区别的。其他学者根据所谓的两性异形（即两性之间明显的外表差异）解释实质性的变化。但所有的专家都同意突然的物种转变显然是在大约260万年前发生的，而过了大约60万年，能人的脑容量明显跃升。不过，除了脑容量的增大，能人仍然保留着类人猿的显著特征。古人类学家已经使用最早的证据证明系统地制造工具，是区分能人和南方古猿的手段。这是一个重大的成就，文化发展作为人类的一个主要的适应机制产生了。

不迟于240万年前，东非的类人种（可能是能人的直系祖先）颇为突然地磨制聚集在河床中的光滑的鹅卵石和岩石，进行精心加工，变成了粗糙的石器，正好满足当时的需要。之后很快到190万年前，能人拥有一系列简易但清晰可辨的、随时供他们使用的斧子、刮刀、刻刀和锤石，所有这些都是以固定的模式被创造出来的，即用一块更小的石头敲击出一个主干，并切下一些具有锋利边缘的碎片。著名的像奥尔德沃（Oldowan）石器，这一基本的技艺逐渐在非洲和欧亚大陆传播开来，一直到20万年前还有一些偏僻的地区在使用。精心设计的奥尔德沃石器工具使能人增加了对肉类食物的依赖，从而扩大了维系生存的方式。当能人大部分的饮食仍然由蔬菜食物构成之时，他们可能日益转向越来越多地以捕杀的猎物为食，并且越来越善于追踪小猎物的足迹。虽然狩猎活动依然有限，但是他们开始界定采集和逐渐顺应狩猎之间的基本界限。

随着他们族群的社会组织变得更加复杂，在与他人的关系中，施加给个体的要求可能有助于大脑的发育。手的灵巧性、双足直立行走和使用工具一起显示出改善的迹象，所有这些皆与他们增强的心智能力共同得到进化。使人脑真正与众不同的是其被划分为两个不对称结构的半球，每个半球都包含可识别的区域，用于控制独特的心理和行为功能。在其他一些现在已知对我们的生存至关重要的结果中，能人可能已经拥有被称为布罗卡区域的大脑皮层的特征，这一区域与现代人的语言能力相关。尽管喉部发育不成熟，能人可能已经把元音和辅音组合了起来，足够用以交流一些真正复杂的想法。

直立人的意义

随着更加复杂的文化创新增强了生物变化，人类进化的速度加快，首先是直立人的出现，这明显是在 190 万年前至 160 万年前由东非能人进化而来的人种。从解剖学特征和行为模式来看，直立人比其他任何原始人都更像现代人。不过，就我们这一物种生物进化而言，直立人的里程碑意义在于他们令人印象深刻的脑容量。直立人的大脑并不是单纯的更大，而是明显地不对称，因为每个部分都以不同速度在变大，并被设计来执行特定的功能。

脑力与身体比例的增长使直立人能更好地控制双手，并前所未有的心灵手巧，变成一种更复杂的工具制造者，并创造出古人类学家所称的“阿舍利文化传统”（Acheulian tradition）。自约 160 万年前开始，他们逐渐设计一种有更多图案和多功能的石器，被称为手斧。直立人学会了如何将某种形状的石块两边（表面）磨成薄片，制造出两条笔直的、锋利的边缘，形成一个尖锋。直立人还创造了另一个重要的技术革新，他们发明了切割器，并且转而使用其他材料，比如火山岩和燧石。至迟 100 万年前，他们拥有一套标准的工具箱，至少包含 18 种高效工具，每一种都按照既定的目的成比例配备。

大约在 150 万年前，直立人在使用火方面取得了明显的进展，这是继石器制造之后伟大的文化进步。据考古学家考证，火的驯化可以追溯到 40 万年前，它首次赋予人类真正控制自然力的能力。虽然还不能自行点火，但是他们还是学会了在火山喷发和闪电时收集火苗，并且使火苗在小炉中保持燃烧。火提供了温暖，并且帮助人类防御危险动物。直立人可能早在 70 万年前就间或使用火来煮东西吃。当时机成熟时，他们当然会把猎物驱赶到他们想要的地方，并且用火开辟他们打猎的场所。在制造工具的过程中，他们用火使生木材变硬，偶尔在火炉里燃烧变硬了骨头或鹿角。除了取暖，火也提供了照明，这种直立人使白天得到了延长。

直立人学会也如何将动物的皮毛变成衣服，而且至少在 40 万年前，他们开始建造大量椭圆形的小屋。这些成就综合起来看，凸显了他们与原始人相比开始更依靠文化适应而不是生物适应。直到大约 100 万年前，每一种生物的进化都是应对自然环境的挑战而展开的。而直立人与众不同，他们共享知识和行为规范，不遗余力地学习并传递给下一代，这一特点开始优先于由基因遗传严格支配的行为，越来越多的语境是日常生活。

考虑到直立人大脑的容量和复杂性，他们可能开始熟练地通过语言来分享他们的想法。他们近乎人类的语言潜能使他们变得活跃起来，甚至可能成为典型的猎人。他们组成团队，这增强了他们成功猎取大型猎物的机会，同时也丰富了直立人相互依赖的模式，使他们的社会结构比由能人组成的关系网更加复杂，联系更加紧密，人类识别度更高。他们可能花了整整 100 万年的时间才形成了持久的采集和狩猎适应性，这是一种很快就具有灵活性和异常稳定的生活方式。

直立人是第一种传播出非洲大陆的人种。从非洲大规模的连续向外移民潮可能开始于 150 万年前，但第一次有完整记录的人类扩散是发生在约 50 万年后扩散到欧亚大陆无霜冻带的那一次。直立人汇集到近东一带，然后扩散到亚洲南部，他们到了林地和稀树草原环境，与他们离开的环境相似。他们同时向西迁徙到欧洲的一些地区，但未留下什么痕迹，就好像他们从未在那里存在过一样。作为对人口压力的回应，这些仅存的原始人种的小部分通过不断繁殖——从现有的族群分裂为一个个小团体——而分散开来，这一持续不断的进程使他们至少在 80 万年前经过印度和南亚到达中国南方地区。

进化的速度在大约 40 万年前再一次加速。在一个必然是相辅相成的反馈进程中，非洲和欧洲的直立人突然在某个时间表现出一种明显的脑容量扩张的迹象，这时他们掌握了复杂的点火能力，并且学会了真正的猎杀大型动物的方法。仅仅 20 万年后，直立人几乎消失了，被最新的人种——智人，或者称“有智慧的人”取代了。个别直立人在爪哇岛幸存，直到 5 万年前至 6 万年前智人侵入这一地区。对于世界历史学家来说，区分这些人种的任务被专家弄得很复杂，专家如今认为，被称为东非直立人的人种可能才是现代人的祖先，而直立人应该只被视为人类血统的一个分支。

智人的出现

尽管考古记录中存在一些空白，阻碍学者清楚地认识解剖学上的现代人类出现的确切方式，古智人似乎首先出现在非洲中北部和东部，但时间是在 20 万年前。他们占据了非洲的许多地区，还迁徙到欧亚大陆的温带地区。非洲一直比其他地区人口更稠密，从非洲大陆迁徙出来的古智人族群显然接二连三地取代直立人，最终在许多不同地区形成不同的类型，而不只是作为多个分支的存在。从文化视角来看，古智人除了石器领域外并没有什么创新。然而，大约在 20 万年前，石器工艺上的一项无可争议的进步在热带非洲地区出现，而后传播到欧洲，最有可能是通过文化交流的方式。这一更为复杂精细的技术被称为勒瓦卢瓦（Levallois），以石头（通常是燧石）为打制的主体，由工匠以适当的坚实度确定薄片的尺寸。勒瓦卢瓦工具有 50 多种精心设计的器具，典型特征是有专门的刮刀，以及将布满刀片疤的尖状顶绑在木杆上。

文化迅速发展的最初迹象出现在尼安德特人身上，或者称尼安德特人种，于 25 万年前之后的某个时候在欧洲和西亚进化而来。他们是否构成了一种不同的人种或者代表智人的一个亚属，这继续成为专家们的另一个争议点。无论如何，通过学会适应极寒的气候，他们扩展了人类定居的范围，远至无霜的原生态区域，渗透到大西伯利亚森林和无情的北极苔原地区。尼安德特人是杰出的工具制造者；通过改进勒瓦卢瓦传统的制备石核技术，他们推动石器趋向更小、更轻便。他们还未曾利用骨头、鹿角或象牙，而是使用木头组合在一起，成为第一种复合工具。他们努力增加专门设备的数量，发明了盘芯法，使薄片的锋利边缘容易修剪。用这种方法，尼安德特人拥有超过 60 种不同类型的工具，而且都是精细制作的，包括可折叠的矛头，以及精心制造的小锯和钎。

到 12 万年前，被古人类学家称为“穆斯特文化工艺”（Mousterian industry）的技术特征已经传播到非洲，可能来自法国南部。尼安德特人开发自然如入无人之境，他们将自己的栖息地推进到形形色色的地区，诸如俄罗斯草原和广袤的亚洲山脉地区。他们喜欢穿着动物毛皮，支起毛皮帐篷，用骨头和树枝搭成胡桃状的结构。用动物肌腱设置陷阱，维持在营地生火的炉子使他们能够向北远至北极洋建立聚居地。尼安德特人以重矛武装自己，并说一种不太成熟但比其他任何直立人种更复杂的口语。他们成为伟大的大型猎物猎人。他们依然缺乏现代语言必需的认知能力，但他们至迟 75 000 年前就已开始用一种简单但显然有意识的仪式来埋葬死者。专家推测他们这种对待死者的仪式至少反映了一种关于死亡的初级意识，一种思考死亡的需要，并且甚至可能是相信有来生。

稍晚些时候，尼安德特人创造了第一个已知的仪式作品和由鹅卵石、动物牙齿及骨骼制成的装饰物。个人装饰品，无论是珠宝还是身体涂色，大概都是表达某种个性暗示，以及提供某种声明他们享有的社会地位的方式。他们也可以清楚地表明他们的亲属关系，从而能够调节族群内部和族群之间的相互关系。然而，所有这些成就都不足以表明尼安德特人能够在文化水平上完全与解剖学上的现代人相匹敌，

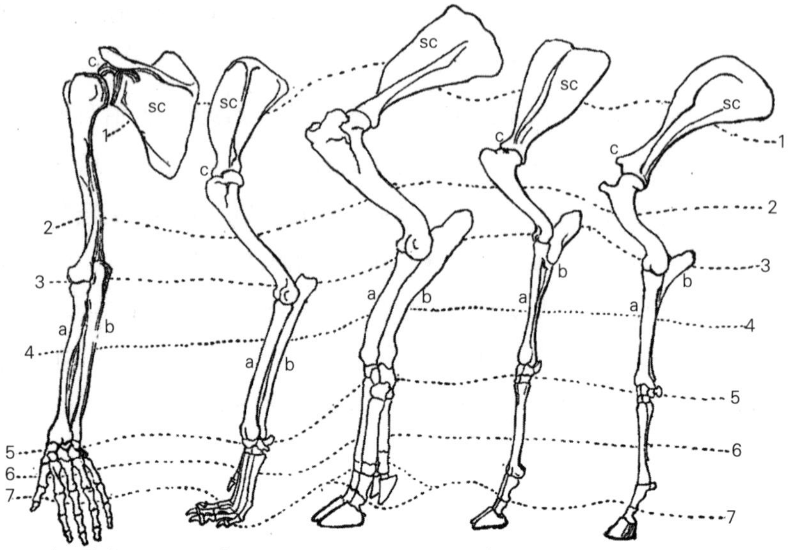

sc：肩胛骨；c：喙突骨；a、b：前臂两块骨头。（根据不同资料整合而成）

这项涉及人类进化的早期研究描绘了其他动物旁边的人类骸骨。比较解剖学是人类进化领域早期的一个关注点。

因而这些成就促成的行为调整如果不是阻止，那就是延缓了他们的灭绝。

解剖学上的现代人

主张人类起源多地区说的专家设想智人的不同种群在东半球的不同地区差不多同时经历着相似的进化演变。然而，当前大量的考古学、遗传学和化石证据似乎表明，目前居住在地球上的人类，在生理和行为潜能上实际与大约在 20 万年前进化而来的非洲先祖没有什么区别。10 万年前至 3 万年前，智人出现在东半球的大部分地区，逐渐取代他们古老先祖的各种族群。至迟 3 万年前，他们成了唯一幸存下来的人种。然后，最终构成我们这种生物类型的解剖学属性和文化能力完全形成。

智人的标志性特征位于脖子以上。他们前额高凸，从而形成优美的垂直脸部，眉脊和牙齿细小，嘴巴往里缩，下巴突出。改良的声道为变大的咽部提供了空间，并使声带、喉和舌头重新排列，它们共同保证了智人发出不同的声音，尤其是元音。流利说话的能力与人类大脑的进一步扩容和内部重组相辅相成，大脑具有一个更高更圆的颅骨。令人惊讶的是，我们精神潜能的各个方面是大脑结构复杂性的产物。近 4/5 的大脑皮层不与特别的行为相关联，于是使大量的区域能自由地将过去的经验应用于眼前的情况，也就是说在看似无关联的想法、执行高度专门功能的大脑某些部位、用以完成顺序思维和语言任务的左半球，以及用以抽象思维和直观反射的右半球之间建立联系。

智人拥有创造符号的独特能力，而且通过象征符号，赋予对象和思想以任何意义，这些意义超越任何来自感官经验的意义。象征符号以语言的方式获得终极表达，这可能最能表明我们智力的发展。伴随语言而来的是最早的文化表现，建立在共同认知基础上的符号表达。创造意义和价值的能力，以及给对象和事件赋予意义和价值的能力使人类文化可能获得充分的表达，作为一种具有惊人灵活性、快速修正和无穷的累积适应的机制，几乎已经取代生物进化，成为我们长久生存的主要决定因素。

旧石器时代晚期的崛起

从大约 4 万年前开始，解剖学上的现代人已经接近文化突破的门槛，成为人类历史上深刻的分水岭。由于拥有口头语言，人类促进了信息的传播，而且可能首次受到人口压力的驱使，他们以加速度的方式增加他们累积的遗产。我们旧石器时代晚期的祖先就这样站在了使其文化——建立在他们象征符号能力基础上的行为学习系统——成为一种完整生活方式的边缘。他们不断增强的创造能力在最后一个冰期，

> 始终记住万物的发生都是由于变化使然，并且使自己习惯于思考，宇宙的本性是喜欢改变那存在的事物并创造与之类似的事物。
>
> 马可·奥勒留（公元 121—180 年）

即 18 000 年前达到顶峰，而在大约 11 000 年前失去动力。在穿越旧石器晚期分水岭的过程中，人类从根本上改变了他们的社会结构，使他们的采集和狩猎能力比以前更精细化、多样化和专业化。迟至 15 000 年前，具有异乎寻常人口密度的一系列族群组织成为一个更大的部落单位，人数最多可达 800 人。

随着相互作用的关系网络变得更加广泛，对信仰正式表达的需求日益增长，这可以帮助他们保持价值，增强社会凝聚力，消除生活中的紧张与不确定性，从而有助于人类审美情趣相对迅速地发展。艺术创造力迅速地呈现难以置信的多样性。岩石雕刻可追溯到超过 35 000 年以前，由木头、骨头、鹿角、象牙、贝壳和石头雕出的大量精致饰品可以追溯到这个时期。这些饰品包括个人物品，例如项链、吊坠和手镯，也包括工具和用于仪式或装饰目的的武器。考古学家已经发掘出超过 3 万年的文物，具有图案斑纹，可能是月历和数学记数系统。他们在法国和西班牙发现了非常漂亮的洞穴壁画、雕刻得几乎和古代一样的小雕像，还有音乐器具的残留物，种类包括骨笛、哨子、摇铃和鼓。此外，旧石器时代晚期的人显然通过诗歌、舞蹈和歌曲的韵律流动来表达自我，尽管专家用以证实这些活动的实证证据很少。

这些艺术从几乎与智人一样古老的超自然信仰中获得社会效能。然而，抽象思维的另一种表现——人类灵性和对世界的宗教解释，很快渗透到日常生活的方方面面。智人发现一种根据无所不在的精神来理解感知现象的方式，所有人都通过几乎每个人都能理解的活动来确定世界发生了什么。表现这些精神行动的神话概念具有完整的表达，借此，智人详尽地表明了从直接经验中，他们对这个世界所知甚少，这种直接经验的视野是将人类纳入一个单一的、包罗万象的现存秩序之中。

像艺术和宗教上的惊人爆发一样，开始于约 35 000 年前的旧石器时代晚期工具制造的根本性发展也反映了现代人的象征符号能力的增强。突然间，工匠们都在设计一系列范围广泛的、更专业化、更耐用和更高效的工具。在至少 130 件可识别的工具中，裁制的衣服、火塘和隔热罩都是由解剖学上的现代人发明的，这些工具帮助他们在旧石器时代晚期扩散到地球上可居住的地区。

遍布于这个星球

来自人口最多的非洲的移民潮在约 10 万年前不愠不火地开始，4 万年后即呈爆炸式发展态势。到 1 万年前全新世开始的时候，这股移民潮使人类几乎扩散到全球。通过频繁的族群分裂，智人不断向前推移，很快穿越到撒哈拉地区的一个开阔的草地，那时候这一地区比现在稍微凉爽和潮湿一些，接着他们迁入近东走廊。逐渐干旱的气候迫使过剩的人口挤进南欧和西亚的草原地带及苔原地区。解剖学上的现代人在 7 万年前出现于东亚，可能在 3 万年前到达今天中国的中原地区。不早不晚，正是解剖学上现代人的一个特殊人种克罗马农人定居于欧洲之时。大致与此同时，开拓者正开始热切地适应北极高纬度地区的生活。

人类沿着亚洲南部海岸向前移动，大约在 4 万年前到达澳大利亚，时间可能还要早 2 万年。约 45 000 年前，澳大利亚的海平面可能比今天的海平面低 200 米左右，意思就是澳大利亚大陆与其毗邻的岛屿是连接在一起的。人们普遍认为，在这个时候，人类已经到达这个地区。也有一些证据，比如在新南威尔士的蒙戈湖，表明澳大利亚早在约 62 000 年前就是一些小种群的家园。至少有一些线粒体 DNA 证据支持这一有争议的看法：早在 45 000 年前，澳大利亚就已有人居住，作为一个单独的创始种群，后来与世界上其他大部分地区切断或隔断了联系。

尽管专家对于美洲居民持各种各样的看法，但他们都同意美洲开始有人居住的时间要稍晚一些，而且最有可能是跨越白令海峡而来，也就是跨越众所周知的白令陆桥，随着海平面的升降而出现和消失的。虽然关于美洲可能有人居住的最早证据充其量只是个悬而未决的问题，但个别族群可能在 4 万年前就已经到达阿拉斯加中部地区。考古学家最近证实了蒙特韦尔迪（Monte Verde）的一个人类居住点，位于智利圣地亚哥以南约 800 公里的一个地方，确定他们占据该地是在 12 500 年前，并且可能追溯到 3 万多年前。专家信心十足地得出的结论是在 14 000~12 000 年前，四处散布的古印第安人定居点和那些在白令海峡另一侧的相似的定居点一样，带着他们的工具，说着相似的语言，带着相似的文化传统扩散到白令海峡以东地区，并且一直到正在退却的冰川以南地区，直至大平原。12 000 年前之后不久，古印第安人口突然增长，在接下来的几千年时间里，人们持续不断地占据美洲大部分地区。

这里值得一提的是与大约 75 000~70 000 万年前的苏门答腊岛（印度尼西亚）多巴湖（Lake Toba）火山喷发有关的一个理论。它可能是最近 2500 万年里最大的火山喷发之一。有专家认为，它将使已经处在冰期中叶的地球陷入一个更加黑暗、寒冷的阶段。基于线粒体 DNA 的证据表明，这一寒潮将可能使世界人口数量减少到不到一万对繁殖体，从而有效地创造出人类进化中的某种“瓶颈”。尽管如此，直到最近冰期的结束，智人已经成为这个星球上数量最多、分布范围最广的哺乳动物，一种在文化上占据主导地位的物种，以一种潜在地利于其自身幸福的方式操纵自然环境，同时又破坏着生态圈脆弱的平衡。虽然世界人口在旧石器时代晚期出现分水岭之后可能已经达到 1000 万，采集和狩猎的生活技能继续在智人居住的地方占据优势。如今使我们区别于其他动物而成为人类的属性，在长期而复杂的进化过程的不同阶段出现，尽管已有许多科学进展，这一属性尚未得到充分的解释。虽然撒哈拉以南非洲相对宜人的热带稀树大草原始终是我们这一物种出现的设定背景，但是，除了知道我们这一物种的行为表现为真正的人类行为是旧石器时代晚期发生的一个巨大的进化飞跃之外，我们并不能轻易地在世界历史上为这一转变确定确切的时期。

詹姆斯·米尔斯（James Mears）
南卫理公会大学（Southern Methodist University）

进一步阅读

Binford, L. R. (1983). *In Pursuit of the Past.* New York: Thames and Hudson.

Bowler, P. J. (1986). *Theories of Human Evolution.* Baltimore: Johns Hopkins Press.

Brian, M. (Ed.). (1996). *The Oxford Companion to Archaeology.* New York: Oxford University Press.

Cela-Conde, C. J., & Ayala, F. J. (2007). *Human Evolution: Trails from the Past.* New York: Oxford University Press.

Cochran, G., & Harpending, H. (2009). *The 10,000 Year Explosion: How Civilization Accelerated Human Evolution.* New York: Basic Books.

Deacon, T. W. (1997). *The Symbolic Species: The Co-evolution of Language and the Brain.* New York: W. W. Norton & Company.

Fagan, B. M. (1990). *The Journey From Eden: The Peopling of Our World.* London: Thames and Hudson.

Fiedel, S. J. (1992). *Prehistory of the Americas* (2nd ed.). Cambridge, U.K.: Cambridge University Press.

Fleagle, J. G. (1997). *Primate Adaptation and Evolution.* New York: Academic Press.

Foley, R. (1995). *Humans before Humanity.* Oxford, U.K.: Blackwell Publishers.

Gibson, K. R., & Ingold, T. (Eds.). (1993). *Tools, Language and Cognition in Human Evolution.* Cambridge, U.K.: Cambridge University Press.

Ingold, T., Riches, D., & Woodburn, J. (Eds.). (1988). *Hunters and Gatherers: History, Evolution, and Social Change.* Oxford, U.K.: Oxford University Press.

Johanson, D., Edgar, B., & Brill, D. (2006). *From Lucy to Language: Revised, Updated, and Expanded.* New York: Simon & Schuster.

Johanson, D., & Wong, K. (2009). *Lucy's Legacy: The Quest for Human Origins.* New

York: Harmony.

Klein, R. G. (1989). *The Human Career: Human Biological and Cultural Evolution.* Chicago and London: University of Chicago Press.

Lane, N. (2009). *Life Ascending: The Ten Great Inventions of Evolution.* New York: W. W. Norton.

Lewin, R. (2005). *Human Evolution: An Illustrated Introduction* (5th ed.). Oxford, U.K.: Blackwell.

Lewin, R., & Foley, R. A. (2005). *Principles of Human Evolution.* Second edition. Oxford, U.K.: Blackwell.

Lieberman, P. (1991). *Uniquely Human: The Evolution of Speech, Thought, and Selfless Behavior.* Cambridge, MA: Harvard University Press.

Lockwood, C. (2008). *The Human Story: Where We Come From & How We Evolved.* New York: Sterling.

Mellars, P., & Stringer, C. (1989). *The Human Revolution: Behavioral and Biological Perspectives on the Origins of Modern Humans.* Edinburgh, U.K.: Edinburgh University Press.

Mithen, S. (1996). *The Prehistory of the Mind: The Cognitive Origins of Art and Science.* London: Thames and Hudson.

Noble, W., & Davidson, I. (1996). *Human Evolution, Language, and Mind.* Cambridge, U.K.: Cambridge University Press.

Price, T. D., & Brown, J. (Eds.). (1985). *Prehistoric Huntergatherers: The Emergence of Cultural Complexity.* New York: Academic Press.

Rappaport, R. A. (1999). *Ritual and Religion in the Making of Humanity.* Cambridge, U.K.: Cambridge University Press.

Regal, B. (2004). *Human Evolution: A Guide to the Debates.* Santa Barbara: ABC-CLIO.

Sawyer, G. J., Deak, V., Sarmiento, E., Milner, R., Johanson, D. C., Leakey, M., and Tattersall, I. (2007). *The Last Human: A Guide to Twenty-two Species of Extinct Humans.* New Haven, CT: Yale University Press.

Scientific American. (Ed.). (2003). A new look at human evolution [special issue]. *Scientific American, 13*(2).

Shubin, N. (2009). *Your Inner Fish: A Journey into the 3.5-Billionyear History of the Human Body.* New York: Vintage.

Straus, L. G., Eriksen, B. V., Erlandson, J. M., & Yesner, D. R. (Eds.). (1996). *Humans at the End of the Ice Age.* New York: Plenum Press.

Stringer, C., & Gamble, C. (1993). *In Search of the Neanderthals.* New York: Thames and Hudson.

Stringer, C., & Andrews, P. (2005). *The Complete World of Human Evolution.* New York: Thames and Hudson.

Tattersall, I. (1996). *The Fossil Trail: How We Know What We Think We Know About*

Human Evolution. New York: Oxford University Press.

Tattersall, I., & Schwartz, J. H. (2001). *Extinct Humans*. Boulder, CO: Westview Press.

Wood, B. (2005). *Human Evolution: A Very Short Introduction*. New York: Oxford University Press.

Zimmer, C., (2007). *Smithsonian Intimate Guide to Human Origins*. New York: Harper.

冰期

在地球46亿年的历史长河中，至少有5个漫长的冰期——冰川覆盖整个大陆的时期。这5个冰期在整个地球的气候记录中代表了非同寻常而又相对短暂的历史片断（跨度总共在5000万至2亿年，只及地球历史的1%至4%）。然而，它们却摧毁了整个生态系统，留下了一堆堆巨大的冰川碎片。

冰期是指当大规模的冰盖和被称作冰川的较小冰块覆盖地球表面广泛地区的时代。在一个冰期中，地球寒冷、干燥，不适宜居住。森林数量很少，只有大量被冰覆盖的地区和沙漠。冬天更长、更严寒，冰原形成巨大的尺寸，累积的厚度有数千米。这些冰原在重力及其巨大重量的驱使下缓慢地从高海拔地区移动到低海拔地区。在这一过程中，它们改变河道，破坏整个区域的生态系统，夷平自然景观，而且沿着它们的边缘堆积起成堆的冰川碎片。

冰期的证据

冰期——冻结成冰覆盖在大陆大小的地区——的证据来自几个方面。在正在融化的冰川下，独特的泥土沉积物（被称为“冰碛土”）被发现，这是一种分布广泛的沉积物。这些沉积物含有各种各样从不同地区累积而来的岩石形式。此外，冰川留下了各种形式的显著痕迹：沟槽状、条纹状、光滑的基岩铺面，冰碛土里的刻面石头，以及散布着的含有不同岩石类型的砾石层。冰期也以侵蚀的形式得到证实，这被认为是由于不断向前移动的冰盖造成的，其中有雕刻景观，诸如冰川高地或U形峡谷。

这样的证据表明至少有5个漫长的冰期：1.前寒武纪期间，17亿～23亿年前；2.元古宙末期，约6亿7000万年前；3.古生代中期，约4亿2000万年前；4.石炭纪，古生代末期，开始于2亿9000万年前；5.第四纪的更新世期间，开始于170万年前。在这个最近的时期，冰盖在北美高地出现，并且占据了北半球。大量的冰盖覆盖了今天的加拿大、大湖区南部以及格陵兰岛、斯堪的纳维亚和俄罗斯。每一次冰期至少持续

一幅来自卡特勒法热（A. de Quatrefages）1875年出版的著作《人类的自然史》（*The Natural History of Man*）中的猛犸象插图。猛犸象身上的毛保证它能够在大冰期的严酷气温中生存下来。

100 万年；在此期间，巨大的冰盖在广袤的古大陆（古代或史前大陆）上来回移动。这些冰期的跨度总共有 5000 万到 2 亿年，只是地球 46 亿年历史的 1% 到 4%。因此，冰期在整个地球的气候记录中代表一个非同寻常但相对短暂的历史片断。

冰期成因理论

尽管科学家已对冰川作用进行了广泛研究，但没有一个理论被普遍接受，用以解释冰期的成因。然而，若干理论可分为两类。第一类是陆地理论。在这些理论中，1941 年，加拿大地质学家和探险家 A. P. 科尔曼（A. P. Coleman）认为，大陆海拔高度的变化为冰期的成因提供了一个天然的理由。也就是说，由于山脉上升或海平面下降，大陆板块的抬高造成陆地区域高度的增加。在这一过程中，陆地变冷并创造了产生冰川的条件。第二个理论涉及与板块构造论相关的变化中的大陆位置。大陆漂移的概念是德国地球物理学家阿尔弗雷德·魏格纳（Alfred Wegener）于 1922 年提出来的，他认为地球表面滑动的大陆可能会被带入更寒冷的气候环境中，从而使冰盖得以增长，特别是因为大陆的气候主要是由其纬度和面积决定的。第三个理论是说范围广泛的火山活动向大气喷出尘土和灰烬，将辐射的太阳热反射回太空，从而造成地球表面降温。与之密切相关的是海洋—大气假说。这里的假设是说唯一足够为积冰供水的是海洋。因为创造陆地上的冰层取决于风和天气模式，所以，这里的逻辑表明，海洋与大气之间的深层次变化有助于产生冰期。另外一个假说是美国气候学家莫琳·雷莫（Maureen Raymo）在 1988 年提出来的。她提出的观点是，地球在过去 4000 万年里的冷却气候是由世界范围内的山区，尤其是喜马拉雅山的化学风化作用加剧而造成的大气中二氧化碳减少导致的，并且事实上喜马拉雅山的升高可能也触发了冰期的开始。

第二类解释冰期成因的理论是“地球外说”。早在 1875 年，苏格兰科学家詹姆斯·克罗尔（James Croll）提出，在地球绕太阳运行轨道上的天文变化造成了冰期开始的条件。他认为，由于月亮和太阳的干扰，地球运行轨道的周期性发生变化，从而影响了地球接收的太阳热分布和地球表面的气候模式。热越少，气候越寒冷。

克罗尔的理论在1938年被南斯拉夫科学家米卢廷·米兰克沃维奇（Milutin Milankovitch）修正，成为今天关于更新世时期气候变化最普遍接受的理论。米兰克沃维奇认为，太阳辐射量在控制地球气候和造成冰期形成中是最重要的因素。他争辩说，辐射量依据三个关键因素而变化：1. 地球并不像轮子绕轴一样完美地旋转，它像晃动的陀螺一样旋转。米兰克沃维奇通过计算得出，每220万年，地球的晃动就有一个微小的变化（被称为"分点岁差"）。2. 每10万年，地球围绕太阳的轨道就有一个变化（他称之为"偏心"）。地球近乎圆形的运行轨道变得更加椭圆，使地球更远离太阳。3. 最后一点是，米兰克沃维奇发现每41 000年，地球轴心的倾角就发生一次变化，会使北半球或者南半球更远离太阳（这一进程被称为"地轴倾斜"）。这些周期意味着在某些时候，照射到地球的阳光更少，因此冰雪融化也就更少。不仅不融化，寒冷还会造成水积冰的范围扩大。冰雪持续的时间更长，并在许多季节累积。雪将一些阳光反射到太空，也有助于降温。气温下降，冰川开始推进。这些效果足以实质性地导致大规模冰层周期性的膨胀和收缩。通过选取这些变化中的气候效应和太阳绝热，并将它们应用到冰层行为的计算机模型中，科学家已经证明这些周期与过去的60万年更新世冰层的周期性生长和衰变之间存在相关性。轨道周期的组合导致在北纬55° 的夏末隔热（暴露在太阳射线下）。在高纬度出现如此凉爽的夏季导致每一个冬天都下雪，经年累月，几千年来冬季连续的降雪导致北方冰层增长，很明显导致一个新的冰期到来。

地球目前可能处在一个冰期，因为在每一次大冰期内，冰冠和山脉冰川都在伸展和退缩之间左右摇摆。最后一次退缩结束于大约一万年前，而且可能仅仅意味着一次摇摆，而不是最后的结局。然而，最近的趋势是全球变暖，这减少了人们对冰期即将来临的担忧。

克里斯托弗·C. 乔伊纳（Christopher C. Joyner）
乔治城大学（Georgetown University）

进一步阅读

Andersen, B. G., & Borns, H. W. (1994). *The Ice Age World*. New York: Scandinavian University Press.

Erickson, J. (1990). *Ice Ages: Past and Future*. Blue Ridge Summit, PA: TAB Books.

Fagan, B. (2009). *The Great Warming: Climate Change and the Rise and Fall of Civilizations*. London: Bloomsbury Press

Macdougall, D. (2006) *Frozen Earth: The Once and Future Story of Ice Ages*. Berkeley: University of California Press

移民

早期人类以我们尚不清楚的方式在全球迁移，但我们确实知道迁移一直是人类历史上的一个不变的特征。随着农业和定居国家的兴起，殖民、贸易、军事行动和奴隶制度成为移民的重要驱动力。在过去的两个世纪里，远距离的劳动力移民有了极大发展，从而产生了试图规范人员流动的法律。

人类是一种迁徙物种。400 万—100 万年前，直立人从东非地区扩散出来，随后，至少到 10 万年前（距今），智人在非洲扩散开来，接着到 6 万年前的时候离开非洲，这就是最明显的例子。人类迁移和适应新环境的能力与人类成为地球上主导性的生命形式之一密不可分。我们对这些早期迁移所知甚少。这有赖于在考古学、语言学和遗传学方面的艰苦研究。许多结果仍然是不确定的、复杂的，因为语言、基因和物质文化可能会也可能不会相伴相随。

早期人类

学者提出了几种理论来解释人类从非洲迁移。早先对于人类从非洲迁移的解释是，人类跟随着大型游牧动物群直接到达欧洲，然后穿越中亚地区。但人类在距今大约 5 万年前抵达新几内亚和澳大利亚的事实揭示了穿越热带地区的另一种方式，即人类也许在木筏的帮助下紧挨着海岸线航行。这个假设可以借助于水下考古学进一步证实，因为海平面已经上升，而且 5 万年前是海岸线的地区现在大部分都处于水下。同样，人类进入美洲的仅有的确切考古证据可以追溯到 1.4 万年前，发现于今天的智利地区，从西伯利亚和阿拉斯加之间的陆桥到这一地区的遥远距离可能是人类抵达美洲的路线。对于人类到达美洲的时间，大多数学者都不愿意追溯到这个实物证据之前。但是一些语言学家和遗传学家认为，迁移可能在距今 3.5 万年前就已经开始了。不论人类到达美洲的最早时间是什么，似乎有理由表明，移民是通过几次移民潮而不是一次迁移到达美洲的，并以最近的移民潮告终，即

这幅浪漫化插图来自一本关于波利尼西亚神话的书，表现了男子乘坐一艘有舷外支架的独木舟出海的场景。居住于太平洋岛屿的族群很可能就是乘坐这种独木舟航行的。

过去 500 年从非洲和欧洲穿越大西洋的移民潮，以及过去 150 年来自亚洲的移民潮。

随着我们知识的增长，早期的移民似乎越来越被认为可能并不是一种在地球上慢慢传播的单一的迁移潮，而是一种多方向的、反反复复的和不断取代的模式。当我们看看世界各地分散在各处的孤立群体时，这种现象最为明显，他们与其他任何一个同时代族群或历史上已知的相近族群在语言上都没有共同起源。这方面的例子包括西班牙北部的巴斯克人、西伯利亚东北部的叶尼塞人，以及在黑海和里海之间说北高加索语和卡特维兰语的人。这些群体可能是这个地区早期人口的遗民，早在 35 000 年—10 000 年前，他们先于各地来的新移民定居在这里。我们对这些早期人口的来源所知甚少，这不足为奇。他们可能直接从非洲跨越欧亚大陆而来，也可能是从高加索山脉和安纳托利亚东部早期人类的聚居地向四周扩散的其中一支。一些学者甚至推测，他们所说的独特的语言是德内-高加索（Dené-Caucasian）语系的一部分，该语系还包括汉语和藏语。这将把他们的语言的起源追溯到东南亚的高地，接下来就是一系列扩散，穿越欧亚大陆向北传播。同样，后来取代这些早期人口的移民可能不是直接来自非洲，而是来自现在的朝鲜和中国东北地区，那里的欧亚语系可能起源于 3.5 万年前。在诸如皮筏等技术的帮助下，讲欧亚语系的人一直在北纬地区迁徙，从加拿大北部到爱尔兰。这些移民包括讲印欧语系的人，这是一个最终产生更多全球移民的子群，他们往往取代更早到达这里的讲欧亚语系和印欧语系的人。

关于早期迁移的原因和组织方式尚不清楚。当代的狩猎—采集者以流动的方式生活，但主要是局限在特定的及他们相对熟悉的领地上，这在某种程度上是因为他们受到了来自周围的定居国的压力。在人烟相对稀少的边界地区，是什么导致人类向新的土地扩展，并学会在这些土地上生存所需的新技术？整个族群的迁移是为了寻找食物、空间或者一种精神上可依托的美好环境吗？或者说，孤立的个体或分裂的群体离开他们的族群，并最终凭自己的力量或与其他同样迁徙至此的个体联合起来，创造了新的族群？如果是这样的话，那这样的个体是被迫离开他们的家园的吗？或者他们是一群为了财富和冒险的年轻人？就文字记载而言，他们在移民中占多数。他们是否像最近的移民一样，原本打算回到他们的家乡，却发现这个目标不可能实现？这些新的族群发展起来，是通过婚姻、夺取和自愿迁移而得到其他族群移民的帮助而实现的吗？当人们移居到已经有人居住的地方时，因为必须假定是在多个移民潮的模式下，那么，对于业已存在的群体，他们是取而代之，与之相邻生存，还是与之合并，或者被纳入？在不同的时代和不同的地方，所有这些方式可能都以具体的混合形式出现过。

驯化、国家与迁移

在过去的 1.3 万年，动植物的驯化改变了人类迁移的模式。这种变化并不是突然的：流动的狩猎—采集部落至今仍然存在，许多人在村庄中有住房，但他们又会进行采集和狩猎活动，可以在任何地方持续数天到数月。但是到公元前 3000 年，人类新的流动机制已经清晰地出现了。畜牧业和农业各有其自身的迁徙形式。在世界上的许多地方，动物驯化与牧民游牧机制有关，较小的族群按照牧民的游牧机制，沿着季节性的线路把他们的牧群赶到放养地。而农业则日益将人们束缚在单一的地区。但它也通过军事行动、殖民、贸易和劳动力迁移等形式推动了较大国家的兴起和新的流动形式的产生。

这些技术的传播经常伴随着语系的扩展，即使不一定与所有说这些语言的人有关联。在公元前 3000 年之后的 3000 年里，印欧语系从其发源地黑海以北传播出来，跨越了从爱尔兰到印度北部的一片地区，这一传播往往与马的驯化有关，也可能跟战车的使用有关。班图语起源于今天的尼日利亚，从公元前 3000 年到公元前 500 年，传播到非洲的南部和东部地区，这往往与新的农业技术有关。公元前 3000 年，南岛语系开始从中国东南部传播到东南亚海域的大部分地区，同时传播了水稻农业、支架屋和陶器等技术。不过，到这个时候，这些移民到达他们最远的目的地夏威夷、新西兰和马达加斯加，时间不过是1000年前，而传播的许多技术已经消失了，最显著的例外是有支架的船舷独木舟，那是他们强大的海上技术。除了波利尼西亚群岛，在所有这些个案中，仍然不确定的是，在何种程度上，迁移是一种扩散到相对无人居住地区的方式；在何种程度上是征服并取代原有人口的方式，以及在何种程度上是民族、技术和语言跨越已有部落迁移的混合方式。

这些技术也促进了军事形式的兴起。军队对人口流动性的影响可以有多种形式：征募士兵、服刑人员和劳工为军队服务，以及从事公共工程建设；向被征服的土地迁移和安置管理者、工匠和占领军；建立军事殖民地和边防驻军；制造难民；强制迁移村庄及其人口；在重要的人口中心运送囚犯示众。在过去的2000年中，一些更广为人知的移民与军事征服和殖民有关。包括希腊人迁移到远至阿富汗的地区，其背后就是公元前4世纪亚历山大的征服行动；阿拉伯人在公元7世纪和8世纪的扩张，使伊斯兰教在西班牙、中国边境等地区复兴；公元9~11世纪，维京人在欧洲的征服运动，以及13世纪蒙古对亚洲大部分地区的征服。在所有这些情况下（除蒙古人外），虽然征服者留下了一笔巨大的文化和语言遗产，但并不一定是移民自身的大多数。大量迁移的人可能实际上是士兵、工匠、商人和其他族裔的难民，他们是被迫迁移者，或者是新出现的政治真空中的投机者。历史记录往往忽略这些被征服者和被征召者的迁移，而犹太人流亡到埃及和巴比伦，以及后来他们从这些地方和从他们的故乡散居到全球，也许是所有移民当中最著名的。

国家、帝国和游牧民族的兴起也促进了远距离贸易活动的兴起。强大的国家能够调整贸易路线，创造一个对奢侈品有需求的精英阶层，并调动远距离贸易所需的资源。中亚、阿拉伯和撒哈拉沙漠的游牧民族在沃野千里探索中使用的技能和掌握的知识是这些贸易路线的重要组成部分。长途贸易也促使贸易侨民群落产生，这些人通过家庭、族裔和商业利益的纽带联系起来，管理跨越远距离贸易的买卖、融资、运输和零售。世界主要宗教的传播和艺术形式的交流也跟随这些路线而来。与此同时，商业和贸易的发展也鼓励了短距离迁移，特别是迁移到发展中的城市、集市，以及成为季节性农业劳动力。交通路线本身也成为移民的主要原因之一，因为它需要大量搬运工、驱赶动物的人、导游、护卫和水手。对于更需要技能的职业，有时整个村庄或流动的社会阶层和族群将专门从事某种手艺，比如石雕、表演或建筑，并且总是从市场到庄园不断实践他们的手艺。

各国也担心不受控制的人口流动。其中的一个例子就是，从 1500 年到 21 世纪，游牧民族被逐渐压制。但各国也试图控制境内定居者的流动。正如我们现在所知，这很少以移民法和边境管制的形式发生。相反，各国更注重控制国内人口的流动和禁止离开，认为大量的人口与农场和手工生产的固定场所绑定在一起，并且处在便于军事征募的地方，是财富和权力的来源。就实际层面而言，个别市镇和村庄实际上比国家更多地制定和实施这些管制条例。本地群落了解谁是不是外来者，并能够更有效地进行管理，在税收、居留许可证、流浪和济贫法、检疫、归化程序和其他旨在区分属民和外来者的规定上差别对待。另外，不同的群体有不同的权利。

一直到 19 世纪末，权力和流动这些过程在奴隶制的兴起中汇聚成为人类迁移的一种主要形式。能够用于烧杀劫掠的军事形式的兴起、农业国家的财富、定居农业家庭的形成，以及财产法和远距离贸易市场的兴起，所有这些都促成了世界范围内奴隶制的兴起。奴隶制既是一种强制人口活动的形式，也是人口流动商业化买卖的方式。事实上，从家庭收养到种植园和矿场残酷的劳动剥削，奴隶制的形式千差万别。但是，奴隶制、市场、军队和国家之间是一种牢固的关系。

所有这些形式的迁移都汇聚成人类历史上最大的移民之一，即美洲的征服和人口的迁入，这也为移民的各种不同效应提供了可资说明的例证。从16世纪到19世纪，超过1000万非洲奴隶的流动是迄今为止最大的人口迁移。这些移民对美洲人口的遗传影响不可否认，但他们的语言和文化影响也是广泛的。在19世纪20年代之前抵达美洲的300万欧洲人造成的文化和语言影响更为明显。但是，这也有变数。在现在的拉丁美洲大部分地区，欧洲人的基因与美洲原住民和非洲人混合在一起，产生了梅斯蒂索人。与此同时，尽管欧洲人的语言和文化显然占主导地位，但非洲人和美洲原住民的影响在许多地区依然突出。1820年之前到达北美和阿根廷的“南锥体”（southern cone）的移民总数远远低于美洲其他地区。然而，移民对于原住民人口的破坏却

这幅漫画表达了19世纪末美国人的反移民情绪，显示山姆大叔正在被爱尔兰和中国移民吞噬。

是更为彻底的，绝大多数文化、语言和基因都来自欧洲。当然，这主要是19世纪开始的新一轮大规模移民浪潮的结果，这是下一节要讨论的主题。

1840—1940年的大规模移民

19世纪40年代之后，全球性移民开始繁荣起来。特别是远距离移民，它们由火车、蒸汽船、飞机以及其他廉价而迅捷的交通运输技术的发展推动。随着城市化与商业化的空前发展，短距离移民也在增长。这些发展与工业化、全球市场的拓展及在此过程中的生产、流通与消费的大众化密不可分。人们在工厂、种植园、矿场、城市中寻求生计，以及前往遥远的边疆，在这里为日益繁荣的工业中心提供食物与各种资源。在不断拓展的全球经济中，西伯利亚和北美的旷野、南非和满洲的矿山、泰国和夏威夷的稻田、马来西亚和亚马孙的橡胶种植园、芝加哥和曼彻斯特的工厂、巴拿马和苏伊士的运河、新加坡和上海的转运口岸、纽约和孟买的服务业中心以及卡塔尔和委内瑞拉的油田，所有这些都作为关键枢纽吸引移民迁入。

这种人口流动在很大程度上是已经持续数个世纪的人类迁移的延续和扩展：贸易和商业之旅、农用地的拓殖、士兵与海员的派遣调度，以及种植园、矿场、工厂和家政服务行业中强制性和自由劳动力或近或远的持续性流动。但是，人口数量上的大爆炸也是人口质量上的一次转变。这些迁移越来越自由，越来越少是因军事原因而迁移，寻找工作的劳工移民占据多数。有些移民也只是打算暂时外出挣钱和获得资源，以便能够养家糊口，但这种想法随着时间的推移也会发生改变。在整个20世纪，移民也日益受到人口的民族性管理和净化的影响，其方式是边境控制和难民迁移。

19世纪40年代以后，确定移民的方向和数量变得日益容易。从19世纪40年代到1930年，远距离人口迁移的增长速度比世界人口增长速度快，只在 19 世纪 70—90 年代的经济萧条时期和第一次世界大战（1914—1918 年）时期有过短暂的波动。1906—1914 年，平均每年有 320 万移民迁移；1913 年，跨大西洋的人口迁移达到惊人的高峰，移民人数超过 210 万。第一次世界大战之后，人口迁移规模在 20 年代末达到新的高峰，一年移民总数达 330 万。1927 年，迁移到东南亚的人口高达 125 万；1929 年，迁移到亚洲北部的人口高达 150 万。大萧条使大规模的移民停止了，不过，值得注意的例外是在实行指令性经济的日本和苏联，在这两个国家，政府强制、鼓励和相对强劲的经济增长使得在 20 世纪 30 年代末每年有高达 180 万人迁移到亚洲北部。直到 20 世纪 90 年代，远距离人口迁移的年均水平才回到这一时期的水平。

第二次世界大战前，乘船迁移的移民数量在港口和航海日志中得到统计，从而提供了估计跨洋移民数量的优良数据。政府实施的塞边计划也留下了十分翔实的数据记录，比如俄罗斯向西伯利亚的移民运动。这样的估算往往会混淆返程和重复航程。尽管如此，它们对于远距离和跨洋移民潮还是能够提供一个合理的估算。

1840—1940 年，远距离（跨洋和穿越西伯利亚）的人口迁徙至少有 1.7 亿。这些移民可以被划分为三个主要系统：5500 万至 5800 万移民从欧洲与中东地区到达美洲；4800 万至 5200 万印度人与中国南方人前往东南亚与印度洋周边地区；4600 万至 5100 万中国北方人、俄罗斯人、朝鲜人、韩国人与日本人进入亚洲中部与北部地区，尤其是中国东北地区和西伯利亚南部地区。1840—1940 年的大多数远距离移民都可以被划入这三个主要系统。此外，还有约 250 万东亚人与印度人去往美洲，约 800 万欧洲人去往非洲、亚洲与澳大利亚。

超过 65% 的跨大西洋移民去了美国，其余的大多去了加拿大、阿根廷（外国出生的人口在人口中所占比例最高）、巴西，还有小部分去了古巴。19 世纪 70 年代之前，超过一半的移民来自英伦诸岛，剩下的大部分来自西北欧地区。19 世纪 80 年代之后，人口输出密集地区开始向东、向南转移，远至葡萄牙、俄罗斯与叙利亚。多达 250 万东南亚移民去往美洲，其中绝大多数到达北美西部边疆地区，或者前往加勒比海地区、秘鲁及巴西的种植园。这些迁移一半发生在1885年以前，在此之后，契约劳工的招募减少，反亚裔移民的法律开始生效。

迁徙到东南亚地区、印度洋周边地区和南太平洋地区的移民包括2900多万印度人和1900多万中国人，以及相对少量的日本人、欧洲人和西亚人。大部分印度移民是去大英帝国的殖民地。尽管大部分迁徙是在殖民当局的协助下进行的，或者是像在凯加奈劳工雇佣制度下以债务偿还的某种形式进行的，但其中只有不到10%的移民是契约劳工。超过200万印度人也是作为商人或者以其他非劳工的身份迁移的。随着1908年后印度对契约合同的限制越来越多，以及由于1920年契约制被废除，迁移人数增多。印度人中有近400万前往马来西亚，800多万前往锡兰（现在的斯里兰卡），1500多万前往缅甸，约100万人前往非洲、东南亚其他地区，以及印度洋和太平洋的各个岛屿。

绝大多数中国移民来自南部省份广东和福建。在这些移民中，不到75万人与欧洲雇主签订了契约合同，其中包括在1874年以前去往拉丁美洲和加勒比海地区的25万人，19世纪80年代至20世纪10年代前往苏门答腊岛的25万人，以及散布在太平洋和印度洋的矿场、种植园和岛屿上的一小部分人。更多的中国人是为中国雇主工作，形式包括契约合同和偿还债务、工资劳动和利润分红。从中国到海峡殖民地（Straits Settlements），中国移民多达1100万人，尽管其中超过1/3的人被转运到了荷属东印度、婆罗洲、缅甸和向西更远的地区。近400万人从中国直接迁移到泰国，200万到300万人去往法属印度支那，100多万人前往荷属东印度（如果包括从新加坡转运来的移民，共计超过400万人），不到100万人前往菲律宾，50多万人前往澳大利亚、新西兰、夏威夷以及太平洋和印度洋的其他岛屿。

在亚洲北部，清朝（1644—1911年）在1860年后逐渐放宽了关内人口进入东北的限制，以及1861年俄国农奴解放之后，为更大规模的迁徙奠定了基础。19 世纪 80 年代，两国政府以宅地政策积极鼓励移民定居，每一方在一定程度上都想先发制人，防止对方侵占领土。19 世纪 90 年代的铁路建设进一步推动了移民流动。迁入中国东北和西伯利亚东部地区的中国人的数量在 2800 万~3300 万，还有近 200 万朝鲜人和 50 多万日本人。另外有 250 万朝鲜人移居日本，特别是在 20 世纪 30 年代。在此期间，至少有 1300 万俄罗斯人迁入中亚和西伯利亚。此外，还有多达 100 万中国北方人、韩国人和日本人迁徙到各地，大量进入美洲、夏威夷、东南亚、南非和欧洲。

这些远距离迁徙造成了世界人口分布的显著变化。三大主要目的地经历了人口的大规模增长，从 1850 年到 1950 年，人口增长了 4 到 5.5 倍（见表 1）。这些比率超过世界人口增长率的两倍。人口迁出地区的增长率低于世界人口增长率，低于人口迁入地区的一半。总而言之，三大主要目的地的人口在 1850 年占世界人口的 10%，在 1950 年占 24%。

表 1　1850—1950 年世界人口增长（百万）

人口迁入			
	1850 年人口	1950 年人口	年均增长
美洲	59	325	1.72%
亚洲北部	22	104	1.57%
东南亚	42	177	1.45%
人口迁出			
	1850 年人口	1950 年人口	年均增长
欧洲	265	515	0.67%
南亚	230	445	0.66%
中国	420	520	0.21%
全世界	1200	2500	0.74%

C. 麦克维迪和 R. 琼斯：《世界人口史地图集》，伦敦：企鹅出版社。

移民（迁移出境）率在特定的地区是不均衡的，有些村庄或县迁移了大量移民，而另一些则几乎没有迁出任何移民。虽然如此，在所有这些体系中，平均移民率是大体相当的。乍一看，与来自意大利、挪威、爱尔兰和英国等小国的数百万移民相比，来自中国的1900万海外移民或者来自印度的2900万海外移民看上去没有可比性。但如果我们看一下规模相当的地区，这些比率是非常相似的。有史以来记录的一些移民率峰值，比如在1845—1855年的饥荒期间，年均每1000个爱尔兰人中就有22个人移民；又比如在19世纪80年代，每1000个冰岛人中就有18个移民。一些南太平洋和加勒比海的岛屿可能也有类似的比率。在20世纪头10年海外移民潮高涨时期，意大利、挪威和爱尔兰的移民率分别为10.8‰、8.3‰和7‰。相比之下，中国南部省份广东，面积比意大利略大，人口比意大利略少，年平均海外移民率在20世纪20年代的移民高峰时期至少为9.6‰。

这三个移民体系仍然只是冰山一角。许多移民也经过非洲和西亚迁移，并且是在主要的迁出和迁入地区。全球移民的大多数可能是在城市、城镇和农村地区附近，通常只是暂时性的。这种移民更难统计，但是大概模式可以被确定。

非洲经历了净迁入，但是比其他主要目的地数量要小得多，而且来源更广。这些移民包括进入北非的300多万法国人和意大利人，而且，在整个非洲大陆上有多达100万其他欧洲人、叙利亚人、黎巴嫩人、阿拉伯人、印度人和中国人。跨大西洋奴隶贸易的结束导致在19世纪末迁移到苏丹西部地区、中东和印度洋周边地区的移民增多。从19世纪末到20世纪，非洲南部和中部种植园及矿区的劳工移民增多，与此同时，非洲西部和东部的农业地区和沿海城市的劳工移民也增多了。数百万人卷入这些移民活动，其中一些是被迫的，他们中的许多人进入欧洲企业工作，不过，也有很多人找到了独立的职业。苏伊士运河和埃及棉花种植基础设施建设这样的工程吸引了大量当地移民，黎巴嫩和叙利亚的海外移民率居世界前列。还有一种很不同的移民类型，从 1879 年到 1938 年，有超过 300 万人参加了麦加朝圣。

西亚和东欧是由暴力和政治导致的大规模移民的地区，这预示着 20 世纪移民的种类将逐渐突显。奥斯曼帝国的瓦解及其与俄国的战争导致了 400 万到 600 万人互相迁移，穆斯林从巴尔干半岛、希腊和俄国向南迁移到土耳其，而基督教徒则向其他方向迁移。大约有 100 万亚美尼亚人被驱逐出土耳其，散布到世界各地，并且在 20 世纪早期，有近 40 万犹太人移居到巴勒斯坦。随着第一次世界大战和俄国革命的爆发，大规模的难民迁徙也波及欧洲其他地区，包括 300 万俄罗斯人、波兰人和德国人逃离苏联。

迁移也发生在远距离系统的迁入地区中。跨大西洋移民也可以将北美迁移到西部边疆的 1300 万移民囊括进来。这一过程也迫使大量美洲原住民迁移，并在 20 世纪初使得超过 250 万墨西哥人迁移到美国西南部的农业区。在同一时期，美国东北部的工业中心也吸引了超过 250 万加拿大人，之后超过 100 万非裔美国人和墨西哥人也迁移到这一地区。在美洲的其他地区，大量安第斯人迁往沿海种植园和城市，30 多万加勒比人移居中美洲和古巴的种植园，以及巴拿马运河区和美国。在东南亚和南太平洋地区，多达 50 万爪哇人前往苏门答腊岛和东南亚大陆的种植园，超过 40 万美拉尼西亚人和密克罗尼西亚人在这些地区从事种植园和海员工作。

在欧洲，从爱尔兰来的移民前往英国寻找工作，东欧和南欧的移民前往欧洲北部的工业区，特别是法国和德国。在俄罗斯，移民进入发展中的城市和南部农业地区。在印度境内，类似的移民迁移到南部和东北部的茶园，到孟加拉国的矿场和纺织生产区，以及到遍及整个南亚次大陆的新灌溉区和城市地区。在中国，这类移民迁移到日益发展的沿海城市，以及长江流域的一些地区，这些地区由于太平天国运动造成巨大伤亡而变得人口稀少，还有移民迁移至西北和西南边疆地区，包括从陆地向缅甸移民。

这些大规模的移民潮导致了更为严格的移民法的出台。19 世纪中叶是一个无与伦比的自由迁徙时代。到 19 世纪 60 年代，大多数出口控制措施及管制本国迁移的地方性法规都已被废除。然而，到 19 世纪 80 年代，以医疗检查的形式制定的新规和将亚裔移民排斥在白人定居国之外的法律开始生效。到 20 世纪 20 年代，这些法律加入配额、可接受和不可接受的移民的多个类别，甚至恢复出口控制的规定。许多人开始认为，一个国家如果不控制其移民边界，就不可能拥有主权和独立。推动全球流动性繁荣的同样的因素和技术也可能越来越多地控制这种流动性，并且仅仅因为没有签证，就可以使某人的迁移变成“非法”。

里约热内卢的维拉卡诺斯（Vila Canoas）。巴西棚屋，产生于 20 世纪初的非法聚居地，它吸引了那些来巴西城市中寻找工作的移民。政府目前正致力于给这些地区提供最基本的公共事业。

第二次世界大战以来的移民

第二次世界大战刚结束的数十年里，国际移民相对较少，除了因第二次世界大战后欧洲新的政治版图而导致的大量难民涌入欧洲和南亚、以色列建国和印巴分治。直到今天，难民仍然是重要的移民来源，特别是在非洲、中美洲和东南亚。20 世纪下半叶，从农村到城市的移民在亚洲、非洲和拉丁美洲国家也变得越来越重要。20 世纪 60 年代后，由于移民法接纳外来劳工、家庭团聚和前殖民地的移民，因此，向工业国家的国际移民稳步增长。主要移民潮包括从西亚、南亚、北非到欧洲，从拉丁美洲和东亚到北美，从亚洲到澳大利亚。自 20 世纪 70 年代以来，向经济飞速发展的日本、东南亚、阿根廷、南非移民，特别是向中东石油资源丰富地区的移民也得到了增长。

由于用于统计移民的行政类别有极大的差异，因此估算第二次世界大战以来的全球移民数量比 20 世纪要困难得多。在 20 世纪 90 年代，对年均移民数的粗略估计，从每年移入欧盟的 120 万合法移民开始算起，每年还有 400 到 50 万非法移民。每年到达美国的合法移民有 86 万，另外有 30 万可能是非法移民（仍然少于 1912—1913 年的最高数量）。迁往加拿大、澳大利亚和新西兰的移民数各为 30 万。每年有 100 多万移民迁往波斯湾国家和以色列。全世界每年也有 50 多万人申请政治避难，而这通常不在移民统计范围内。其他主要目的地包括阿根廷、委内瑞拉、南非和日本，还有很大一部分迁入非洲、东南亚和苏联加盟共和国之间的地区。对每年迁入其他目的地进行乐观估计的话，有 200 万至 300 万移民，那么，每年将有 650 万至 750 万移民。如果 1990—2000 年在移民总数中估计增加了 4000 万移民，那么移民增长率应该是 40%~45%。大多数证据都表明，移民增长率在 21 世纪头 10 年保持稳定。

与 20 世纪初迁徙高峰的人数进行比较，会发现其绝对数比早期移民高出 3 倍，但它们在世界人口中所占的比例相差无几。20 世纪 90 年代有 8000 万移民，占世界人口的 1.5%；1906—1915 年有 3200 万移民，占世界人口的1.8%。看起来，在这两个时期，远距离移民造成的影响相当相似。但这可能不是全球流动性的最佳测量方法。据统计，2000年大约有7亿个旅游项目，1990年有4.8亿个，1980年有3亿个，这种增长比以前的移民潮大几个级别。虽然这样的迁移可能不会使全球人口发生显著变化，但它对全球经济、社会和文化秩序产生了翻天覆地的影响。

考虑到计算流动性比较困难，大多数国际组织现在更倾向于在国家人口普查中计算“移民人数”，作为量化移徙影响的一种方法（见表2）。这也是一种非常不完善的测量方法，因为有些人口普查统计的是外国出生的人口，而其他统计的是没有成为公民的外国居民，还有的只是重视种族或族裔的区分。这种统计也可能将那些一生从未迁移过的人计算进去，虽然国际边界在他们周围已经变动。例如，在20世纪70年代，印度和巴基斯坦分治产生2000万难民，大约占世界“移民人数”的15%~25%，尽管那时南亚作为移民迁出地区比作为移民迁入地区更为重要。同样，20世纪90年代初，苏联解体导致该地区移民人数所占比例大幅上升，因为许多生活在新成立的国家的人选择保留俄罗斯或邻国的公民身份。

表2　移民人数占世界人口的百分比（百万）

年份	外国出生的人口	占世界人口比例
1910	35.7	2.0
1930	42.9	2.1
1965	75.2	2.3
1975	84.5	2.1
1985	105.2	2.2
1990	155.5	2.9
2000	195.2	3.2
2005	213.9	3.1

资料来源：国际劳工局，1936年；联合国人口司，2008年；美国人口调查局，2010年；H. 兹洛特尼克（H. Zlotnik），1998年。

这样的移民人数在美国大约有20%，在西欧有22%。大约有7%的移民在加拿大、澳大利亚和日本。加在一起，我们发现，发达国家有一半的国际移民，这标志着早期移民向边境地区迁移的趋势有了变化。至于剩下的那些，大约12%的移民在东欧，7%的移民在波斯湾地区的国家，其余32%的移民分布在世界其他国家。虽然美国移民人数在移民总数中排名第一，但只有12.8%的人口是移民，远远落后于科威特、卡塔尔和阿拉伯联合酋长国这样的小国，这些小国60%～80%的人口是移民。

20世纪下半叶的其他趋势包括妇女和职业移民的兴起。在第一次大规模移民中，除了爱尔兰人和犹太人的人口流动外，大多数移民是男性。20世纪20年代，特别是20世纪30年代，女性所占比例不断增加。如今，大多数目的地的国际移民大约有一半是女性。同样，移民基本上不再由劳工和过去的那些农民组成。自20世纪60年代以来，在进入北美和欧洲的移民中，专业人士占20%以上，前往石油王国的移民占很大比例。在美国的几个移民群体，不管是印度人和菲律宾人，还是阿根廷人和尼日利亚人，其教育水平和家庭收入都高于本地出生的白人。移民法更倾向于富人和受教育者，这在这股潮流中发挥了重要作用。在许多较贫穷国家，因为缺乏在智力和财力上具有吸引力的工作，情况也是如此。然而，随着时间的推移，曾经以受过教育的专业人士为主的移民潮为低技术移民的增长打开了大门，后者可以利用家属团聚的优势，低技能移民所占比例增加。

移民法的扩充及其类别的持续增加，皆决定了移民的数量和方向。21世纪，在谈论移民问题的时候，几乎不可能不同时谈论移民作为旅游者、移民、永久居民、商务旅行者、假日工、外来务工者、家属团聚、投资者、学生、非法移民和无签证者的身份问题。对流动性的控制是当今世界上制度性歧视最明显的方面，出生和财富决定了谁可以自由行动，谁因为移民而成为罪犯。在一个流动性特征日益增长的世界中，如果撇开国家的控制和规定，那么，流动性是无法理解的。

亚当·M. 麦凯恩（Adam M. McKeown）
哥伦比亚大学

进一步阅读

Castles, S., & Miller, M. (1993). *The Age of Migration: International Population Movements in the Modern World*. New York: Guilford Press.

Clark, R. P. (1997). *The Global Imperative: An Interpretive History of the Spread of Humankind*. Boulder, CO: Westview Press.

Cohen, R. (1997). *Global Diasporas: An Introduction*. Seattle: University of Washington Press.

Curtin, P. (2008). *Cross-cultural Trade in World History*. Cambridge, U.K.: Cambridge University Press.

Curtin, P. (1995). *Why People Move: Migration in African History*. Baylor, TX: Baylor University Press.

Cvalli-Sforza, L. L. (1995). *The Great Human Diasporas; The History of Diversity and Evolution*. Reading, MA: Addison-Wesley Longman Publishing.

Diamond, J. (1997). *Guns, Germs and Steel: The Fates of Human Societies*. New York: W. W. Norton.

Ferenczi, I., & Willcox, W. (Eds.). (1929). *International Migrations: Vol. 1, Statistics*. New York: National Bureau of Economic Research.

Ferenczi, I., & Willcox, W. (Eds.). (1931). *International Migrations: Vol. 2, Interpretations*. New York: National Bureau of Economic Research.

Gottschang, T., & Lary, D. (2000). *Swallows and Settlers: The Great Migration from North China to Manchuria*. Ann Arbor: University of Michigan, Center for Chinese Studies.

Harzig, C., Hoerder, D., & Gabaccia, D. (2009). *What is migration history*? Cambridge, U.K.: Polity.

Hatton, T., & Williamson, J. (1998). *The Age of Mass Migration: Causes and Economic Impact*. New York: Oxford University Press.

Hoerder, D. (2002). *Cultures in Contact: World Migrations in the Second Millennium*. Durham, NC: Duke University Press.

International Labour Office. (1936). *World Statistics of Aliens: A Comparative Study of Census Returns, 1910–1920–1930*. Geneva: International Labour Office.

International Organization of Migration. (2003). *World Migration 2003: Migration—Challenges and Responses for People on the Move*. New York: United Nations Publications.

United Nations Population Division. (2008). International Migrant Stock. Retrieved April 12, 2010, from http://esa.un.org/migration

Manning, P. (2005). *Migration in World History*. New York: Routledge.

Markovits, C. (1999). Indian merchant networks outside India in the nineteenth and twentieth centuries: A preliminary survey. *Modern Asian Studies, 33*, 883~911.

Marrus, M. (2002). *The Unwanted: European Refugees from the First World War through the Cold War*. Philadelphia, PA: Temple University Press.

Massey, D., Arango, J., Kouaouci, G., Pellegrino, A., & Taylor, J. E. (1998). *Worlds in Motion: Understanding International Migration at the End of the Millennium*. Oxford, U.K.: Clarendon Press.

McEvedy, C., & Jones R., (1978). *Atlas of World Population History*. London: Penguin.

McKeown, A. (2004). Global migration, 1846–1940. *Journal of World History, 15*, 155~189.

Moch, L. P. (2003). *Moving Europeans: Migration in Western Europe since 1650*. Bloomington: Indiana University Press.

Northrup, D. (1995). *Indentured Labor in the Age of Imperialism, 1834–1922*. Cambridge, U.K.: Cambridge University Press.

Nugent, W. (1992). *Crossings: The Great Transatlantic Migrations, 1870–1914*. Bloomington: Indiana University Press.

Olson, S. (2002). *Mapping Human History: Discovering the Past through Our Genes*. New York: Houghton Mifflin Harcourt.

Potts, L. (1990). *The World Labour Market: A History of Migration*. London: Zed Books.

Sandhu, K. S. (1969). *Indians in Malaysia: Some Aspects of Their Immigration and Settlement*. Cambridge, U.K.: Cambridge University Press.

United States Census Bureau. (2010). International Database. Retrieved April 12, 2010, from http://www.census.gov/ipc/www/idb/worldpop.php

Tinker, H. (1974). *New System of Slavery: The Export of Indian Labour Overseas, 1830–1920*. London: Oxford University Press.

Treadgold, D. (1957). *The Great Siberian Migration: Government and Peasant in Resettlement from Emancipation to the First World War*. Princeton, NJ: Princeton University Press.

Zlotnik, H. (1998). *International Migration 1965–1996: An Overview*. Population and Development Review, *24*, 429~468.

山脉

山脉是生物和文化多样性的港湾，长期以来，它与坚不可摧、凹凸险峻和不利于人类活动的特征密切相关。贫穷的山区原住民被中央政府压榨，往往没有什么选择，不得不过度开发他们生活的环境，而且在许多山区，战争威胁无处不在。

“山脉”这个词语可能会令人想象出一幅画面：巨大的岩石峭壁、尖峰、冰川、积雪以及一群面色冷酷的登山队员，绳子把他们拴在一起。在艰难地向上攀登的过程中，他们冒着雪崩、岩石坠落和暴风雪的危险——这种类型的场景，人们可能会在阿尔卑斯山或喜马拉雅山的某个高处，或地球上其他许多引人注目的景观中看到。但是，这样的场景只代表我们山脉环境的一小部分。学术界有关山脉的定义还有许多争议，不是一言两语可以说得清楚的。威尔士和英格兰西北部的人民或许会坚持认为他们生活在群山之中，而他们的最高峰海拔勉强超过 1000 米（约 3280 英尺）。中国西藏的游牧民族与秘鲁南部的农民住在海拔 4000 米以上（超过 13120 英尺），可以被划为山区居民，然而他们当地的景观可能跟北美大草原一样平坦。

尽管如此，高海拔和山坡陡度的不同组合有利于短生长季节和缓慢的土壤形成过程。随海拔高度和纬度而变化的年均气温以挪威北部的罗弗敦群岛（Lofoten Islands）为参照，接近海平面，位于北纬 70°，上限以瑞士阿尔卑斯山为参照，海拔高度超过2000米，位于北纬46°，类似的景观一般指的是“高山”。两者都超过树木生长的极限（林线），并且是由冰川塑造的。相比之下，在高海拔的接近赤道的位置（超过3500米至4000米），诸如埃塞俄比亚、肯尼亚或厄瓜多尔，具有相当圆的地貌，也许可以维持繁荣的农业。20世纪德国著名的山脉地理学家卡尔·特罗尔（Carl Troll，1900—1975）评论说，例如，在印度尼西亚，在海拔超过3000米的地方，是没有一座高峰（高山）的高山地区。

住在塔吉克斯坦帕米尔高原附近的人自称是“世界的屋脊”，也是“太阳的脚”。杰克·D. 艾夫斯（Jack D. Ives）拍摄。

联合国致力于进行一项关于山脉在维持人类进步的重要意义的关键性评估，在其2002年作为“国际山岳年”的宣言中，它采取了一种务实的态度，声称山脉占据了世界陆地面积的约20%，并且向占人口总数约10%的人提供直接的生活支持。在间接意义上，就山脉的资源而言，比如提供一半以上的淡水、森林资源、矿产、牧场和水电，它对50%以上的人口的生存至关重要。此外，山脉也为所有主要宗教和许多次要宗教提供了精神内容。山脉仅次于海岸地区成为旅游的主要中心，是世界上最大的、发展最迅速的产业。山脉保护了世界上最重要的生物多样性中心的一部分和文化多元性的很大部分。最后，气候变化，尤其是当前预测的全球变暖，最早对山脉地区产生一些影响，并且对其影响最为显著。由此可见，山脉正成为人们关注的一个严重问题。

山脉的地理分布

从赤道到两极，只要存在陆地，每个大陆都有山脉。如果把它们视为一个单一的景观类别或生态系统，那么，它们包括最广泛的范畴，包含已知的一系列地形、气候、植物和动物群，以及人类文化的多样性。从地质和构造的视角来看，它们构成了地表以下结构最复杂的部分。

山脉和高地包括不宜居住的，极寒而寸草不生，且尽是厚冰壳的南极洲和格陵兰岛，以及海拔高、干旱、低氧和几乎不宜居住的中亚一带及安第斯山脉中南部地区。它还包括湿润的热带和亚热带地区五花八门甚至郁郁葱葱的山脊和山谷系统，诸如喜马拉雅山东部、横断山脉（中国云南）、喀麦隆山、安第斯山脉以北的部分地区，以及新几内亚的部分地区。在非洲东部和埃塞俄比亚，高山的侧翼和山谷长久以来就适宜人们居住，与周围那些干旱的低地形成鲜明对比。还有其他一大群山脉也必须被囊括进来，例如加勒比和中美洲、印度尼西亚、日本和海地的高火山，尽管存在极端火险的威胁，但这些地方的人长期以来受益于肥沃的土壤。所谓的中部山脉（德语称中央山脉）范围从塔斯马尼亚到南非，从中欧和北欧到乌拉尔山脉和西伯利亚。乌拉尔山脉较阿尔卑斯山（“高山”的典型，德语叫“高高的山上”）绵延缓和，因此二者形成了鲜明对比。而乌拉尔山脉的其他山麓依据特别的政策，以确保资源的可持续利用，保护它们的传统景观。

世界上的高山与最近或者说迄今为止的第三纪的地质时期有关，即与由于地球构造板块运动引起的造山运动有关。这一运动形成了两

加德满都以东尼泊尔中部山脉的人力建造的多层梯田和稻田，是一项了不起的工程杰作；灌溉系统显示，原住民被证明是卓越的土壤保护主义者。杰克·D. 艾夫斯拍摄。

大山脉系统：环太平洋和阿特拉斯—比利牛斯—阿尔卑斯—高加索—印度库什—喜马拉雅—印度尼西亚的横切弧。它们共同构成了世界上大多数活跃火山和大多数地震震中所在地。山脉是危险的生活场所，因为它险峻，有悬崖峭壁，降水量通常很高，地质构造不稳定，火山活动频繁。许多山脉地区也由于人类的活动而充满危险。

正在改变的对山脉的态度

让我们试着描绘一个山区景观的经典形象：其物理特征，连同其与这个世界的主流社会相对格格不入和疏远的特性，展现为坚不可摧、坚忍不拔和不利于人类的大多数努力的形象。然而，正是这历经漫长岁月的相同特征导致了空前的生物多样性和文化多元性。山区群落是在半孤立的状态中发展演变的，开发和保留了当地的语言、服饰、习俗，并且很难适应农耕和放牧生活。他们经常保持高度的独立性。然而，山区群落独立的获得付出了代价：为了生存而付出艰难的体力劳动，冒自然灾害的危险，以及当人口增长周期性地耗尽了当地资源后被迫迁徙。

许多山区群落变得很出名，是因为它们是低地国家雇佣军的强有力的供应者。例如，瑞士山区的特遣队为前现代欧洲的军事力量做出了贡献，其仍然幸存的力量是梵蒂冈内的瑞士卫队。最近，在两次世界大战和马尔维纳斯群岛战役期间，尼泊尔的廓尔喀人（Gurkhas）赢得了国际声誉。他们持续向印度和英国军队提供雇佣军。

在20世纪初之前，由于地处遥远、缺乏“现代”群落联系，以及人口密度低，导致山区被设立为仅在强大的低地国家之间大致勘测了边界的缓冲区。这些帝国的冲突和妥协给现今的许多国家留下了不清晰的边界，比如阿富汗占据的那些地区，是19世纪英国和俄国竞争的产物。它经常导致重大的政治和军事问题与冲突，全世界都为此付出了惨痛的代价。

一个年轻的傈僳族女人，生活在泰国北部的一个山区部落的成员。杰克·D. 艾夫斯拍摄。

就富裕的西方而言，直到20世纪最后几十年，山脉实际上都是登山者和观光者的活动领域，尤其是那些冬季运动爱好者和温暖季节跋涉者，以及相对少数的科学家。生活在山区或者在山区谋生的人在很大程度上被忽视了。

在欧洲，随着19世纪国家的工业化和现代化，道路和铁路被修建起来，同时出现了第一波涌入阿尔卑斯山的观光者和登山者，他们带去了财富。在21世纪，我们认为瑞士和奥地利是拥有巨大财富的地区，但是，政府制定政策保证山区农业获得巨额补贴，因为山区农业对使山区成为旅游胜地的美景的保护至关重要。从这个意义上讲，对工业国家的山区开发和发展中国家的山区开发可以做一个广义的划分：工业国家有钱去保护山区的自然风光，而发展中国家侧重开发利用，这两者之间存在不同。在旧世界（欧洲）的山区与新世界（北美、新西兰和澳大利亚）的山区还可以做进一步的划分。比如，欧洲的阿尔卑斯山具有悠久的定居和环境适应的历史（前罗马时代），与之相比，新世界的山区只经历了殖民和最近的发展（大约从 19 世纪中叶开始）。

全球化将大众旅游业从工业国家扩展到发展中国家山区的某些选定区域。在那些旅游业（尤其是登山和徒步）已经有选择性地渗透到发展中世界山区某些区域的地方，旅游业带去了重大变化。旅游业的确带去了不断增加的财富，却是非常有选择性的，而且大部分商业利润都作为投资利润返回工业国家了。

旅游业可能会并且已经造成了对当地文化的严重破坏。（突出的例子是尼泊尔珠峰地区，其居民夏尔巴人已经变得相对富裕了。）20 世纪 70 年代和 80 年代，人们日益认识到需要保护阿尔卑斯山，以及避免（认为的）即将来临的喜马拉雅山区的大灾难。在阿尔卑斯山，两季旅游增长失控威胁到传统的山区景观，虽然滴水不漏的瑞士和奥地利民主进程已经缓和了这种威胁。在喜马拉雅山发生的大规模砍伐森林行为被归咎于“无知的”山区小农；他们人口的迅速增长（例如尼泊尔每年的增长速度为 2.7%）和他们为了建筑材料、柴火和草料而依赖森林资源，推导出这样的假设，即（认为的）即将来临的环境大灾难完全是因为对山坡上原住民土地的不当使用造成的。此外，由于重力和印度洋季风造成的倾盆大雨双重影响，滑坡次数增加，土壤流失加速，这普遍被认为造成了下游淤积，以及造成在印度恒河（由包括恒河在内的三大河流系统的冲积河床形成的地区）和孟加拉严重的洪水泛滥。因此，国际争端的潜在性也增加了环境灾难的威胁。无论如何，在 1992 年以前，人们的关注仍然有限。

20 世纪 70 年代甚至 80 年代，当环境保护运动在一段时间内进行得如火如荼时，为什么山脉在世界政治议程上没有被置于一个更显著的位置？部分答案是山脉尚未吸引到一个有效的支持者。在1972年联合国斯德哥尔摩环境大会期间，各方迈出了一大步，认识到世界各地区的贫富差距正在逐渐拉大，以及在许多成员国建立环境部。然而，山脉仍然未能引起足够重视。直到1992年联合国环境和发展大会（UNCED，里约热内卢地球峰会），真正的突破看起来才有可能。在《21世纪议程》（*Agenda for the 21st Century*，简称 *Agenda 21*）中包含了一章有关山脉的专有章节，峰会的计划是推动政府和个人采取可持续行动。《21世纪议程》的第十三章（有关管理脆弱的生态系统和山区可持续发展）使得10年后联合国大会指定2002年为"国际山岳年"。

世界山脉面临的问题

毫无疑问，山脉受到水、森林、草地和矿产等自然资源过度使用的威胁，从而导致水土流失、水和空气污染，以及下游破坏。这一点在陡坡（与平坦的地方相比）尤其严重。通常为了山脚下社区的单一利益而任意修建公路和建造高坝都是导致问题恶化的因素。不规范的大众旅游业也会导致环境恶化，生物多样性丧失，山区文化被破坏，以及许多贫穷山民所经历的实际剥夺和剥夺感增强。这些都是新闻头条的热门话题。但是，它们常常被夸大其词。在任何情况下，山区群落，不管是阿尔卑斯山还是喜马拉雅山，与那些低地国家或地区相比，在经济上都处于边缘地位。世界贫困人口的很大一部分是在山区，特别是在亚洲和南美洲。由于统计数据和相关资料无法获取，所以很难对此进行准确的描述。

直到最近（主要是在2001年9月11日恐怖袭击事件之后），山区问题的复杂局面仍被一种显而易见的抵触情绪进一步恶化，公开宣传山区中发生的唯一最具破坏性的进程是：所有形式的战争。这包括常规的武装冲突、游击叛乱、毒品战争和恐怖活动。另外，虐待山区人民也导致大量国内外难民的出现。联合国粮农组织（FAO）在 2001 年 12 月 11 日“国际山岳年”（IYM）活动日开始的时候称，在那时影响世界的 27 场战争中，有 23 场发生在山区。山区及其人民承载的这种比例失衡的负担传递出真正的灾难——一种具有空前规模的人类自身、经济、环境和政治的灾难。

就总体冲突而言，山区人民经常受到中央政府的伤害。在泰国北部喜马拉雅山周边国家，山区人民被不公平和错误地要求对灾难性的环境恶化负责。真正的罪魁祸首往往是热衷于资源开发的大型商业利益集团，以及通过牺牲当地人而获得资源使用权的中央政府。当地人往往是被边缘化的少数族裔，几乎没有什么政治影响力。然而，贫穷却使得当地山民除了过度开发自己的环境外别无选择。低地官僚机构强制推行一些规章制度，比如伐木禁令；它们往往导致不令人满意的解决方案，而这可能进一步加剧山区贫穷，从而产生更多不安。在过去的 10 年里，这种强烈的不满情绪已经在世界许多山区蔓延，形成普遍的叛乱，从巴基斯坦、尼泊尔和印度东北部到哥伦比亚和玻利维亚。

未来的方向

世界上多山领土的巨大范围及其极端复杂性，无论是就固有的自然现象而言，还是就人类族群适应它们的无数方式而言，它们对可持续发展确实是一个挑战。作为一个整体，山脉也在最不为人所知和最不为人所理解的地区之列。“国际山岳年”为拓展研究和快速增进交流提供了前所未有的机遇。这一点与日益增强的意识结合在一起，即关于全球变暖的许多负面预测将会较早地对山区产生主要的和不断加速的影响。这种担忧已经导致跨学科和国际研究合作的巨大热潮，预期的结果则有待于未来的应用。不过，首要的任务是减少冲突，以及与此相亲，促进山区人民参与当地资源的管理和与全社会有关系的发展事务中。

杰克·D. 艾夫斯

卡尔顿大学（Carleton University）

进一步阅读

Bowman, W. D., & Seastedt, T. R. (Eds.). (2001). *Structure and Function of an Alpine Ecosystem.* Oxford & New York: Oxford University Press.

Funnell, D., & Parish, R. (2001). *Mountain Environments and Communities.* London & New York: Routledge.

Gerrard, A. J. (1990). *Mountain Environments.* Cambridge, MA & London: MIT Press.

Hofer, T., & Messerli, B. (2006): *Floods in Bangladesh: History, Dynamics and Rethinking the Role of the Himalaya*. Tokyo: United Nations University Press.

Ives, J. D. (2004). *Himalayan Perceptions: Environmental Change and the Well-being of Mountain Peoples.* London & New York: Routledge

Ives, J. D. (2007). *Skaftafell in Iceland: A Thousand Years of Change.* Reykjavik, Iceland: Ormstunga.

Ives, J. D., & Messerli, B. (1989). *The Himalayan Dilemma: Reconciling Development and Conservation.* London and New York: Routledge and United Nations University Press.

Messerli, B., & Ives, J. D. (Eds.). (1997). *Mountains of the World: A Global Priority.* London and New York: Parthenon.

Zurick, D. & Karan, P. P. (1999). *Himalaya: Life on the Edge of the World.* Baltimore: Johns Hopkins University Press.

古代大洋洲

早在公元前 4 万年开始，人类就从东南亚迁徙到大洋洲南太平洋诸岛。大约公元前 2000 年，集中的移民潮产生了深刻的环境变化，因为人类引入了驯化动物，耗尽了原生动物种类，同时农业实践导致森林砍伐和水土流失。虽然后来的定居点实现了生态平衡，但在 17 世纪将这一地区视作天堂的少数人意识到这一平衡是多么的脆弱。

大洋洲是横跨南太平洋上的岛屿与群岛的大片地区。该地区面积超过 8800 平方公里，其中大部分是海洋。其陆地总面积为 160 万平方公里，由 25 000 多个岛屿组成。大洋洲被划分为三个主要区域：美拉尼西亚，其中包括新几内亚、所罗门群岛、新喀里多尼亚、斐济，以及大致在澳大利亚东北部构成一条带状的群岛；密克罗尼西亚，一个群岛的集合，包括马绍尔群岛、帕劳群岛、关岛和其他位于菲律宾东部的较小的珊瑚礁（由环礁湖的礁石构成的珊瑚岛）；以及波利尼西亚，分散的岛屿群，包括萨摩亚群岛、库克群岛和从新西兰到夏威夷到复活岛的一个大三角形区域。

尽管关于人类横跨古大洋洲的移民历史尚有争议，但大多数考古和语言证据均表明，人类是在一系列移民潮中拓殖这一地区的，这源自东南亚一直向东迁徙。已知在新几内亚岛最早的人类定居点可追溯到公元前 4 万年至公元前 3.5 万年。大致在同一时间，人类首次到达澳大利亚，而所罗门群岛最接近新几内亚岛的一部分似乎在公元前 2.6 万年左右有人类拓殖。到公元前 7000 年到公元前 5000 年，美拉尼西亚以西的大多数区域被狩猎—采集族群占据，虽然新几内亚岛的多个遗址发现了早期作物栽培模式，包括为种植芋头（一种其根茎可食用的植物）而建立的灌溉系统。但是，大洋洲其他区域仍然不受人类控制。

公元前 2000 年至公元前 1000 年，另一个移民潮出现，从东南亚迁徙到美拉尼西亚，产生了新的语言形式，并产生了新的人类定居模式，比此前占据这一地区的狩猎—采集族群对环境造成的影响更大。因新喀里多尼亚考古遗址发现的独特的陶器而命名的拉皮塔文化（Lapita）的显著特征是其定居点更大，开展海洋和贝类渔业与农业综合体相结合的生产，农业综合体以山药、芋头和香蕉的栽培与猪、狗和鸡的饲养为基础。

迅速殖民

然而，拉皮塔文化最重要的创新是先进的船舶技术，这使他们能够迅速地向美拉尼西亚以东殖民，并且从那里开始首次向北移民，进入密克罗尼西亚，再向东进入波利尼西亚。较大的独木舟有 15 米到 20 米长，加上改进的航行技术和导航技术，使殖民者能够穿越广阔的海洋，带去了建立定居点所需要的作物和动物。斐济的第一个已知的定居点在美拉尼西亚东部边缘，时间可追溯到公元前 1500 年，而且截至公元前 1000 年，航海家已经在将斐济与波利尼西亚西部的萨摩亚和汤加岛隔天的空旷海洋上横亘了数百公里。在大致相同的时间，殖民者向北推进到密克罗尼西亚，在加罗林群岛和马绍尔群岛定居下来。在接下来的 1500 年里，波利尼西亚其余的部分也开始有人居住；约公元 650 年，人类最终到达夏威夷；公元 1000—1200 年，人类到达新西

独木舟上的木雕装饰，左边来自新西兰，右边两个来自新几内亚。出自欧文·琼斯：《装饰法则》（*The Grammar of Ornament*），伦敦：伯纳德夸里奇，1910 年。纽约公共图书馆。

兰。在这一时期以后，内部的定居和移民继续，最值得注意的是波利尼西亚人与南美洲之间的联系，结果是甘薯被引入，成为整个波利尼西亚东部的基本作物。

人类在以前孤立的大洋洲诸岛屿上建立定居点对环境变化产生了深远的影响。在人类引入驯养动物之前，这些岛屿除了蝙蝠外，什么哺乳动物都没有。人类到来后显著的变化就是原生动物数量锐减，原因是过度捕猎和驯化动物的竞争，最后导致许多物种灭绝。同样，殖民者在这里的开拓性农业实践包括广泛采用刀耕火种技术，这导致在许多岛上大量的森林砍伐和随之而来的水土流失问题。这一点在波利尼西亚东部和南部部分区域尤其如此，这里气候凉爽干燥，不适宜到达这里的殖民者试图引入的热带农作物的种植。在一些极端情况下，比如复活岛和波利尼西亚东部的马克萨斯群岛部分区域，人类的到来似乎孕育了一个环境危机，导致生态系统的大规模崩溃以及人口锐减，甚或放弃已经拓殖一两个世纪之久的定居地。此外，持续性的自然资源压力也是迫使殖民者穿越大洋洲进行迅速移民的主要原因之一，他们试图寻找新的岛屿进行开发。

供养系统

到 1500 年欧洲人到达这一区域前夕，大洋洲上大部分的人类居住地已经形成了相对比较稳定的供养系统，这一系统根据当地的气候与生态条件而改变。渔业是最重要的元素，大洋洲的居民使用各种各样的技术，包括使用复杂精细的渔网和陷阱，以及诱饵和鱼叉。主要的农作物主食是椰子、面包果、甘薯和芋头，驯养的猪、狗和鸡补充人体所需的蛋白质。虽然许多岛民继续从事火耕（刀耕火种）农业，即清理田地，烧除植被，然后耕种两到三年，接着休耕 20 年，大洋洲一些社会发展了更广泛的耕作系统，利用梯田和复杂的灌溉系统。此外，岛上居民发展出复杂的社会结构，旨在防止人口增长超出当地环境所能承受的范围。

欧洲航海者在 1600—1800 年大量航行于南太平洋海域。对他们来说，大洋洲上的许多岛屿都像是神话般的热带天堂。从欧洲的视角来看，相对温和的气候和看起来就很丰富的自然资源掩盖了这一事实：大洋洲多数社会依赖的这个脆弱的生态平衡一旦与外来者接触，就很难维持长久。

詹姆斯·莱德（James Lide）
历史协会（History Associates Incorporated）

进一步阅读

Craig, R., & King, F. (1981). *Historical Dictionary of Oceania*. Westport, CT: Greenwood Press.

Denoon, D.; Malama, M.; Firth, S.; Linnekin, J.; & Nero, K. (Eds.). (1997). *The Cambridge History of the Pacific Islanders*. Cambridge, U.K.: Cambridge University Press.

Jennings, J. (Ed.). (1979). *The Prehistory of Polynesia*. Cambridge, MA: Harvard University Press.

Scarr, D. (1990). *The History of the Pacific Islands; Kingdoms of the Reefs*. Melbourne: Macmillan Company of Australia.

Spate, O. (1988). *Paradise Found and Lost*. Minneapolis: University of Minnesota Press.

大洋与海洋

大洋与海洋构成了生物圈的98%，并且占地球表面面积的约70%。通过蒸发和降雨，水在海洋、大气层和陆地之间循环，因而传输化学元素和热量，决定地球的气候，滋养并腐蚀着大地。人类依靠海洋资源，比如捕获海洋生物，以及钻探海底的石油。

地球上的大洋由四大合流（共同流动）的咸水体组成，这些咸水体在地球表面的巨大盆地之中。大海比咸水体更小。海洋面积为3亿6100万平方公里（占地球表面的70.8%），并且占据生物圈（世界上生命可存在的地方）的98%。咸水约占这个星球上97.2%的水，剩下的是淡水。通过蒸发和降雨，水在海洋、大气层和陆地之间循环。水文循环（大气层中的水蒸气通过降雨变成水滴入陆地或水面，最终由于蒸发和蒸腾作用返回大气层的一系列状态）传输和储存化学元素和热量，决定地球的气候，滋养并腐蚀着大地。海洋盐度的平均值为3.5%，偏差是由蒸发和流入的淡水决定的。赤道附近的海洋表面温度可能有30℃或者更高，温度向两极递减；在两极，海水的冰点是–2℃。水面下的温度则相当恒定，在深海中，温度减少至零度左右。

最大的大洋是太平洋，表面积达1亿6600万平方公里，几乎是其他三个大洋大小的总和：大西洋（8400万平方公里）、印度洋（7300万平方公里）以及北冰洋（1200万平方公里）。南极洋，或南部大洋，有时也被认为是第五大洋，由太平洋、印度洋、大西洋三大洋的南部水域组成。大洋的组成部分可以说成是内海和边缘海。内海将大陆板块分割开来，比如有地中海、哈德孙湾、白海、波罗的海、红海以及墨西哥湾。边缘海则被群岛从大洋中分离，例如加勒比海、白令海、鄂霍次克海、中国东海、日本海以及北海。

大陆架上海洋的深度增加到大约200多米，在洋盆上增加到大约3000米到4000米，而在最深的海底则达到6000米到11 000米。海床覆盖着海洋生物死亡后的沉积物、来自大陆的流失的土壤，比如红黏土。

大洋的水流循环是通过改变风向、气压和潮汐来实现的。湾流将温暖的海水带入北大西洋，从而使得在更北的纬度上，欧洲比世界其他地方更适宜人类生存。智利和秘鲁、加利福尼亚、非洲的纳米比亚沿岸的太平洋和大西洋边缘的上升流区域将寒冷、营养丰富的水带到海洋的表面，阳光和丰富的养分相结合，使得相对狭窄的大陆架上盛产海洋生物。但是，厄尔尼诺现象（一种沿着南美洲西海岸不规则地出现的异常温暖的海洋表面水流）可能会逆转太平洋的洋流，并导致陆地和海洋产生异常的气候效应。

生命始于海洋，但科学并没有完全掌握海洋生物的知识。目前已知的海洋鱼类大约有15 000种，但估计仍有5000种有待识别。单是北大西洋的海底物种估计就有20万种，但这数字可能是实际种类的1/3或1/4。尽管由于缺乏营养物质，广袤的海洋是蓝色的沙漠，大陆架是大量海洋生物的家园，热带珊瑚礁是生物多样性的栖息地（生物多样性是指动植物种类很多）。

海洋资源

人类利用海洋进行运输和贸易，从捕获海洋生物中受益，并钻探海底石油，这给海洋造成了潜在的污染。

海洋运输是各大陆之间货物运输最便宜和最重要的一种方式，但它给海洋栖息地和生物多样性增加了严重的环境压力。在15世纪之前，海洋是各大洲之间联系的一个难以逾越的障碍。采集（旧石器）时代（公元前200万年到公元前10000年）的移民通过穿越托雷斯海峡和白令海峡从非洲和欧亚大陆扩散到澳大利亚和美洲；波利尼西亚移民在公元前2000年左右到达太平洋岛屿，维京移民穿越北大西洋，这些都展示了他们早期的航海技术。然而，当中国皇帝决定停止中国舰队穿越印度洋到非洲探索时，一个主要文明与另一片大陆之间的第一次接触在1435年戛然而止。不过，之后，哥伦布从西班牙出发穿越大西洋到达加勒比海，开辟了与新世界的持续交流，对环境造成了重大影响。随着三桅帆船和航海仪器的改进，全球航海使陆生动植物的交换成为可能，对达到国造成了实质性的影响。由于海岸沿线和河流入海口的煤炭装运港口和集装箱区域扩大，以及挖泥船造成的潮汐流的改变和海岸的被侵蚀，海洋栖息地的变化随之而来。在20世纪，当油轮排放数千公里以上的压载水时，海洋生态系统将受到严重的影响。压载水是海洋生物多样性面临的最严重的威胁之一，并导致生态系统发生不可逆转的改变。引入的物种在新环境中没有天敌，能够不断地繁殖，并且根除原初的生命体。

从最早的历史时期起，人类就开始在近海环境中捕获海洋生物。鲸鱼、海豹、鱼类、甲壳类动物和海藻都被捕捞，以供人类食用；同时，海藻、海草、盐、海绵状类、珊瑚和珍珠也被带到消费者手中，以供各种用途。今天，一些重要的药物就是从海螺中提取的，比如抗凝血剂和肌肉松弛剂等。

从16世纪开始，得益于航运革命，捕鲸和捕鱼活动被带到了遥远的岛屿和大陆。当这些远洋海域的海洋生物枯竭时，渔业活动变成大洋性的，首先在北半球，后来在南半球。这些渔业活动使一些海洋生物遭到灭绝，比如白令海的恒星海牛，欧洲及之后在美国大西洋沿岸出现的灰鲸，以及加勒比海的僧海豹。早期人类对原始生态系统的影响被认为不仅对一些显著物种有重要影响，而且对整个生态系统有重要影响。当原先控制生态系统动力的顶级捕食者被淘汰之时，可能发生了生态系统统治权的转移。今天，大多数具有重要商业价值的鱼类被充分利用，或者说被利用到超过可持续发展的程度。由于存在如此巨大的捕鱼压力，世界上许多最有价值的鱼类资源都在减少，有些已经在当地灭绝。最引人注目的例子是于1991年倒闭的纽芬兰鳕鱼渔场。该渔场不仅给生态系统造成了巨大且可能无法弥补的伤害，而且导致加拿大大西洋沿岸的人的生存手段消失。

来自佛罗里达凯斯国家海洋保护区（Florida Keys National Marine Sanctury）的生物学家拍摄了一艘搁浅在石礁上的船只对珊瑚礁造成的伤害。国家海洋与大气管理局。

进入 21 世纪，海底矿物的商业性开采才刚刚开始，预计将大幅增长。海床含有石油和天然气等能源，而且，在海洋中已经发现了矿物质，比如氯化钠（盐）、锰、钛、磷酸盐以及黄金。人们也开始利用来自海洋的潮汐能。工业社会的发展增加了向海洋排放污水和其他废弃物的总量，还产生了石油泄漏现象。

世界上约有 2/3 的人生活在海岸 60 公里以内，而且，全世界人口超过 100 万的城市几乎有一半位于江河入海口附近。这种定居模式是人们选择海洋而不是农业作为食物和就业来源造成的；海洋也提供了通信、运输和贸易的渠道。然而，在某些历史时期，人们对沿海定居存在偏见。这种偏见最明显的例子发生在新石器时代（公元前 8000—公元前 5500 年）的许多文化中，随着农业被引进，它刺激了人们在未开发的内陆地区定居。尽管移民不得不横跨大西洋去寻找机会，但 19 世纪的北美边疆运动无疑也是大陆上的。相比之下，其他诸如古代腓尼基和希腊城邦的殖民活动，则无疑是海上的。

法国历史学家费尔南·布罗代尔（Fernand Braudel）第一个尝试把内海历史——这里指地中海——作为自然环境和沟通渠道以及文化交流的历史。他认为，地中海沿岸共同的环境状况为共同文化提供了基础。他叙述了山脉、平原和沿海低地的生活是如何与穿越欧洲和阿拉伯文明的海洋联系在一起的，并且强调海路是欧洲经济增长的关键。布罗代尔将欧洲视为三个地区：地中海、大陆和欧洲第二地中海；也就是说，北海和波罗的海，或者统称为北海。此后其他许多历史学家认识到，如果地中海沿岸拥有共同的文化，那么，其他海域也是如此，只不过，由于自然环境（例如海洋的封闭性或边缘性特征，以及海岸的可及性）和历史经验的原因，文化具有差异。像这样的历史学家所持观点的问题在于他们往往只列出某个海洋不同海岸文化的共同点，却不去比较区域系统的内外联系。

关于海洋在人类历史中的作用这个问题，其他处理方式强调了克服距离的问题。当然，这是关于大航海时代研究（约 1491—1750 年）

不是海洋，而是美国人看待事物的方式把我们同这个世界隔断开来。

亨利·米勒（Henry Miller，1891—1980）

的主题，但在更近一点的美国和欧洲关系史研究中也有共鸣，而最强有力的共鸣是关于澳大利亚史的研究，一直到关于处在“距离的障碍”——意思是任何海外旅行即便不是数月的海上之旅，也需要数周——之下的全球航空公司时代的研究。

在现代运输系统之前的时代，海上运输一般比陆路运输更便宜，但速度不快。船舶运输有许多自然的和不可预测的限制。延误数周的情况常常发生，原因是不利的风向，并且，尽管有些船长因为对当地水域了如指掌而日夜航行，但大多数只敢在白天航行。船舶实际行驶距离的计算表明，尽管有时候拥有好的风向，使船舶的速度达到每小时 10 海里（每小时 18 公里），整个行程下来，包括花在等待锚泊的时间，花在海上的平均速度很少超过每小时 1 海里 ~2 海里（1.85 公里 ~3.7 公里）。因此，每天航行的距离达到 45 公里 ~90 公里。这个计算结果与陆地上的实际行驶距离一致。然而，一货车的装载量通常只是包含 12~18 桶谷物或鱼，而即使是小型的货船也可能装载比前者更多倍的货物。一艘典型的 200 吨位的船最多只需要 10 个船员。因此，就货船来说，人与吨位的比例是 1:20；就货车来说，人与载重吨位的比例是 1:1，而每天行进的距离却是相同的。因此，沿海城市的市场从海上获得供应与从内陆获得供应形成了一定的竞争。最近一项关于中世纪英格兰的研究显示，海运、河运和陆路运输的成本比率为 1:4:8。因为陆路运输的效率并没有随着农业等其他行业生产率的提高而提高，所以，直到 18 世纪，陆路运输成本相对其他成本在增加。

海洋并不必然以同样的方式刺激文化驱动力，例如审美、饮食或宗教偏见。信息传播和文化驱动力与大批量货物的运输速率并无关系，而是更依赖于个体的旅行模式，最常见的方式是步行和骑马。虽然内海和边缘海往往可能拥有发达的贸易和运输基础设施，但文化关系不一定能反映这些，而实际上可能会表现出相当不同的交流模式。虽然如此，在航海时代，大致从1500—1850年，世界许多地方的海域起了决定性的作用。内海或边缘海的沿海地带聚集了非同寻常的海洋资本和劳动力，这就使在这一区域发展出一种独特的海洋文化成为可能。这种聚集的基础通常是用于造船的木材的可利用性，虽说森林的匮乏并不妨碍某些地区崛起为海上强大的力量。

19世纪的工业运输革命大大促进了长途甚至全球旅行，但它削弱了区域运输经济的重要性。公路、铁路和蒸汽船的改善创造出比以往能够提供更多商品的世界市场，地区市场让位给了全球市场。大多数小的沿海群落无法筹集到所需的资金去参与全球运输市场，因此沿海地区的景观从一系列人类定居点转变成集中海洋资本的一些港口城镇。因此，在工业时代，海洋的区域性时期结束了。

港口城镇是海上运输系统的枢纽。第一个发达的港口城镇出现在3000年前的地中海。一个港口城镇可能有自己的护卫舰队，这种城镇的关键特征是，它是内陆和海洋贸易的集散地。因此，港口城镇倾向于利用自然优势，例如多种方式运输的便利（陆上、河流与海洋运输）、通往生产腹地和市场的渠道的畅通，以及控制航道的战略优势。港口城镇成为一个国家的经济动脉，因此，自古以来，为财政和军事的目的，港口城镇都受到了强力管控。它们偶尔获得完整的或部分的主权，像意大利的城邦和汉萨同盟的城镇；或是统治过一个领土主权国家，例如16至18世纪的尼德兰，但它们大多时候是被更为强大的领土主权国家控制。在19世纪，随着航运需求的增长，港口城镇需要更多的劳动力，其人口也就随之变得稠密起来。这些城镇本身是沿着顺岸式码头和堤岸式码头蔓延开来的，也因此变成了笨拙的实体，拥挤不堪且污染严重。然而，在19世纪下半叶，燃煤蒸汽轮船运输的传播使得严格按照时间表成为可能，且意义重大。因此，沿海地区出现

约翰逊海链（Johnson Sea-Link，JSL）四人潜水器配备了各种各样的工具，使科学家能够用于收集海底样本。它通常每天两次从港务海洋学研究所（Harbor Branch Oceanographic Institution）的研究船“西沃华·约翰逊号”发出。北卡罗来纳大陆坡。利兹·贝尔德（Liz Baird）拍摄，北卡罗来纳自然科学博物馆。来源：2004年探索，边缘的生命：NOAA海洋勘探办公室。

为汽船服务的新的基础设施，像煤仓港口和专用的堤岸码头。只要海洋边缘地区没有建设煤仓港口，风力帆船就仍然不会被蒸汽船取代。但最终蒸汽船占领了越来越多的海上航线，以至于到20世纪早期，驶往澳大利亚的缓慢的帆船水手最后不得不屈服。

到那时，柴油发动机也正在被引进；到20世纪50年代，煤炭几乎被弃用。就在那时，客轮在跨洋客运的地位被航空取代。但是，在这个货物运输的新时代，得到的补偿远多于船主的损失。在20世纪上半叶，船只被设计成能够提供最佳的货运服务，而且在港口能够更迅速地掉头。阿根廷肉类工业和加那利群岛香蕉贸易需要冷藏船，而石油工业则催生油轮。到20世纪60年代，一场设计革命开始了，多用途集装箱得到应用，这是一种可以冷藏甚至可以改装的金属箱，符合标准尺寸，因此便于在船上存放。集装箱轮船成了贸易全球化的交通工具，此时的贸易切断了原材料、加工、包装和消费之间的关联。

为了实现最优化的处理，将曾经繁盛一时的海洋港口体系简化为几个世界港口体系，这些港口是一些大型集装箱航线的枢纽。为这一体系提供服务的是一些次级港口的支线和大量货车运输服务，这些服务确保将每一个集装箱送达其最终目的地。

全球化的集装箱体系对环境造成的影响是巨大的。虽然这一体系无疑带来了经济体系的合理化，但是，这有赖于丰富而廉价的能源，从而产生边际成本。例如，来自东南亚的虎皮虾在最终被消费之前（比如在一家巴黎餐厅被消费），首先被运往摩洛哥，由当地的廉价劳动力去皮，再被运往德国包装，成本不断增加。

海洋法与海洋列强

大洋和海洋长期以来一直受法律管辖。荷兰律师、历史学家和神学家雨果·格劳秀斯（Hugo Grotius）在他1609年的著作《海洋自由论》（*Mare Liberum*）中确立了国际海洋法的首要原则。他注意到，海洋是取之不尽、用之不竭的共同财产，应向所有人开放。这些原则在理论上得到了所有主要欧洲海军国家的遵守，并最终作为利用所有海洋的指导原则。大多数国家声称对领海或沿海水域拥有主权，但商业船只被允许自由通行。这项原则最重要的例外是丹麦海峡，它是北海和波罗的海之间的通道。直到国际条约修订之后，丹麦政府在 1857 年取消了海峡通行费，并放弃了检查权。大炮的射程最初决定了领海的宽度，但在 19 世纪，3 海里（5.5 公里）的限制逐渐被接受，并写进了国际条约中。第二次世界大战后，美国总统哈里·杜鲁门声称美国在北美大陆架上比日本具有更广泛的经济权益，而智利和秘鲁则宣称，他们在离海岸 200 海里（370 公里）的专属渔区内比美国金枪鱼渔民拥有更多的权益。冰岛紧随其后，很快即声称把英国渔民排除在冰岛的水域之外。这些主张的主要经济动机是石油和渔业。1958 年，联合国召开了第一次国际海洋法会议，就海洋法问题达成了新的共识。会议将领海范围扩大到 12 海里（22 公里），但此举未能解决问题。1960 年的第二次会议进展甚微。20 世纪 60 年代和 70 年代，形势发生了戏剧性的变化。鱼类资源的供应是有限的，而且其枯竭趋势越来越普遍，这一事实变得愈加明显。试图通过国际机构管理资源被证明在很大程度上是无效的。许多沿海国家，无论是发达国家还是发展中国家，都日益感到来自其海岸外的远海国家的庞大舰队的威胁。与此同时，关于深海床中的矿产资源控制问题，发展中国家日益要求对海洋财富进行更加公平的分配。第三次国际会议从 1974 年持续到 1982 年，产生了一项得到国际承认的公约。主要创新之处在于宣布沿海国家拥有 200 海里的"专属经济区"（EEZ）的权利，沿海国家对专属区内所有矿物和生物资源拥有所有权。该公约由 157 个国家签署，但美国、英国和德国对海底矿物资源的规定有异议。专属经济区代表了自 19 世纪殖民主义以来，关于领土管辖权的最大重新分配。

选择 200 海里作为管辖权的一个界限，与生态系统无关，或者实际上与矿产资源的分布亦无关，只是国际协商的结果。无论公约有何缺陷，它还是为沿海国家提供了管理自己区域内资源的权力。专属经济区的短暂历史表明，除了维护既定的国家经济利益以外，它们也可能被用来推动自然资源保护的利益。

管理与保护

然而，海洋法只是为有关大洋与海洋事务的国际监管提供一个广泛的框架。民族国家已经制定了影响海洋的复杂政策和制度。在最近几年里，针对海洋环境的两项政策已经形成：滨海 ICZM（一体化区域管理）与 MPA（海洋保护区）。解决流域、沿海开发、海床利用等问题的具体政策，就其本质而言，当它们试图管理、保护和开发海洋环境的时候，未能彻底解决人们所面临的一系列挑战。这就是发展滨海一体化区域管理的理由。自从 20 世纪 80 年代以来，ICZM 已经发展为一种管理沿海和近海的交叉政策，但在大多数国家，这一政策的实施程度有限。海洋保护区在世界各地被要求建立起来，作为限制人类进入的区域，从而保护海洋栖息地。珊瑚礁、脆弱产卵区和海洋生物多样性的濒危区往往被选择为海洋保护区，但截至 2000 年，哪怕是有限的限制，也仅有大约 1% 的海洋区域受到保护。在世界大多数地区，大洋与海洋仍受到开放利用和不受限制的人类活动的影响，海底世界仍然是最后的边界，在很大程度上未被人类探索。

保罗·霍尔姆（Paul Holm）
都柏林圣三一学院（Trinity College Dublin）

进一步阅读

Anand, R. P. (1982). *Origin and Development of the Law of the Sea: History of International Law Revisited*. The Hague, The Netherlands: Nijhoff.

Borgese, E. M. (1998). *The Oceanic Circle: Governing the Seas As a Global Resource*. New York: United Nations Publications.

Braudel, F. (1996). *The Mediterranean and the Mediterranean World in the Age of Philip II*. Berkeley and Los Angeles: University of California Press.

Carlton, J. T., Geller, J.B., Reaka-Kudla, M.L., & Norse, E. (1999). Historical extinctions in the sea. *Annual Review of Ecology and Systematics*, 30, 515~538.

Chaudhuri, K. N. (1985). *Trade and Civilisation in the Indian Ocean: An Economic History from the Rise of Islam to 1750*. Cambridge, U.K.: Cambridge University Press.

Chaudhuri, K. N. (1990). *Asia Before Europe: Economy and Civilisation of the Indian Ocean from the Rise of Islam to 1750*. Cambridge, U.K.: Cambridge University Press.

Cicin-Sain, B., & Knecht, R. (1998). *Integrated Coastal and Ocean Management: Concepts and Practices*. Washington, DC: Island Press.

Day, T. (1999). *Oceans*. Chicago: Fitzroy Dearborn Publishers.

Garrison, T. (1995). *Oceanography: An Invitation to Marine Science* (2nd ed.). Belmont, CA: Wadsworth Publishing.

Horden, P., & Purcell, N. (2000). *The Corrupting Sea: A study of Mediterranean History*. Oxford, U.K.: Oxford University Press.

Houde, E., & Brink, K. H. (2001). *Marine Protected Areas: Tools for Sustaining Ocean Ecosystems*. Washington, DC: National Academy Press.

Masschaele, J. (1993). Transport costs in medieval England. *Economic History Review*, 46, 266~279.

McPherson, K. (1993). *The Indian Ocean: A history of People and the Sea*. Mumbai (Bombay), India: Oxford University Press.

Mills, E. L. (1989). *Biological Oceanography: An Early History, 1870-1960*. Ithaca, NY: Cornell University Press.

Reid, A. (1993). *Southeast Asia in the Age of Commerce, 1450–1680*. New Haven, CT: Yale University Press.

Roding, J., & van Voss, L. H. (Eds.). (1996). *The North Sea and Culture (1550–1800)*. Hilversum, The Netherlands: Verloren Press.

Thorne-Miller, B., & Earle, S. A. (1998). *The Living Ocean: Understanding and Protecting Marine Biodiversity* (2nd ed.). Washington, DC: Island Press.

人口与环境

历史上的诸多例子揭示出的简单公式——更多的人口等于更多的环境破坏，也不是放之四海而皆准的。当然，在大多数情况下，人口增长的确加速了环境变化，而且还会继续如此。自20世纪中叶以来，随着人口增长率接近最高值，人口增长与环境之间的关系已成为公众和学术争论的话题。

与普遍的看法相反，人口与环境之间的关系，绝非想象的那么简单。在过去的半个世纪里，随着人们越来越多地关注环境恶化问题，人们普遍的观点，往往倾向于强调简单而又吸引人的等式：人口越多就等于环境恶化越严重。虽然在很多情况下的确如此，但这并非一成不变。学者花费大量精力试图梳理人口与环境的关系，不过成果有限。公众和学术界对人口与环境关系的争论已有50年，因其中涉及的原则，它至今仍然是一个高度政治化的问题。

人口的历史

对于某一特定领土内人口数量的统计，在古代就有尝试。第一次对整个国家组织（托斯卡纳）进行人口普查是在1427年。而合理可靠的人口普查大约从1800年开始出现，世界大部分地区则要到约1950

年后才有。因此，重建整个人口的历史不可避免地涉及海量的推测和有一定事实依据的估计。尽管意见不一，但对总体发展轨迹还是有着显著的共识。（见表1）

表1：全球人口估计

时期	人口（百万）
公元前30万年	1
公元前1万年	4
公元前1000年	50
公元1年	200
公元500年	200
1000年	270
1200年	380
1400年	370
1600年	550
1800年	920
1900年	1625
2000年	6000

来源：（科恩，1995年，附录2）

虽然目前还不清楚人类到底是什么时候成为人类的，但人类在形成的时候数量很少。而且作为狩猎—采集者，他们一直居无定所。携带多个小孩是个很沉重的负担，所以早期人类通过延长母乳喂养（降低女性的生育能力）来抑制生育，还可能通过杀婴和弃婴的方式来抑制人口增长。不管怎样，按照今天的标准，人口增长速度极其缓慢，但应该理解的是，今天的标准本身也是异常的：在人类历史的大部分时间里，人口净增长接近于零，人口数量的下降几乎与增长一样多。

随着粮食生产方式的转变和更多的定居生活方式的出现，制约人口增长的主要因素和携带小孩转移的困难，均得以缓解。农业起源于

卢克索（Luxor）西岸纳克特墓（Tomb of Nakht）中的壁画，绘有古埃及农业的方方面面。

大约1万年前，当时地球上有400万人（严格来说是200万至2000万人）。在亚洲西南部和美洲热带低地，在农业首先生根发芽的地方，人口增长有所加快。出生率攀升，虽然死亡率最终也是上升，但是并没有追上出生率。死亡率最后之所以会上升，是因为农业社会出现了新的疾病，其中大多数是从猪、牛和骆驼等畜群身上传染而来的。疾病能很快致人死亡，尤其对年幼的儿童来说。拥挤导致此类疾病快速传播，并且滋生出另一些疾病，在那些生活在自己的排泄物周围的人类中繁衍。

而后农业逐渐遍布地球上大部分的宜居区域，大多数人口生活在农村社会，村落成了社会核心。尤其是在埃及、南亚和东亚，灌溉带来更高产的农业，并供养更密集的人群。到公元前 3500 年，城市开始出现，首先是在美索不达米亚。农业生产率的变量极多，取决于土壤、作物、工具和其他因素，但一般来说，农业可以供养人口密度相当于狩猎—采集所供养的人口数量的 10 倍。由于这个和其他原因，农业社会相对快速地扩散开来，取代了人口数量较少的狩猎—采集部落。

在农耕社会中，5 岁左右的孩子就可以进行有用的劳动，比如养鸡或在园林里锄草。人类不需要不停迁移，因此儿童更被视为经济资产，而不是负担，因此，除了在土地稀缺的情况下（甚至有时在此种情况下），人们倾向于很早就结婚，并生很多孩子。生育率（在这里是以粗出生率的形式呈现）达到约每年 50‰的水平（约为美国当前出生率的 4 倍），虽然 35‰~40‰的比率可能更为典型。即便如此，生殖旺盛也仅仅勉强与疾病和饥荒造成的损失持平，疾病和饥荒都会时不时到达灾难性的程度，把人口增长减少到丰年之前的水平。在广义上，这就是农耕社会时期的人口体系，是人类至少从公元前 3000 年到公元 1800 年的大多数经历。

在此期间，人口增长速度远快于前农业时期，但与今天的增长速度相比仍然很慢。有时，人口数量会减少。在本地和区域范围内，流行病和饥荒会相当有规律地造成人口减少的灾难，通常每代人至少出现一次或两次。在全球范围内，至少有两次重大灾难，其中每次都可能导致全球人口下降（尽管限于数据不足，尚不能完全有把握地这么说）。第一次大流行病出现在 14 世纪，被称为黑死病，可能是由腺鼠疫的传播引起的，它遍及亚洲、欧洲、北非的大部分地区，以及撒哈拉以南的非洲的部分地区。它造成欧洲、埃及和亚洲西南部大概 1/4 或 1/3 的人口减少，全球则大概是 1/7 或 1/10。在欧洲，过了 150 年，人口才从瘟疫的破坏中恢复过来。第二大灾难是在克里斯托弗·哥伦布和其他探险家发现美洲之后，美洲人口因遭受欧亚大陆和非洲疾病影响而造成的损失。1500—1650 年，人口损失估计为 50%~90%。由于没有关于前哥伦比亚时期美洲人口规模的良好数据，因此无法得知

墨西哥城鸟瞰图。城市蔓延是人口增长的直接结果。阿多尔芬拍摄。

这场灾难的全球影响有多大。它可能降低全球总人口，或者更有可能的是，因为欧亚大陆和非洲的人口远远多于美洲，总体的影响是抑制了世界人口的增长，但并未出现人口的负增长。

加速增长

在18世纪期间，人口开始出现了到现在还在持续的惊人增长。在世界的几个地区，流行病和饥荒开始消退，死亡率下降。其背后的原因仍然不确定，当然，病原体（疾病病原体）与其人类宿主的生态调控无疑是其中一部分，粮食供应和饥荒管理的改善无疑也是其中的原因。在一些地方，出生率也略有上升。在19世纪，世界人口几乎翻了一番，然后在20世纪，死亡率突降，人口增长了将近四倍。卫生环境的改善、疫苗和抗生素降低了疾病造成的损失，更为高效的农业则大大地增加了粮食供应。截至19世纪90年代，有些欧洲家庭有意识地限制出生人数。这种面对人口增长出现的反应，稍后出现在世界其他大部分地区，而且反应速度更快。无论何时何地出现出生率下降的情况，则人口增长速度放缓；而无论何时何地出生率仍保持强劲增长势头，则人口增长速度加快，就如 1950 年之后的非洲、中美洲以及南亚和西南亚部分地区。从全球来看，增长率在 1970 年左右达到高峰，大约为每年 2.1%，而且每隔 12 到 15 年，人口就增加 10 亿。到 2009 年，年增长率已经下降到每年 1.1%，即每年增加约 7300 万人。人口统计学家现在预计，到 2050 年左右，世界人口将达到 90 或 100 亿。

在人类历史的大部分时间内，大约 3/4 的人类居住在欧亚大陆。至今依然如此，不过生活在美洲的人口比例在 1750 年后急剧上升，而在 1950 年以后，居住在非洲的人口比例出现猛增。（见表 2）

表 2　1750—2000 年区域人口（百万）

	1750	1800	1850	1900	1950	2000
亚洲	480	602	749	937	1386	3766
欧洲	140	187	266	401	576	728
非洲	95	90	95	120	206	840
北美洲	1	6	26	81	167	319
中南美洲	11	19	33	63	162	531
澳大利亚和大洋洲	2	2	2	6	13	32

来源：麦克尼尔（2000 年，第 271 页）

人口政策

至少自公元前 1600 年以来，人们就对地球上的人类过于稠密表示担忧。不过，直到最近，此类担忧已经几乎没有了。政治当局在给予人口任何根本性考虑时，一般都认为，境内的人口越多越好。所有主要的宗教也都支持人口增长。这并不奇怪：直到最近的250年间，生存极不稳定，所以最大限度地提高出生率，应对灾难，通常是种明智的保险政策。但在20世纪中后期，一些政府对此开始有十分不同的看法。印度和中国，迄今为止是世界上人口最多的两个国家，他们致力于人口控制。在中国，严格的限制使1978—2009年的人口减少了3亿（2009年为13.3亿人）。20世纪的其他国家，特别是欧洲国家试图提高出生率，但是收效甚微。

人口与环境

在任何时间和任何地点，人口与环境之间都是一种相互影响的关系。环境状况会影响人口发展轨迹，人口增长（或下降）反过来也会影响环境。

历史上，对人口影响最大的环境状况是气候、疾病和农业。主要的气候变化，例如冰期的消长，通过改变地球上宜居地区的面积，以及通过改变没有被冰覆盖地区的生物生产力而深刻地影响人口的数量。上一次冰期的开始可能导致人口数量下降，而其结束则促使了人口的增长。从一万年前的上一个冰期结束以来，气候变化对全球人口规模的决定性影响并不大。

如前所述，无论何时何地人们开始从事耕种，特别是定居耕种，尤其是涉及驯养动物，则疾病对人类的影响就明显加重。在热带地区，除了高海拔地区，维持密集的定居人口是困难的，这是因为温暖环境滋生更多疾病有机体。城市的出现也创造了致命性疾病的环境，主要是因为人们住得很近，每天都在传染疾病，并且也因为很少有城市能充分处理垃圾。所以，一般而言，城市可能总是难免会成为人类的黑洞，只能通过从更健康的乡村移民来维持。这种情况一直持续到19世纪末，而在许多国家则一直持续到20世纪中叶。最终，主要是1880年以后科学卫生的出现，城市逐渐变得比农村更健康，其人口增长的重大历史性制约因素——城市生活的致命性——得以消除。

通过影响食品供应，农业状况的变化也有助于调节人口数量。正如所指出的那样，灌溉农业比降雨农业能供养更多的人口。不过，灌溉往往会造成土壤盐碱化（盐类的集聚，对植物生长有害），盐碱化持续几百年就可能会破坏农田。像美索不达米亚那样，环境退化可能是公元前 1900 年左右、公元前 1375 年左右和公元前 1250 年之前出现的人口减少的原因之一。几个世纪以来，甚至在几十年的时间里，水土流失也可能大大降低农业用地的生产力，如果没有通过其他途径进行补救的话，就可能会导致人口下降。虽然就全球水平而言，盐碱化和水土流失对人口的影响并不显著，但是却很容易对当地和某区域的人口造成严重影响。

农业状况中一个更近的变化是绿色革命，它已经在各个方面上产生了影响。自 20 世纪 50 年代以来，农学家（负责农田作物生产和土壤管理的农业科学家）培育出世界上大部分主要粮食作物的新品种后，

伐木、森林砍伐和土地开发所造成的栖息地转变，给许多物种带来了更大的压力。

同时也使这些品种依赖于大剂量化肥和适时灌溉的水量，作物病虫害抗性更强，并且更适宜于使用机器收割。结果，现代化学农业作物产量翻了一番，接着又翻了两番。2000 年，其全球效应是增加了约 1/3 的世界粮食供应，这是当代世界人口激增的一个重要原因。

人口增长或下降也会影响环境。其影响有多大，取决于许多因素，包括增长率、现有人口密度、生态系统的恢复能力和稳定性、可用的技术，以及人们选择环境（笼统的术语）的哪一个方面进行衡量。例如，世界范围内核废物的数量，与人口增长水平或者说增长率的关系很小，与技术和政治却息息相关。相反，城市蔓延则直接是由人口增长导致的（虽然其中也还有其他因素）。

在初始人口水平为零或者非常低，其增长率较为强劲，且掌握强大的变革性技术的情况下，人口增长对环境所造成的破坏可能是最大的。新西兰的历史就是一个恰当的例子。新西兰长期与外界影响隔绝，数百万年没有人类，是白垩纪时期物种的避难之地。人们最早在公元 1300 年左右（也许早在公元 1000 年）到达这里，起初可能只有很少的人。但是，新西兰的原住民毛利人在他们所猎杀的海豹、软体动物和大型不能飞的鸟类（恐鸟）中发现了非常丰富的资源。毛利人烧毁森林，为其所猎杀的生物提供更好的饲料，并腾出空地种植作物。在几个世纪的时间里，毛利人将恐鸟和其他一些物种逼向灭绝，并将新西兰的森林覆盖面积减少了大约 1/3 或 1/2。在人类初步定居之后，类似的剧变也出现在其他一些孤岛上，比如马达加斯加（约公元 400 年）和冰岛（约公元 870 年）。尽管人类在澳大利亚（大约 6 万年前）和美洲（大约 15 000 年前）的定居可能导致——虽然是多数人的观点，但绝非共识——无数大型和中型哺乳动物的灭绝，但是，人类在前农业时代的最初定居所造成的影响或许并不是那么显著。即使没有掌握太多技术，仅凭矛与火，在进入某个没有与人类有过接触的环境时，人类被证明仍极具破坏性。

在掌握更强大的技术之后，人口增长可能会更具破坏性。1769 年以后，尤其是1840年以后，又有定居者来到新西兰，他们主要来自大不列颠。这些定居者有毛利人所没有的金属工具，他们放牧动物，并且最终还有蒸汽机和整套工业机器。在两个世纪的时间里，新西兰的人口从不到10万人增加到约300万人，而且几乎所有人都使用现代技术。新西兰所剩余的大部分森林植被和其他更多的本地物种（大部分是鸟类）都消失殆尽，而大部分景观（除了部分不适宜的极端地形）则成了牧场。当然，尽管人口增长至关重要，它并非是新西兰经历这种转型的唯一原因。同样至关重要的是海外市场存在对羊毛、羊肉和黄油的需求，这是新西兰畜牧业经济的支柱。

在需要繁重劳动来稳定某种环境的地方，人口增长所带来的破坏性最小。这个问题的最佳例证是水土流失。农民在斜坡上耕种时，不可避免地会有加速水土流失的风险，除非他们能够建造并维护梯田。但这是极其精耕细作的劳动。例如，在肯尼亚的马查科斯山区（Machakos Hills），20世纪早期农民的耕种导致了很高的土水流失率。他们没有足够的人口来承担繁重的梯田建设工作。但到20世纪60年代，人口增长改变了这一状况。农民建造并维护梯田，保持了他们耕种的土壤。山区梯田环境中人口密度的减少可能会加速水土流失，因为维护梯田的人口太少。这一情况发生在20世纪南部欧洲的山区，当地出生率下降，且年轻人外流。爪哇或中国南方无尽的梯田，如果没有稠密的人口，也会难以为继。

人口下降也会破坏其他景观的稳定性。例如在非洲东部，到19世纪，人们已经知道为防止昏睡病的发生，必须烧掉灌木丛（这样可以减少传播昏睡病的采采蝇的栖息地）。昏睡病对牛的杀伤力比对人大；这既是一个经济问题，也是一个健康问题。但是，管控灌木丛需要劳动力，当19世纪末和20世纪初致命的流行病暴发时，其带来的一个结果就是，人们难以控制其村庄周围的植被。因此，代价高昂的生态变化开始了：丛林越多，采采蝇就越多，昏睡病就越严重。这个例子，就像欧洲南部梯田的那个例子一样，在已被人类活动改造且差不多处于稳定状态的环境中，人口数量的下降会导致环境破坏。

这些例子说明，一个简单的公式（更多的人口等于更多的环境破坏）并不是放之四海而皆准。话虽如此，但在大多数情况下，人口增长会加速环境变化，而且会持续下去。在过去的半个世纪里，人口增长率达到最高值时，人口对环境的影响可能比以前更大（除了地方和区域性的例子，例如人类在新西兰的最初定居地）。自 1950 年以来，农田增加了 1/3，该过程就主要是由人口增长驱动的。道路和建筑用地增长的比例与人口大致相当，主要是因为人口增长。近来栖息地的变化，包括森林砍伐、农田、牧场和已开发土地的扩大，给许多物种施加了更大的压力，特别是在热带森林中。这种压力是现代历史中显著的环境变化之一，在某种程度上就是受到人口增长的影响，只不过这一影响具体有多大，很难详细说明。

人口增长也是现代历史上污染负荷增加的一个因素。例如，来自人类排泄物所造成的水污染等，人口增长在其中确实是一个很大的因素。但在另一些情况中，例如氯氟烃对平流层臭氧层的破坏，人口增长在其中的影响并不大，而技术变化（氟氯烃的发明）的影响更大。因此，在污染类型中，就像在总体的环境变化中一样，人口增长到底需要承担多大责任，会因情况不同而出现巨大差异。

未来，作为一个变量，人口在塑造环境变化过程中的重要性可能会下降。在一定程度上，这是因为过去一个世纪特别是过去半个世纪出现的人口增长的异常动向迟早会结束。不过，这也是因为技术作为人类与环境的中介，其影响会越来越突出，而且技术变化的步伐也丝毫没有放慢的可能。如果像许多人口统计学家假设的那样，全球人口在 2050 年之后稳定下来，本地和区域内的人口变化还会施加这样或那样的压力。这一点仍然是可能的，因为地球上已经有这么多人，新增加的 20 亿或 30 亿人口对环境造成的影响，要远比上一次新增加的 20 亿或 30 亿人口造成的影响大得多。也就是说，人口增长可能会产生非线性效应，如果超过阈值，将带来重大变化。观察家已经预测了 1000

年里人口增长带来的灾难性后果，不过最一致的（而且最可信的）是对最近 40 年的预测。这个预测目前还没有发生；如果发生的话，将会在未来的 50 年内发生。

J. R. 麦克尼尔
乔治敦大学

进一步阅读

Bogin, B. (2001). *The Growth of Humanity*. New York: Wiley-Liss.

Caldwell, J., & Schindlmayer, T. (2002). Historical population estimates: Unraveling the consensus. *Population and Development Review, 28*(2), 183~204.

Cipolla, C. (1962). *The Economic History of World Population*. Harmondsworth, U.K.: Penguin.

Cohen, J. (1995). *How Many People Can the Earth Support?* New York: Norton.

Demeny, P. (1990). Population. In B. L. Turner II, W.C. Clark, R.W. Kates. J.F. Richards, J.T. Matthews, & W.B. Meyer (Eds.), *The Earth as Transformed by Human Action*, 41~54. New York: Cambridge University Press.

Erickson, J. (1995). *The Human Volcano: Population Growth as Geologic Force*. New York: Facts on File.

Livi-Bacci, M. (2001). *A Concise History of World Population*. Malden, MA: Blackwell.

Lutz, W.; Prskawetz, A.; & Sanderson, W. C. (Eds.). (2002). Population and environment: Methods of analysis. *Population and Development Review, 28*, 1~250.

Penna, A. (2009). *The Human Footprint: A global Environmental History*. New York: Wiley-Blackwell.

Redman, C. (Ed.). (2004). *The Archeology of Global Change: The Impact of Humans on Their Environments*. Washington, D.C.: Smithsonian Press.

Ts'ui-jung, L.; Lee, J.; Reher, D. S.; Saito, O.; & Feng, W. (Eds.). (2001). *Asian Population History*. Oxford, U.K.: Oxford University Press.

Whitmore, T. M.; Turner, B. L.; Johnson, D. L.; Kates, R. W.; & Gottschang, T. R. (1990). Long-term population change. In B. L. Turner, W. C. Clark, R. W. Kates, J. F. Richards, J. T. Matthews, & W. B. Meyer (Eds.), *The Earth as Transformed by Human Cction*, 25~40. New York: Cambridge University Press.

人口增长

作为一个物种，人类已经表现出一种独特的环境适应能力，这使他们能够更好地利用周边环境中的资源。因此，在整个人类历史上，长时段的人口增长已经刺激了某些变化，但是，人口趋势本身也受技术创新、气候模式、国家行为和疾病传播的影响。

从大的时间尺度来看，人口增长是人类历史中最为显著的特征之一。在10万年前，地球上可能只有区区几万人。如今，地球上有60多亿人，并且遍及地球上的所有大陆（甚至在南极洲）。其他的大型动物也没有能够像人类这样成倍地繁衍（虽然被驯化的物种和跟随人类的迁徙者，从兔子到绵羊，从老鼠到蟑螂，可以说，在人类的带动下数量也成倍地增长）。因此，人口增长是人类历史的基本特征之一。人类以这种方式成倍增长，因为他们比其他动物更具有创新性。作为一个物种，人类已经展现出一种以各种创新性方式去适应环境的独特能力，从而使他们能够从周围环境中获取更多的能量和资源。这种生态创新能力的源头存在于人类文化之中，存在于人类代代相传的分享并因此保存、储存和积累已知知识的能力之中，这是人类独有的。人口增长也是这种能力的自然结果，因为不断地分享和积累知识使得人类能够找到利用其周边环境的新方法，因此，与其他物种不同，人类能够超越他们最初进化的环境很好地生存下来。随着时间的推移，人类已经学会改造他们所处的环境，以便更加有效地利用环境。由于他们独特的创新能力，人类已经成功地为不断增加的成员提供衣食住行的需求。

旧石器时代的迁徙和早期农业

即使在旧石器（食物采集）时代，人口也有显著的增长。尽管在这一时期，人口增长大体呈缓慢增长的态势，但人类迁移到新环境的能力增强了。早期人类可能来自非洲南部及东部的热带稀树草原地区，过去的一万年以前，人类一直以采集食物为生。但随着时间的推移，能够为人类所用的各种各样的食物采集方法明显增加。考古证据表明，甚至在10万年前，人类已经在探索新的生存环境，比如说干旱地区，或者海岸附近，或者热带雨林附近（麦克布雷蒂和布鲁克斯，2000年，第493~494页，第530页）。然后，自大约10万年前，人类开始从非洲大陆迁徙出来。他们出现在澳大利亚迥异的环境之中（可能自5万年前），然后是冰期的西伯利亚（可能是3万年前），最后是美洲（至

宾夕法尼亚州莱维敦鸟瞰图，大约1959年。无数的“莱维敦”在第二次世界大战后兴起（第一个产生于纽约的长岛），为“婴儿潮”中增加的人口提供住所。

少从 1.3 万年前）。虽然没有直接的证据，但我们可以确定的是，这一系列迁徙活动意味着人口总数的增加。即便每一个特定的族群依然很小，这一点仍然是可信的。故而，当时的人几乎不知道人类数量正在增加。

从大约 1 万年前开始，随着最后一个冰期的结束，农业族群开始出现在世界的不同地区。农业加速了人口增长。目前的估计表明，在 1 万年前，全球可能有 500 万到 1000 万人；在 5000 年前，有 5000 万人；而在 1000 年前，则有 2.5 亿人。农业以许多方式刺激人口的增长。游牧觅食者从特定区域增加产量的能力有限，因此，他们有充分的理由去控制小孩子的数量，因为他们太小，不会走路，也无法独自生存。同时，他们也限制从某一个特定区域获得食物的次数。现代人类学研究表明，食物采集者有许多方法限制人口增长，包括延长母乳喂养期，甚至杀婴。但是，农业人口通常是定居生活，所以生养年幼的孩子就没有那样的问题。此外，农业使得在特定的区域内增加粮食产量成为可能。因此，即使农户不迁移到新的土地上，也可能满足人口的增长。也许更重要的是，在大多数前现代农业族群中，对农户来说，生养众多孩子是非常重要的，因为这可以增加可用劳动力。在一个高死亡率的世界里（在前现代农业社会中，通常有多达 20% 的婴儿在出生后的第一年夭折，而在 5 岁之前死亡的孩子的比率达 30%），最大限度地让孩子活到成年的有效方式就是尽可能生养更多的孩子。这种行为以及农业社会中可用资源的增加，极大地保证了农业时代的人口增长速度比旧石器时代的人口增长速度快得多。

与在旧石器时代一样，人口增长导致移民现象的出现，农民的迁移有助于农业在世界范围内的传播。但迁徙并不是唯一的选择，农民与狩猎—采集者不同，他们可以建造更大的、更密集的固定村落。最终，这种类型的“集约化”导致足够大的社区的出现，并且复杂到足以称之为城市。在那时候，这种长期的人口增长趋势并不总是那么容易看到，因为当地的人口增长很容易被饥荒或流行病抵消。因此，对于当时的人来说，人口增长与衰退的周期比人口增长的长期趋势更显而易见。事实上，这些周期现象为现代人口学研究的奠基人托马斯·马尔萨斯提供了核心思想：人口增长总是会超过生产能力，因此，周期性的人口崩溃不可避免。

工业和科技创新

在过去的1000年里，人口数量再次加速增长，全球人口已从1000年前的2.5亿增加到200年前的9.5亿，到2010年是约68亿。在特定的情况下，人口的增长有许多具体的原因，不过，同样的是，对这一人口增长最为普遍的解释是，不断提高的创新率使得人类能够生产支持人口快速增长所需的食物和资源。在过去的两个世纪中，世界上许多地区的死亡率都下降了，部分原因是新作物的传播和人类基

2004年6月，中国一个拥挤的小区内一幢公寓的入口。随着中国城市人口的持续增长，多层公寓综合体取代了传统的胡同庭院。伯克希尔出版公司。

本卫生知识的提高。在20世纪，科学医学和抗生素的发明降低了全世界的人口死亡率。但是，尽管有这些进步，如果不是因为随工业革命而来的科技创新的爆发，人口也不可能持续地增长。工业革命为人类提供了能源、资源，以及为正在快速增长的现代人口提供衣食住行所需的技术。还有一些最重要的新技术，包括改良灌溉方式、人工化肥与杀虫剂的引进、农业中化石能源的使用，以及产量更高的新的主要粮食作物的培育，比如水稻和玉米等。同样重要的还有化石能源革命使得可供使用的能源大幅增加。

如今，我们可能正处于一个新的过渡时期，这通常被称为“人口过渡”。越来越多的迹象表明，在一些地区，超过一个世纪或两个世纪，随着人口死亡率的下降和人类变得更加富裕，城市化水平变得更高，受教育程度也变得更高，他们的孩子就越少。到2000年，在世界上更发达的国家，超过30个国家没有净人口增长。这一趋势似乎标志着系统的人口限制规则的回归，就像在旧石器时代那样。

人口增长作为一种历史力量

尽管人口增长是创新的结果，但它也以深刻的方式塑造着人类的历史。人口的规模和密度不仅会对创新的速度产生深远的影响，也会对社会结构、国家实力、疾病传播、商业繁荣和可用劳动力产生深远的影响。以下是人口增长在其中发挥重要作用的一些主要变化类型。

我们已经看到，通过导致局部人口过剩，人口增长可以刺激移民。这样的迁徙反过来又成为农业族群在世界各地扩散的主要原因之一。政治学家赖因·塔格佩拉（Rein Taagepera）的粗略计算表明，在农耕文明时期内，栖息地占地球面积（对以农业为主的地区的一个非常粗略的测算）从约5000年前的0.2%增长到2000年前的约13%，而在300年前可能是33%（克里斯蒂安，2004年，第305页）。虽然人口增长通常是农民迁移到新地区的主要诱因，但各国往往支持这种人口迁徙，因为国家自身的命运往往取决于国家所控制的纳税人口的规模。近几个世纪以来，这种国家支持下的人口迁徙类型尤其在俄罗斯、中国、西班牙和英国等国引人注目，它们支持将农民迁移到西伯利亚、亚洲、美洲以及大洋洲和太平洋岛屿的未开垦的土地上去。

人口增长一直是社会日趋复杂的主要原因之一。几乎没有证据表明人类族群的规模和复杂性有显著增加，直到旧石器时代晚期才有这种迹象。但是，随着农业的出现，人口密度开始增加，人类社会也开始发生显著变化。更大、更密集的人类社群不再通过非正式的亲属关系结构组织起来，这种关系结构在狩猎—采集族群中发挥良好作用，通过这种关系结构形成的大多数人类社群仅仅是由少量的人口组成的。一旦成百上千的人开始在村庄和城镇里聚居生活，新的社会协调方式就变得有必要，以便限制冲突、组织祭祀，以及开展集体活动，诸如防御外敌，或维护农业灌溉系统。最终，得到更多生产技术支持的更大的族群能够出现分工。不再是所有人都是农民；因此，手工业艺人必须通过市场购买他们所需的食品以及其他生活必需品，而这些市场不得不接受监管，并得到保护。城市也需要更为复杂的协调形式，管理垃圾收集、维护水质，以及进行防御。就某种程度而言，早期国家的出现就是为了接管在人口稠密社群中出现的新的组织任务；而他们的力量也反映在他们所统治并征税的大量的人口数量上。在过去的200年里，人口增长创造了新的甚至更为复杂的人类共同体，因此现代国家不得不采取新的管理方式和技术方法来管理、征税，以及协调数百万人的活动。总而言之，在人类历史上，不断增大的人口密度是社会复杂性的主要驱动因素之一。

在人类历史上，人口增长及其引发的人口迁徙也是导致生态恶化的主要原因之一。越来越多的证据表明，即使在旧石器时代，这也是事实，狩猎—采集族群使得对环境产生重大影响的技术得到发展。似乎人类的到来导致了许多大型动物的灭绝，特别是在澳大利亚、西伯利亚和美洲。在澳大利亚和美洲，所有体重超过44公斤的哺乳动物

中国 1986 年的独生子女政策宣传海报，周玉玮绘。说明文字为：“实行计划生育，贯彻基本国策。”丽斯 / 斯蒂芬 · R. 兰茨贝格尔收藏。

中，可能有 70%~80% 的动物在人类到来之后就灭绝了（克里斯蒂安，2004 年，第 200 页）。但是，在过去的一万年里，农耕村落的缓慢扩张也对环境产生了更为深刻的影响。尤其值得注意的是，农民们进入森林地带，导致树木被砍伐，他们所到之处，树木被砍伐殆尽，起初是权宜之计，而后成为永久的事实。人口过度增长和过度耕作偶尔会导致生产的地区性崩溃，甚至是整个地区的急剧衰退。在公元前第三个千年末期，主要以复杂的灌溉农业为生的美索不达尼亚人口突然崩溃。原因很可能是过度灌溉导致了土地盐碱化，这破坏了土壤的生产力。玛雅文明在公元 8 世纪末突然衰落可能也是由于对脆弱的自然环境进行过度开发导致的，这使得土地肥力陡然下降。

最后，尽管人口增长是人类不断创新的结果，但人口增长反过来又可以通过提供新市场和新激励点来提高生产力，并且人口数量增长有助于新思想的汇集。埃斯特·博塞拉普（Ester Boserup），一位以经济和农业发展理论而闻名的学者，在1981年坚定地支持这样一种观点，即人口增长能够刺激创新，尤其是在农业领域。然而，要明确的是此类观点不应被过度夸大，因为已经有太多的例子（有些例子上文已述及）表明当人口过剩时，并没有产生新的和更具生产力的技术，反而导致了社会、经济和人口结构的崩溃。在创新和人口增长之间似乎有一种反馈回路。但是，在这个反馈回路中，完全不清楚哪一边最强，答案也许因地而异。人口增长到底是变化的原因还是结果？理论家和政府在这个问题上一直存在分歧，时而主张采取措施支持人口增长，时而将人口过剩视为社会衰退的前奏。

关于工业革命的讨论显得尤为激烈。人口增长到底是创新产生的原因还是其结果？毫无疑问的是，在18世纪，世界的大部分地区人口增长迅速，或者说人口增长通过提供廉价劳动力和扩大食品及其他基本必需品的供应市场刺激创新。此外，在英国，不断增长的人口增加了对燃料的需求，这样使木材短缺问题突显，刺激了煤炭使用的增长，从而推动了基础创新（首要的是蒸汽机），导致化石燃料使用量增加。不过，也有可能争辩说，农耕产业和商业上的创新反过来又进一步促进人口增长。全球人口增长在一定程度上是欧亚大陆和美洲之间的作物、动物物种交换与人口迁徙共同作用的结果（尽管新旧大陆之间的疾病传播导致了美洲人口急剧下降）。这也表明，无论是在欧洲还是在其他地方，乡村地区生产与就业的新商业化方式的传播（前工业化）可能会使年轻夫妇在更早的年纪组建家庭，而在此之前，他们可能不得不等到拥有足够的可用土地，才会开始考虑组建新家庭和生育孩子。人口增长在某种程度上也是由于以新的方式耕种或开发的区域面积增加而导致的，无论是在主要国家还是在新近殖民的地区，通常得到政府的支持。所有这些因素——全球市场的出现、在国家支持下寻找新的资源，以及在乡村地区涌现出更多工业化生产方式——可能在现代早期刺激了人口增长。到了19世纪，工业革命本身也在以新的方式刺激人口增长。新的卫生形式降低了死亡率，人工化肥的使用增加了食物供应。最终，现代科学医学的发展和卫生知识的传播都极大地降低了世界各地的人口死亡率。

这一系列讨论表明，将诸如人口增长等影响历史变迁的因素单独检视，不管是不是必要的，这始终是有点人为使然的。“增长引擎”这一概念不过是一种粗浅的尝试，它试图阐明不同变化原因的相对重要性。在整个人类历史长河里，长时段的人口增长刺激了变革；但是，长期的人口趋势本身也受到技术创新、气候模式、国家行为和疾病传播的影响，处在一个复杂的反馈循环中，这些都需要一个又一个实例来加以分析。

大卫·克里斯蒂安
悉尼麦考瑞大学
首尔梨花女子大学

进一步阅读

Anderson, J. L (1991). *Explaining Long-term Economic Change.* Basingstoke, U.K.: Macmillan.

Boserup, E. (1981). *Population and Technological Change.* Oxford, U.K.: Blackwell.

Christian, D. (2004). *Maps of Time: An Introduction to Big History.* Berkeley: University of California Press.

Cohen, M. (1977). *The Food Crisis in Prehistory.* New Haven, CT: Yale University Press.

Cohen, M. (1989). *Health and the Rise of Civilization.* New Haven, CT: Yale University Press.

Livi-Bacci, M. (1992). *A Concise History of World Population.* Oxford, U.K.: Blackwell.

McBrearty, S., & Brooks, A. S. (2000). The revolution that wasn't: A new interpretation of the origin of modern human behavior. *Journal of Human Evolution, 39,* 453~563.

McEvedy, C., & Jones, R. (1978). *Atlas of World Population History.* Harmondsworth, U.K.: Penguin.

树木

树木的历史远比人类久远，而关树木的研究本身也是一个庞大的学科。本文着眼于千百年来人与树木的相互作用，将树木视为人类崇敬的对象、食物的来源和农业的障碍，以及其“行为”会被人类活动影响的野生物种。

树木大约进化于3.6亿年前，远在有史以来人类文化由于精神和美学的原因崇敬它们之前。然而，自旧石器时代的森林中最早的狩猎—采集者开始，人类活动便给森林和林地造成了威胁。如今最严重的威胁涉及所谓的病害与害虫在世界范围内的“混为一谈”。

人类之前的树木

树木是野生生物。它们远比人类存在的时间更久远。3.6亿多年前，在与人类接触之前，它们就已经按照自己多样化的生命轨迹进化了。目前树木的种类数以万计，各行其是。所有树木都与真菌形成共生关系，其中许多与蚂蚁、传粉昆虫和鸟类形成共生关系。不同品种的树林生长在从赤道到极地边缘的地区。有的生长在森林中，有的生长在稀树草原（零星生地长着树木的草地）上。有的供动物食用，有的味道不好或者有毒；进化过程中的动物相应地以各种方式依赖树木，从一头能够截断并吃光一棵大树的超级大象，到以树木的果实与种子为生的灵长类动物（人类的祖先）和鸟类。有的树木会燃烧并经受森林大火（许多树木依靠大火继续生存或繁衍）；其他的则不可燃烧。有的从种子生长出来，有的从根茎发芽生长出来。

在过去的200万年里，冰期的气候变化使世界上大部分地方无法生长树木，这干扰了树木逐渐变化和适应的进程。树木发现它们自己必须设法适应这个历史上的各种意外把它们强行推进去的环境。

农民之前的树木

接下来出现的是原始人（人类的其他类型），随后是人类这一物种本身。在非洲——人类起源之地，人类可能居住在稀树草原上，但是在几万年的时间里，他们开始既居住于森林里，也居住在寒冷或干燥的无树林地带。在这一阶段的人类——少数是狩猎—采集者——以四种方式与树木相互影响：

1. 树木的果实或其他产品可能形成人类饮食的一部分；因此，在中石器时代的英国，人们充分利用了榛树林里的坚果。

2. 人类发明了砍伐小树的工具，这些被砍下的小树被用作柴火，以及作为木制品的材料。（“石器时代”的名字是有误导性的，因为幸存下来的石器工具可能远比没有保存下来的木制品少。）到那时为止，与树木生长速率相比，所使用的树木数量微不足道。

3. 无论是稀树草原或者森林都是易燃的，人们在土地管理中使用火，以便操纵植被，以利于他们喜欢的动植物。

4. 早期人类可能是超级大象和其他“生物推土机”灭绝的罪魁祸首，这些动物在非洲以逐渐递减的方式幸存下来。反过来，这也利于树木的生长。

可以说，最后两个例子表现出人类已经（直到现在）对世界上的植被产生了极大的影响。旧石器时代和中石器时代的人是否以文化和精神的方式与树木相互影响，以及这种相互影响是否造成树木本身有什么不同，这一点难以言明。

金属时代前的树木

进一步的互动出现在过去的一万年里。在上一个冰期之后，树木重新在北半球国家出现，比如英国；传统上认为它们产生了一片绵延的“原生林”，事实上可能更像稀树草原，即有一些草地。之后，人们习得了新石器时代的农艺，并学会了饲养家畜和种植粮食，建造固定的房屋，还热衷于陶器、寺庙、墓地和所有定居文明的装饰品。这些是在世界各地分别出现的，然后逐渐传播开来，除澳大利亚外，几乎遍布全球。

在温带气候中，树木是农民的敌人，因为可耕作物不会在阴暗处生长。常见的家畜需要开阔的草地，只有少数生活在森林里：它们食用低矮的植被，而当这些植被吃完时，它们就会被饿死。故而，农耕在稀树草原或草地开始了，因为在森林中耕作需要投入大量的精力，挖掘树木并造田。在美洲定居的欧洲人记录下这些；同样的情况可能也发生在新石器时代的北欧，但那个历史时期的定居者没有可以使用的金属工具和省力设备。

在热带，情况稍微有点不同，因为一些热带庄稼生长在阴暗处，并且部分树木本身能够结出可食用的果实。所以，破坏森林并不是必需的，有时森林还是会变成果园，或者被开垦为稀树草原。

在这一阶段，如果不是更早的话，人们有一个重大的发现，一些树木被砍伐后仍能从树墩或树根中抽出新芽，长成的树干比原来的树干更有用。于是，林地管理产生了，最早的确切证据来自新石器时代英格兰的萨默塞特·莱弗尔（Somerset Levels），时间大约是在5000年前。人们能够（有困难地）砍伐森林巨树，但在强力的工具被发明之前，大部分种类的巨树只有一个用途——被做成独木舟。人口虽然

卡瓦利城堡的让-皮埃尔·霍尔（Jean-Pierre Houël），《百马栗树》（*The Chestnut Tree of One Hundred Horses*，1782 年），水粉画。这是世界上已知的最古老的栗树，位于埃特纳火山口 8 公里处。据说，当一位阿拉贡女王及与她同行的 100 名骑士在去火山旅行途中被雷雨天气困住时，这棵树庇护了他们。

自狩猎—采集时代以来已有增加，但仍然太少，以至于仅仅是砍伐树木的话，影响只局限在本地。

因此，定居者影响森林的特色方式开始了：

1. 挖掘树木，以便利用耕地。

2. 砍伐树木，以便获取木材或木料，或用于木工艺，或作为柴火（包括制作陶器的燃料）。

3. 管理保留林地，以便能够永久地保证得到一两个人就足以处理的小树木。

4. 消灭或减少大量野生食草动物。

5. 用家畜代替野生动物，数量往往多到足以阻止被砍伐树木的再生。

6. 在世界范围内迁移树种，例如培植苹果树，这是被古罗马人从其原产地哈萨克斯坦带到英国的。

新石器时代伊始，这些方式就在全球范围内扩散开来。据称，即使在史前时期，森林的减少足以对大气中二氧化碳的含量产生重要影响。然而，涉及的土地面积似乎太小，无法解释已知的二氧化碳异常现象——除非，或许这个等式需要把澳大利亚原住民和美洲原住民考虑进来，在他们所在的大洲，他们阻止了森林在大面积稀树草原中蔓延。

对树木的使用还有一种鲜为人知的方式，就是修剪树枝或者说捣碎树枝，也就是说，把树枝剪下来，为饲养的牲畜提供树叶。这起源于新石器时代，因为牛羊被带入缺少草地的森林地区。在世界上草生长期很短暂的地区，这种情况仍然存在。经过这样处理的树木通常寿命很长，并长成独特的形状。

洲际交流前的树木

到后来的史前时期，树木的用途倍增，特别是在那些发明了金属制品的文明中。青铜和铁使砍伐树木变得更加容易，也导致对冶炼和加工金属需要的燃料大大增加。古罗马人有大量需要使用燃料的活动——洗澡、制作砖瓦、制造玻璃，以及家庭供暖和制作一次性罐。人口的增长和技术的发展使对木材的需求成倍增长。不过，仅就本地而言，只凭人力砍伐树木的速度就足以超过树木再生的速度。为特殊目的运输和加工大树是可能的，例如，耶路撒冷所罗门神庙屋顶的木料。但这是一项罕见的成就：在大多数文明中，小到可以处理的树木才是日常使用的材料。

到史前时代的末期，人类几乎已经影响到世界上所有大陆的森林和稀树草原，至少是通过干涉树木和草食动物之间的关系，以及（在可适用的地方）通过改变火灾次数的方式。那些像地中海诸岛一样的岛屿，早已存在本土原生哺乳动物，大概没有受到人类定居地太多的影响；但是，特别具有毁灭性的是，后来人类将山羊和猪引入像圣赫勒拿岛（St. Helena）这样的海岛，那些海岛上的植被不适合任何种类的陆地动物。最后尚未与人类接触的大片地区是马达加斯加和新西兰，直到大约2000年前和800年前，才有人类到达这两个地方。到18世纪，世界上最后一片未受人类影响的“原始森林”可能在某些偏僻小岛上存在。

农业逐渐从亚洲西南部树木稀少的原生地传播到欧洲树木繁茂且更不适宜农业的地区。即便是现在，人们也不知道森林是如何转化为耕地的，对其原因也仍然所知甚少。虽然自新石器时代起，种植业在意大利就很发达，但是，即使在古罗马帝国时期，古罗马大城市的大部分粮食供给仍来自北非，而意大利则供应大部分的木材和燃料。

由于人口密度很高，英国遵循了一种明显不同寻常的模式。到铁器时代（公元前最后几个世纪），大部分原始森林已变成农田或荒地，同时，现代乡村的格局已经在形成。《末日审判书》（1085年，征服者威廉下令对英国13418个定居点进行的一项调查）给出了一份独特而详细的景观统计数据。在这份数据中，只有15%的土地是林地，比今天法国拥有的林地还少。这一数据仍在继续减少，到1349年时只有6%左右；这一年，黑死病终结了人口的增长。

林地保护可能源于维持小树持续供应的需要，然而，当木材具有稀缺性价值时（即现存的商品越少，其价值越大），林地保护得到进一步的推动。在英国，中世纪文献里提到的许多树林至今仍然存在；它们因其特殊的名字和形状、保护其边界的沟壑和堤岸、大面积的小矮木（被砍伐后而不断生长的树木）和不会蔓延到新近林地的特殊植物而被辨识出来。

树木也生长在树篱和其他非林地的环境中，以提供木料和灌木。果园培植从古罗马时代开始在欧洲发展，并在其他大洲独立出现。

木材的跨国贸易——都是如克里特岛的柏树这种珍贵的木材，以及普通木材——在中世纪变得十分重要。英国、荷兰和西班牙对波罗

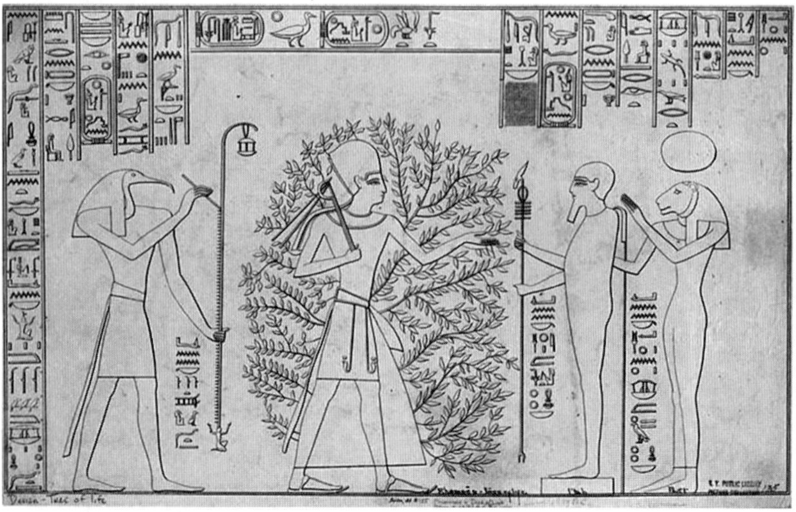

《拉美西斯与生命之树》(*Ramses and the Tree of Life*)，一幅 19 世纪的插图，描绘了大约公元前 1330 年的一幅埃及壁画。纽约公共图书馆。

的海松树和橡树的需求量大幅增加：不仅因为他们自己的林地不能满足需要，还因为出口国拥有发达的加工树木的设备和技术。

为开辟农田和牧场而破坏森林的过程不是单向的。如果不受影响，树木很容易生长。每当土地因瘟疫或奴隶交易而被抛弃，或者因为人们发现了更容易谋生的方法，树林就会恢复，或者稀树草原将会变成森林。因此，在英国，中世纪的许多树木茂盛的地区都有史前时期或古罗马时期的农场、定居点和碑石等遗迹。

树木的文化与精神品质

人种学家描述了人与树木之间不同于生理功能的各种各样的关系，从外在的灵性（一棵树就像是一位神的家）到纯粹的美学（在一座正式的园林里，一棵树呈现出“丰富的色彩”）。

崇敬和热爱树木是广义上不同的人类文化的特征，但是除非有书面记录，否则在很大程度上缺少时间维度。树木扮演的确切角色往往是不明确的，因为对另一种文明一知半解（或抱有敌意）的旅行者常常是记录相关信息的人。在巨石阵或吴哥窟的古老设计中，树木是否在其中扮演着何种角色，很难说清楚，除非树木本身幸存了下来。考古学家很少在古遗址的废墟中发现或记录到幸存的树木。

某个树种常被奉为诸小神的家，就如古罗马城的圣树，或如古代和现代日本神道教不可胜数的圣树（有许多种类）一样。与此相反，特定树种的全部树木，或一般意义上的大树，都可能被崇拜。许多宗教都有圣林，在寺庙和圣殿周围，或者在其中举行仪式和庆典。特殊的树种可能在庆典中扮演一定的角色，比如月桂树之于古罗马的凯旋仪式，冬青树之于圣诞节，棕榈树（或者北方地区棕榈树的某种代替物）之于基督教的棕榈主日。

一神论的宗教颂扬特定的圣树，至少是非正式的。犹太人、穆斯林和基督徒崇敬在巴勒斯坦希伯伦的“亚伯拉罕的橡树”。英国也有其古教堂庭院的紫杉树，一些树可追溯至基督教早期时代。在威尔士，古老的紫杉树与公元后第一个千年的圣人隐士有关。

在公园或园林里的树木——除了水果树——是许多文化的一种象征。古希腊的圣林，像现代日本的那些佛教寺庙和神道教圣殿，类别包括从天然林地到正式园林。古罗马人建立了世俗公园并在其中植树，也保护了已有的树木。对于其他重要的文化，其应用范围有多广，由于没有文字记录，就很难说了。

城市树木的差别很大。中世纪的大多数城镇和城市很小且异常拥挤，很难为许多树木留有空间，只有城市里的圣地或河滩有树木。从18世纪起，随着城镇的规划越来越呈现放射风格，城市树木成为一个常见的特征，正因为如此，当今欧美许多城市中的树木比周边乡村的树木更多。

欣赏古老而独特的树种，广泛存在于人类文明之中，但这并不普遍。在英国，古树被保存下来，给某个乡间住宅公园一种体面的古风：

这种崇拜在20世纪中期逐渐消退，但此后由于人们重新对“古树”产生兴趣而复兴。名贵的古树出现在地中海，尤其是橄榄树和栗子树。在日本，古树被尊为历代天皇的纪念物，即便它们去世也依然被保护着，而且在微型盆景工艺中被仿制。大多数古树都是栽培活动的遗存，例如修剪或果园栽培。

在很多文化中，树木也具有医学和魔法用途，虽然适用范围不比其他植物更广。众所周知的例子是奎宁树皮作为一种治疗疟疾的方法，或者还有英国博物学家吉尔伯特·怀特（Gilbert White）关于“鼩鼱梣树”的说法，这是一种用来治疗牛的疾病的树木，据说由鼩鼱在牛的身上跑过而致病。

机器时代的树木

17世纪至20世纪，技术进一步发展。许多发明在中世纪时是以小规模的形式出现的，如今却在更广的范围内被使用，而且被应用到全球偏远地区的树林。

地理大发现与殖民活动使欧洲的农耕方式在其他大洲扩散。通过破坏森林和稀树草原获得农田，在欧洲已经经历了数千年，而在美洲和澳大利亚则被压缩成数十年。即使到了20世纪，仍有大量抡着斧头的人和耕牛在做这样的事情，紧随其后的是特别的“跃障”耕地机器。

树林在其他国家增加了，尤其在那些土地太贫瘠或太陡峭的地方，以至于无法使用机械耕地。北美洲东部地区在19世纪时，地中海地区在20世纪时，有大片土地已经恢复为森林。

早期的造船业对林地产生过局部影响。但是，随着船只越来越大，并且越来越多，它们驶往遥远的大陆，而且在热带水域中要很长时间才会腐烂。当欧洲海军热衷于军备竞赛时，木材造船业增长，一直持续了很短的时间（1800—1860年）。这给欧洲林地带来了重大影响，甚至还影响到了热带森林。

19 世纪，随着北美的松树和热带阔叶树在欧洲被广泛使用，国际贸易转变为洲际贸易。人们改进了采伐和加工大树的技术。作为中世纪的又一个发明，锯木厂此时变得更为普遍、规模更大，直到（借助于铁路）最终在拥有巨树的雨林里找到用武之地。其中，代表技术性胜利的是美国太平洋沿岸、澳大利亚西南部及更多可达到的热带地区的巨树变成了铁路枕木、栅栏桩和铺地块料。

林场——或者提供木材的林地——在中世纪由德国人发明，并且在日本独立产生。从那时起，为具体用途而种植树木（在理论上）是可能的——假设当树木长成时，那样的用途仍然存在。在干旱的国家，人们已数次尝试大规模植树造林，并坚信这会阻止沙漠的侵蚀。在 19 世纪，人造林成为现代林业的主要部分；德国或法国的林业理论与实践在一些国家被强制推行，比如印度和后来的英国，当地的实践和技术遭到排斥。20 世纪末，原生森林逐渐被破坏，并且被人造林取代。在智利和塔斯马尼亚这样的国家，这一点已成一定规模，业已引起自然保护主义者的极大关注。现在的危险是，天然森林将被局限在陡峭的山坡、自然保护区和其他机器无法到达的地方。

人们忽略了古老的管理实践。在英国，竞争来自煤炭使用的增多，煤炭通过铁路运输到农村地区，这使得木材不再作为燃料。日本同英国一样，沉迷于掠夺其他国家的森林资源作为木材来源，而忽视自己本国的森林。

人类把世界上所有的动植物混杂在一起，受此影响，森林和稀树草原受到威胁。一个著名的例子就是草率地将灰松鼠从北美洲引入英国，结果灰松鼠在英国的数量成倍增加，甚至达到威胁一些本土树木生存的程度；同时，这也导致本土的红松鼠濒临灭绝。

这种情况也适用于植物。为什么破坏热带雨林这么容易？砍伐适销的树木可能并不是什么事儿：美洲太平洋沿岸红杉林已经再生（尽管它们可能并没有完全恢复原生森林中所有的动植物）。然而，现在每当树木被砍伐之后，这个地方经常被一种巨大的“大象草”占据，这种草来自其他的热带地区；它们直接干扰了树木的再生，而且非常易燃，将火灾引入了之前从未经历过火灾且不适应火灾的森林。

气候变化有一定的影响。热带森林中树木的生长速度比以前更快，可能是由于空气中二氧化碳含量增加的缘故。被限制在山顶上的树木，如同一些热带的云雾林和美国西南部的“天空岛”一样，由于气候变暖而受到威胁。但是，全球变暖最显著的影响可能是树木被引入那些它们不能抵御越来越炎热的夏季的地方，如同英国的某些山毛榉和人造云杉林一样。

20 世纪末期，大型猎物在世界上许多地方增多，以至于植物和鸟类，甚至森林的生存皆受到威胁。现在英国鹿的数量比之前的 1000 年还多，鹿的种类也比以往任何时候都多：鹿以林地为生已经成为环保的首要问题。同样的情况也发生在北美洲的大部分地区，在某种程度上是由猎人需要大量人工养殖的鹿来狩猎而导致的，甚至在日本也是如此。

也许，对世界上树木和树林的最大威胁是 20 世纪人类将世界上全部害虫和疾病混杂在一起所形成的影响。在俄亥俄州，在不到 100 年的时间里，栗树、大多数的榆树、许多橡树、多花的山茱萸和杉木已经灭绝，每一种都是因偶然引入欧洲或亚洲的真菌寄生虫所导致的。这使梣树成为现存最常见的树木；美国已经花费数百万美元，试图将一种摧毁梣树的亚洲昆虫挡在国门之外，但这是徒劳的。这样的故事可以在其他许多国家重现。按照这个速度，100 年后还能剩下多少？

奥利弗·拉克姆

英国剑桥大学科珀斯克里斯蒂学院

进一步阅读

Cronon, W. (1983). Changes in the land: Indians, colonists, and the ecology of New England. New York: Hill & Wang.

Fairhead, J. & Leach, M. (1998). *Reframing Deforestation*. London: Routledge.

Frazer, J. G. (2007[1890]) *The Golden Bough: A Study in Magic and Religion*. Charleston, SC: Biblio Bazaar.

Grove A. T. & Rackham, O. (2001) *The Nature of Mediterranean Europe: An Ecological History*. New Haven, CT: Yale University Press.

Juniper, B. E. & Mabberley, D. J. (2006). *The Story of the Apple*. Portland, OR: Timber Press.

Kirby, K. J. & Watkins, C. (Eds.). (1998). *The Ecological History of European Forests*. Wallingford, U.K.: CAB International.

Pakenham, T. (2002). *Remarkable Trees of the World*. London: Weidenfeld & Nicholson.

Rackham, O. (2006). *Woodlands*. London: Harper Collins.

Rackham, O. (2008). Ancient woodlands: Modern threats. *Tansley Review, New Phytologist, 180*, 571~586.

Ruddiman, W. F. (2005). *Plows, Plagues and Petroleum; How Humans Took Control of Climate*. Princeton, NJ: Princeton University Press.

Williams, M. (1989). *Americans and their Forests*. Cambridge, U.K.: Cambridge University Press.

热带园艺

东南亚热带园艺人早在公元前8500年就已经驯化出大量植物——水稻、甘蔗、柑橘类的水果、香蕉、椰子和甘薯，其中一些在向那些人口众多的地区提供食物上仍发挥着重要作用。热带园艺人像猎人和采集者一样，仅在几个未被入侵和征服的庇护处幸存至今。

仍然存在于新几内亚岛内陆地区的这种热带园艺可能非常古老。当外来者在20世纪30年代发现新几内亚园林（以及一个由园艺人组成的社会）时，每一个农耕村落都是独立的，并且每一个家庭成员都在小块土地上耕作，生产食物，维系家庭。人口稠密到足以占据所有适宜耕种的土地，敌对族群之间的战争也司空见惯。作物种类繁多：主要是根茎作物，这种植物不管什么时候都可以从泥土中拔出来，并且可以通过移植茎枝顶端再生，再一次提供食物。只要根茎的一部分还在，它的茎枝顶端就可以再生出新的根，然后在几个月内就可以为园艺人再一次提供食物。新几内亚岛的园艺人还培育了其他许多种类的植物，以补充像甘薯和芋头这种淀粉类块茎作物。这两种作物在它们新鲜时都有毒，必须在水中煮熟，以溶解掉其中令人不适的化学成分，这种成分是用来防昆虫，而不是防人的。

有一些热带园艺人也在东南亚内陆遥远的山区幸存下来，而且一度存在于中国南方地区。早在公元前 8500 万年，水稻就是这里收获的许多不同作物中的一种。不过，华南的园艺人被证明无法抵御来自北方的中国军队和拓居者的入侵，后者学会了种植水稻，并且在公元前 500 年左右使水稻成为古代中国的主食。即使如此，中国社会很早就赖以为生的小米和小麦在中国西北大多数地区仍是主要的食物。

从我们现在对当代新几内亚岛和古代中国的热带园艺人知道的情况来看，有理由认为，这种园艺起源于季风海岸地区。在此前不久，人类首次学会了利用木筏和小船捕鱼，并且沿着海岸线找到安全的港口，然后永久地定居下来。毫无疑问，猎人和采集者从人类历史开始就对植物所知甚多，早期渔民留在家中的女人想尽一切办法把有用的植物移植到他们定居的地方，她们从而成为第一批园艺人。树上长出的果实和坚果（椰子、柑橘、香蕉、芭蕉和甘蔗），以及块茎（还有像水稻这样的禾本植物）——所有这些都可能是来自处在人类管理下的园林。我们知道在 6 万年前到 4 万年前的某个时候，人类横穿至少 96.5 公里（60 英里）的开阔水域达到澳大利亚，乘坐木筏和 / 或小船的渔民靠桨和帆完成此举，既然如此，他们也应该在很久以前就穿越了邻近的季风海洋。这些海洋特别适合早期的水手，因为季风在每年的部分时间都平稳地刮着相反方向的风，这使得沿海的航行相对安全。

不过，对于迄今为止最古老的农业形式可能是什么，尚缺乏直接证据。也几乎没有可能希望考古学家能够找到早期沿海定居地的船只、热带园林或其他任何东西的遗迹，因为大约从 1.6 万年前开始，冰期的冰川开始融化，海平面开始上升，然后淹没了地球上的海岸线。不管东南亚沿海的热带园艺人留下了什么，哪怕蛛丝马迹如今都沉没在海底了。当然，内陆的湖泊和溪流也可能会吸引类似的定居者，但到目前为止，考古学家只在中国南部遥远的地方发现热带园艺的一点点痕迹，而且这些地方没有捕鱼和海上航行活动。

无论哪里存在这样的族群，他们总是容易受到文明族群的侵犯。

当每个家庭都自食其力，并且不必储存大量收获的谷物，那每个人的生活都差不多一样。在这样的群落中，祭司不可能说服普通人将他们的部分收获献给神，以求得神保护他们免遭灾难，并且专门的战斗者也不可能要求他们分享部分收获，作为保护他们免遭远来者袭击的回报。但是谷物种植者应该承担这两种形式的保护费，从而开创了我们所称的文明，拥有一批专门的贸易者、工匠、士兵和祭司——而且不久之后还有税务员、常备军和世袭统治者。无论什么时候相遇，这种复杂的社会都很容易征服单独的和处在安逸中的村民。因此，就像猎人和采集者一样，热带园艺人只在少数庇护之所幸存至今。在这些地方，文明种群没有选择入侵并征服他们。

然而，在他们的时代，东南亚的热带园艺人驯化了大量植物，其中一些依然在世界各地文明社会的饮食中扮演重要角色——水稻是首要的，而甘蔗、柑橘类水果、香蕉和椰子，以及甘薯和其他块茎作物次之。这种驯化是热带园艺人对整个人类持续贡献的一部分。

威廉·H. 麦克尼尔
芝加哥大学荣休教授

进一步阅读

Adams, W. H. (1991). *Gardens through History: Nature Perfected*. New York: Abbeville Press.

Greenfield, H. J.; Fowler, K. D.; & Van Schalkwyk, L. O. (2005) Where are the gardens? Early Iron Age horticulture in the Thukela River Basin of South Africa. *World Archaeology 37*(2), 307~328.

Hobhouse, P. (1992). *Plants in Garden History*. London: Pavilion Books.

Hobhouse, P. (2002). *The Story of Gardening*. London: Dorling Kindersley Publishers Ltd.

Jellicoe, G. A., & Jellicoe, S. (1995). *The Landscape of Man: Shaping the Environment from Prehistory to the Present Day* (3rd ed.). London: Thames & Hudson.

Keswick, M. (2003). *The Chinese Garden: History, Art, and Architecture*. Cambridge, MA: Harvard University Press.

Oppenheimer, S. (1999). *Eden in the East: The Drowned Continent of Southeast Asia*.

London: Weidenfeld and Nicolson.
Thacker, C. (1985). *The History of Gardens*. Berkeley: University of California Press.
Turner, T. (2005). *Garden History: Philosophy and Design 2000BC–2000 AD*. London: Spon Press.

宇宙的起源

所有文化的起源故事都面临着一个根本问题：如何无中生有？于是他们尝试解释宇宙的复杂性：哪些事物先出现，哪些后出现？但是不同于神话故事，万物起源的现代理论——“大爆炸”——依赖于大量经过仔细测试的信息，而且影响力很大，已得到了全世界科学家的认同。

在我们知道的所有文化中，特定社会时期的历史叙述总是内含于关于地形、动物、地球、星体和整个宇宙的历史叙述之中。所有文化都认为，历史起源于宇宙。为了了解我们是什么，我们来自哪里，我们必须了解整个宇宙的历史。宇宙学提供了一个最大可能的框架，以思考我们在时间和空间上的位置。

传统的起源故事

从表面上看，各种起源故事往往看起来彼此完全不同。不过，所有故事都试图解决相同的根本问题。最初，他们必须解释怎样可以无中生有。一些起源故事（包括创世记）声称一个或多个神创造了宇宙，并且忽略了一个难以摆脱的问题：神是怎样被创造的？很多起源故事以一种虚无开始，凭空产生某些事物，没有解释清楚如何产生和为什么产生。于是，他们碰到了一切最基本的二元性：在无和有之间。很多起源故事假定初始状态是个不完全存在也不完全不存在的混沌态；然后，从这个态中衍生出存在和不存在。这个难以理解的过程往往与有性繁殖相比较，后者是另一种生命创造的奇特形式，即两个人的结合产生第三个人。英国小说家和诗人罗伯特·格雷夫斯（Robert Graves）因神话著作而闻名于世，他讲述了一个古老的希腊神话，这个神话从混沌开始，并且混沌在某种意义上既是创造者，又是现实的基础。下面这则故事摘自芭芭拉·斯普劳尔（Barbara Sproul）的著作《原始神话》（*Primal Myths*），说明了起源故事如何利用富有象征意义的叙述来解决如今我们仍然质疑的问题。

> 起初，万物女神欧律诺墨（Eurynome）赤身裸体地从混沌中冉冉升起，然而却发现无立足之地，于是，她从天空中划分出了海洋，在海浪上孤独地跳舞。她面朝着南方跳舞，风在她身后吹动，似乎是某些崭新的东西，区别于那些开始创造的工作。她转过身来，抓住了这股北风，在两手间揉搓并注视着！这狡猾的俄菲翁（Ophion）。欧律诺墨舞动着以温暖她的身体，越来越狂野，直到俄菲翁变得贪婪，缠绕着那些神圣的肢体，然后感动地与她结成夫妇。如今，北风，也称为北风之神，受孕了：这就是为什么母马总是将它们的臀部转向风处，并且可以不借助公马而产下小马驹。因此，欧律诺墨也这样得到了孩子。接着，她假装成一只鸽子的样子，在海浪上孵蛋，并在适当的时间内产下万能蛋。按照她的吩咐，俄菲翁在这颗蛋上缠绕了七圈，直到这颗蛋被孵化，一分为二。所有存在的事物滚滚而出，她的孩子有：太阳、月亮、行星、星体、以及拥有山川、河流、树木、药草和生物的地球。（斯普劳尔，1991年，第157页）

正如这个故事所启示的，一旦解释宇宙的起源，那么起源故事都会面临很多其他复杂的问题。它们可以解释我们的宇宙丰富的多样性和复杂性吗？哪些事物先产生，哪些后产生？宇宙中的不同部分总是相冲突的，抑或整个宇宙曾经是一片和谐之地？对于这些问题，来自加利福尼亚的卡皮诺（Cupeno）部落的一个创世神话给出了具有其象征意义的答案："起初，所有都是黑暗且虚无的。空间中挂着一个袋子，时间上它打开后分成两半。其中一半产生了丛林狼，另一半产生了野猫。它们立马就到底谁更大争吵起来"（斯普劳尔，1991 年，第 242 页）。原始混沌、神、受精卵、性，以及一分为二的原始物，这些元素都编织出许多传统的创世神话。

早期的科学理论

现代科学的起源故事也面临着相同的问题和矛盾，但是它们试着在无神论甚至是无意识论的情况下解释这些问题。万物的起源真的可以完全由自然法则的作用而得到解释吗？尽管现代宇宙学已经取得了惊人的进展，时至今日，这个问题仍然存在，我们仍然不知道如何更好地解释宇宙起源的瞬间。中世纪欧洲的起源神话，现代宇宙学从中演化而来，描述了神如何创造宇宙，而宇宙的形状和移动都可由埃及天文学家托勒密提出的宇宙论模型合理地描述。在托勒密的系统中，地球为宇宙的中心，被一系列附加在行星、太阳和星体上的透明且旋转的球层包围。在很长一段时间内，托勒密的模型非常有效，并且被证实可精准地预测天文现象，比如行星和星体的运动。然而，在 16 至 17 世纪的欧洲，其他的模型取代了它。波兰天文学家尼古拉·哥白尼主张地球和行星绕着太阳转动，而意大利哲学家焦尔达诺·布鲁诺（Giordano Bruno，1548—1600）主张许多星体就是它们自己的太阳，也许每一个星体都有着它自己的太阳系统。这些在现代天文学早年提出的新模型所想象的宇宙远大于托勒密所提出的，从而地球和人类的所在地变得越来越微不足道。到 17 世纪末，大多数人已经接受宇宙也

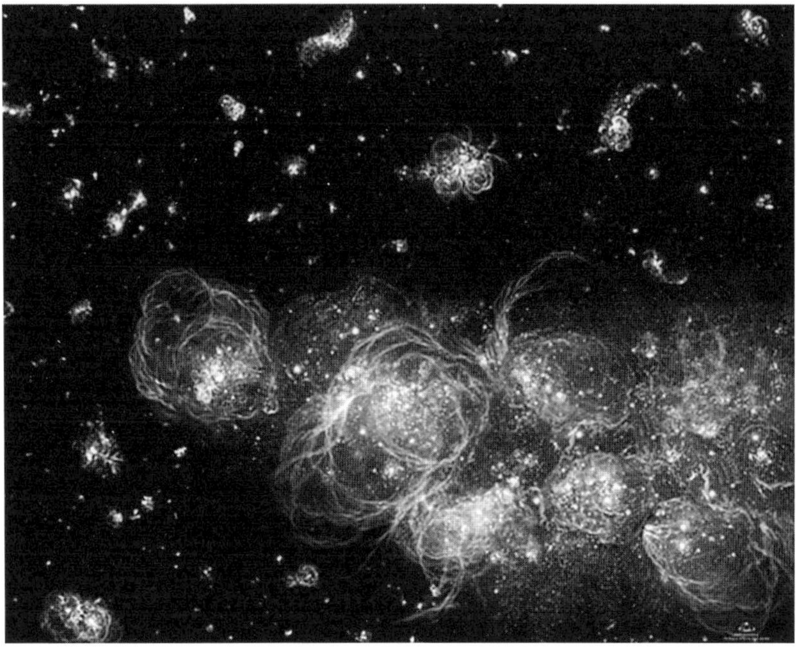

一位画家的印象，至少有 10 亿年高龄的宇宙可能看起来就好像它在以前所未有的速率将原始氢转变成各种各样的星体。美国国家航空航天局和 K. 兰泽塔，纽约州立大学。艺术作品：A. 沙勒，太空望远镜科学研究所。

许是永恒且无限的这种观点。

膨胀的宇宙

宇宙永恒的观念产生了新的问题。天文学家约翰尼斯·开普勒指出，在一个无限的宇宙中，无论白天还是夜晚，应该都有无数的星体和无穷的光线照射到地球上。19 世纪热力学理论的发展提出了另一个问题：在一个无限而古老的宇宙中，所有可用能量应该都会耗散为热，不会残留任何自由能量来产生或维持复杂物体，比如恒星、行星和生物。

这些问题的解决方案，以及关于宇宙本身的新观点，在 20 世纪初就出现了。首先，关于宇宙结构的研究揭示，宇宙由很多星系组成，而不仅仅是银河系，因为很多遥远的物体依靠自身转变成星系。其次，在 20 世纪 20 年代后期，埃德温・哈勃在洛杉矶外使用威尔逊望远镜发现大多数遥远的星系似乎是在远离地球观察者运动。从技术上来说，他发现来自遥远星系的光是“红移”的，或者说向低频移动，这似乎是多普勒频移的结果。（相同的效应可解释一辆救护车远离我们时汽笛音高的降低。）更令人震惊的是，他发现离开得越远，光的“红移”越明显，而且它们似乎也更快地远离地球。假设地球在宇宙中的位置并不特殊，那么宇宙中任何一处的观察者都可以观察到相同的东西，哈勃断定整个宇宙一定在膨胀。如果它现在正在膨胀，那么随之而来的结论是过去它一定更小，而且在过去的某个时刻，它一定是无限小。如果没有阿尔伯特・爱因斯坦（Albert Einstein，1879—1955）在他的广义相对论（1916 年）中也指出宇宙也许是膨胀或收缩的，那么哈勃的发现也许只不过是一桩奇事。起初，爱因斯坦是反对这个结论的，但是在20世纪20年代末，他被一个年轻的俄罗斯数学家亚历山大・弗里德曼（Alexander Friedmann，1888—1925）的工作说服，认为宇宙就像是一根直立的大头针，不可能全部稳定。事实上，它更可能是膨胀或收缩，而哈勃的证据显示它是膨胀的。

“大爆炸”理论

尽管已有观测和理论结果，直到第二次世界大战之后，宇宙膨胀的观点仍然不过是一种有趣的假设。诸如俄裔美国物理学家、天文学家乔治・伽莫夫（George Gamow，1904—1968）和英国天文学家弗雷德・霍伊尔（Fred Hoyle，1915—2001）等理论学家致力于研究宇宙膨胀的含义，并且发现极有可能构建一幅出人意料的连贯图景，说明在宇宙历史的最初期，物质是如何在极热和高压下工作的。尽管如此，曾经一度，“大爆炸”理论不得不和另一种由霍伊尔等人在 20 世纪 50 年代提出的稳态理论相抗衡。（事实上，是“大爆炸”理论最激烈的反对者之一霍伊尔 1950 年在一次演讲中创造了词语“大爆炸”。）稳态理论试图保持一个永恒且本质上不改变的宇宙的观点，认为在整个宇宙中，物质都在持续地以一定速率产生，这个速率需要抵消膨胀的明显的速率。稳态理论还暗示宇宙一直是今天的样子，这个假设很快就得到了检验。20 世纪 60 年代初，射电天文学的发展使得天文学家可以更细微地研究遥远的星系。由于光需要一定的时间传播，事实上这些研究都在检验宇宙早期，而且很快就发现早期宇宙和当今宇宙很不相同。显然，正如“大爆炸”理论所表明的那样，宇宙一直在变化。

1965 年，两位美国科学家阿诺·彭齐亚斯（Arno Penzias，1933 至今）和罗伯特·威耳孙（Robert Wilson，1936 至今）关于宇宙背景辐射的发现尤为重要。在试着建造一根极其敏感的无线电天线的过程中，他们发现了来自各个方向的弱能量的持续杂音。来自空间某一特定方

美国国家航空航天局的钱德拉 X 射线（Chandra X-ray）观测站和哈勃空间望远镜穿透空气和灰尘层得到的一张鹰星云合成图：在几百万年前，这个区域的星体形成达到了顶峰。

向的能量是有意义的，然而他们想象不出任何力可以从宇宙的各个方向产生能量，直到有人告诉他们，这正是“大爆炸”理论的预言。构建早期宇宙模型的尝试表明，由于宇宙冷却，当质子和电子结合形成原子时，那将成为一个点。不同于孤立的质子和电子，原子呈电中性，只要宇宙中原子构成了大多数物质，便失去了它的电荷。就在那时，物质和能量实际上是非纠缠的，而且能量首次是自由的，可以在宇宙间随意传播。早期的“大爆炸”理论学家表明能量的突然释放即使在今天也是可观测的，而且很快就清楚，这正是彭齐亚斯和威耳孙探测到的。稳态理论对于宇宙背景辐射没有任何解释，而“大爆炸”理论似乎很自然地就可以解释。宇宙背景辐射的发现给了稳态理论以致命一击；从那时起，“大爆炸”理论提供了现代宇宙的核心思想或范式。

“大爆炸宇宙论”

解决“大爆炸宇宙论”的所有细节仍然是一项复杂的任务，然而没有其他的理论可以更好地解释，因此即使未来某些细节可能需要修正，几乎没有宇宙学家怀疑它本质的正确性。如此确信的理由之一便是自从20世纪60年代以来这个理论新证据的出现。由于望远镜功率的提升，天文学家已经发现宇宙最遥远的部分确实不同于离我们最近的部分，而且这些差异正好吻合“大爆炸宇宙论”中指出的早期宇宙的本质。对太阳系中物质年龄的测量也未能得到年龄超过130亿年的任何东西，与最近对宇宙年龄的估计相符。此外，“大爆炸”理论指出早期宇宙的大多数物质由氢和氦组成，其他元素是在星体内或者称为超新星的巨大星体的猛烈爆炸中产生的。这和我们的观察结果也是一致的：几乎所有原子的3/4是氢，近1/4是氦，而剩下的包含其他所有元素。

概括地说，“大爆炸宇宙论”的起源故事很简单，尽管很多细节太复杂，以至于除了物理学家和宇宙学家外都难以理解。宇宙膨胀速率的最近估计表明，宇宙大约出现在137亿年前。在这之前，那里是什么，我们毫无头绪。我们甚至不知道时间和空间是否存在，传统观点认为，它们与能量及物质一起，可能是在“大爆炸”那一刻产生的。对于宇宙“大爆炸”为什么会发生，我们也一无所知。现代科学和传统的创世故事一样无力解释起源瞬间。但是，从宇宙出现之后的一小段时间开始，我们可以精准地描述发生了什么。某些事物出现在最初的虚无中。早期宇宙几乎是无限小，而且无限热。在数十亿度的温度下，时间、空间、能量和物质几乎很难区分。高度凝聚能量的压力促使早期宇宙分裂；的确，在宇宙存在的第一秒内的某个瞬间，它的膨胀已远超光速。它从原子的大小爆炸为太阳系大小的很多倍。在这个快速扩张阶段之后不久（被称为“膨胀”），物质和反物质彼此间相互碰撞和湮灭，只留下巨大的能量和微小的物质残留。随着宇宙膨胀，它开始冷却，而且由于它冷却，不同形式的能量和物质从最初的流量中分离出来。引力出现了，紧接着电磁、强相互作用和弱相互作用一起形成了原子核的行为。夸克也出现了，并且在两三分钟之内，质子和电子也相继出现。

近40万年来，宇宙仍然太热，以至于质子和电子无法结合成为原子，因此整个宇宙充斥着电磁能量的噼啪响声。随后，在“大爆炸”之后约38万年，宇宙已经足够冷却，质子和电子结合形成了最初的氢原子和氦原子。物质呈现电中性，能量和物质开始分道扬镳，释放出瞬间能量，也就是今天探测到的宇宙背景辐射。紧接着在“大爆炸”之后的两亿年发生了一件极具意义的重大事件，氢和氦云层开始崩塌，由引力而相互拽拉，直到它们的中心温度高达1000万摄氏度。那时，氢原子开始熔化形成氦原子，在此过程中释放出巨大的能量（核反应中的能量相当于一个原子弹）。第一批星体诞生了。一个星体中心处释放的能量验证了物质云的引力崩塌，正因如此，星体才得以形成，并且可以形成一个几乎稳定的结构，在数十亿年里发出巨大的能量。

在现代创世故事中，星体的地位举足轻重，因为它们提供了能量来维持地球上的生命。此外，在某些星体垂死的阶段，尤其是非常巨大的星体，可以产生足够高的温度来融合原子核，形成越来越多的复杂元素。当最大的星体也就是超新星在猛烈爆炸中死亡，元素周期表上所有剩余的元素都产生了。利用引力能量和星体倾泻而出的热能，更新和更复杂的结构由这些元素构造而成，比如行星和有机生物体。

这个故事是真的吗？这是迄今为止最好的故事，但目前还远未完成。宇宙学家还在为最早的那一时刻绞尽脑汁，令人沮丧的是，即便是检验起源瞬间的假设，他们也似乎毫无办法。而且，即使在宇宙开始之后的那一秒微小瞬间，也出现了一些复杂的谜题。最重要的是，物理学家和宇宙学家在不遗余力地解决现代物理中引力和其他基本力之间的关系。目前，电磁力和“强”“弱”核作用力之间的关系已经清楚，但是，引力如何统一仍不清晰。新的观测技术（包括卫星观测站的使用）和新的计算技术已经得到了很多关于早期宇宙的新数据，而且新信息洪流中的一些信息已经促使宇宙学家重新思考这个故事的某些部分。比如在 20 世纪 90 年代末，研究遥远星系的结果表明，在宇宙物质的地心引力下，宇宙的扩张速率并没有减缓，这正如大多数宇宙学家所预言的一样。相反，它却在加速。尽管大多数宇宙学家相信这也许是爱因斯坦某些工作中已经提及的反引力存在的证据，然而仍然不确定这意味着什么。从星系运动的研究中，更让人困扰的是减慢的实现，存在大量的“填充物”，远多于我们所能探测到的。目前，似乎极有可能我们所观测到的物质加起来不超过宇宙质量的 5%，而它质量的 25% 可能由我们还无法探测或解释的物质（恰当地被称为“暗物质”）组成，也许 70% 是由我们还无法探测或完全解释的能量（被称为“暗能量”）组成。大约有宇宙总量的 95% 是不确定的。对现代宇宙学来说，这真是尴尬至极。

就像传统的创世故事，关于宇宙起源的现代叙述仍然是一项正在进行中的工作。然而，不同于那些故事，万物起源的现代故事都依赖于大量经过仔细检验的信息，而且足够权威，赢得了科学家的一致认同，这不是在某个文化内，而是遍及全世界。这是关于宇宙起源的第一个几乎获得普遍认同的解释。

大卫·克里斯蒂安
悉尼麦考瑞大学
首尔梨花女子大学

进一步阅读

Chaisson, E. (2001). *Cosmic Evolution: The Rise of Complexity in Nature.* Cambridge, MA: Harvard University Press.

Christian, D. (2004). *Maps of Time: An Introduction to Big History.* Berkeley: University of California Press.

Croswell, K. (1996). *The Alchemy of the Heavens.* Oxford, U.K.: Oxford University Press.

Delsemme, A. (1998). *Our Cosmic Origins: From the Big Bang to the Emergence of Life and Intelligence.* Cambridge, U.K.: Cambridge University Press.

Duncan, T., & Tyler, C. (2009). *Your Cosmic Context: An Introduction to Modern Cosmology.* San Francisco: Pearson Addison Wesley.

Ferris, T. (1988). *Coming of Age in the Milky Way.* New York: William Morrow.

Ferris, T. (1997). *The Whole Shebang: A State-of-the-universe(s) Report.* New York: Simon and Schuster.

Hawking, S. (1988). *A Brief History of Time: From the Big Bang to Black Holes.* New York: Bantam.

Primack, J. R., & Abrams, N. E. (2006). *The View from the Center of the Universe: Discovering Our Extraordinary Place in the Cosmos.* New York: Riverhead Books.

Smolin, L. (1998). *Life of the Cosmos.* London: Phoenix.

Sproul, B. (1991). *Primal Myths: Creation Myths Around the World.* San Francisco: HarperCollins.

Weinberg, S. (1993). *The First Three Minutes: A Modern View of the Origin of the Universe* (2nd ed.). London: Flamingo.

出版后记

十多年以来，宝库山出版公司与全球卓越的学者和编辑合作，推出热门和前沿学科中具有广泛读者群的获奖的学术资源。通过“宝库山精选”，宝库山的工作人员已经设计了一系列百科全书的“浓缩版”。这是受老师、课程设计者和教授们的启发，他们褒扬我们经常使用的百科全书式方法，同时也仍然渴望拥有可以供课程使用的单卷本。

“精选”系列的每一卷都来自宝库山出版的主题广泛的书籍——适合初学者的世界史、中国研究和环境可持续性，提供了与主题相关的多卷本，可单独购买，也可组合购买，或者整套购买。(例如，“宝库山精选”世界史系列单卷本包括非洲卷，艺术卷，宗教和信仰体系卷，战争、外交与和平构建卷，妇女与性别研究卷，世界环境史卷，以及本卷大历史，均是以全球史眼光撰写的。)老师们将发现，这些文章见解深刻，并附有插图，对于启动课堂讨论或进行独立研究均是不可或缺的。个人——无论是学生、专业人士，还是普通读者——当开始进行一系列研究或者为了满足长久以来的兴趣时，都将在其中发现有价值的内容。

1991年，具有盎格鲁血统的美国历史学家大卫·克里斯蒂安提出“大历史”这一名称，用以描述将人类和地球历史置于一个最大限度语境——也就是宇宙——的研究领域。最早使用这一概念的课程出现在20世纪80年代末的美国，并且已经开始逐渐吸引学生和老师渴望获得一种更加统一的历史叙述。(目前开设“大历史”课程的国家有荷兰、澳大利亚、俄罗斯、埃及、印度和韩国。)正如克里斯蒂安在本卷导论中所说的那样，大历史的方法是跨学科的，借鉴考古学、古人类学、天文学和生物学方法，提出关于我们这一物种的未来及我们与生物圈关系的问题。

本卷选择的文章反映了大历史的跨度和范围，从宇宙学、创世神话和詹姆斯·洛夫洛克的“盖亚假说”到冰期、灭绝、移民和“人类世”，告诉我们为什么当今那么多地质学家认为在工业革命开始的时候，这个世界就进入一个新的地质时期，在这一时期，人类活动不知不觉成为生物圈变化唯一最重要的力量。

维尔弗里德·范·达默的“旧石器时代艺术”也是一个大历史跨学科方法的范例，它探讨了非洲最近的考古发现如何促使越来越多领域的学者重新对旧石器时代艺术感兴趣，从而引发了关于世界史基本问题的讨论，包括：人类艺术创作的起源；使艺术成为可能的生理、心理、社会和文化条件；艺术创造已经持续地并越来越成为我们人类存在不可或缺的一部分的事实。英国植物学家奥利弗·拉克姆对在树木学研究上的一般的百科全书式“内容说明”和“物种识别”方法情有独钟，他在本卷中的文章《树木》介绍了历史上“人与树木的相互作用”——树木的文化和精神意义，从古希腊的圣林到日本神道教圣地中的人造林。他还讨论了树木是食物的来源，也是农业的阻碍因素之一，树木是野生动物的栖息处，受到人类的不利影响。

历史记录提供的证据表明，“更多的人口等于更多的环境破坏”这个简单的公式并不总是成立的。因而，如今许多学者开始质疑英国政治经济学家托马斯·马尔萨斯的理论，即人口的无节制增长会耗尽世界的粮食供应，见马克·内森·科恩撰写的文章《承载能力》。这篇文章为解答大卫·克里斯蒂安在《人口增长》和 J. R. 麦克尼尔在《人口与环境》两篇文章中提出的问题提供了有价值的背景，后两篇文章记录了复杂的人口趋势，这些趋势是由技术进步、气候变化、疾病传播和国家行动决定的。

宝库山的工作人员感谢读者向我们提供评论和质疑。欢迎给这个世界历史主题系列中你读到的其他卷提供建议，也可以查看我们的网站，以了解关于中国和环境可持续性问题的其他卷的消息。

卡伦·克里斯滕森（Karen Christensen）

CEO（首席执行官）和发行人

马萨诸塞州大巴灵顿

见识丛书

科学 历史 思想

01《时间地图：大历史，130亿年前至今》 ［美］大卫·克里斯蒂安

02《太阳底下的新鲜事：20世纪人与环境的全球互动》

［美］约翰·R. 麦克尼尔

03《革命的年代：1789—1848》 ［英］艾瑞克·霍布斯鲍姆

04《资本的年代：1848—1875》 ［英］艾瑞克·霍布斯鲍姆

05《帝国的年代：1875—1914》 ［英］艾瑞克·霍布斯鲍姆

06《极端的年代：1914—1991》 ［英］艾瑞克·霍布斯鲍姆

07《守夜人的钟声：我们时代的危机和出路》 ［美］丽贝卡·D. 科斯塔

08《1913，一战前的世界》 ［英］查尔斯·埃默森

09《文明史：人类五千年文明的传承与交流》 ［法］费尔南·布罗代尔

10《基因传：众生之源》（平装+精装） ［美］悉达多·穆克吉

11《一万年的爆发：文明如何加速人类进化》

［美］格雷戈里·柯克伦 ［美］亨利·哈本丁

12《审问欧洲：二战时期的合作、抵抗与报复》 ［美］伊斯特万·迪克

13《哥伦布大交换：1492年以后的生物影响和文化冲击》

［美］艾尔弗雷德·W. 克罗斯比

14《从黎明到衰落：西方文化生活五百年，1500年至今》（平装+精装）

［美］雅克·巴尔赞

15《瘟疫与人》 ［美］威廉·麦克尼尔

16《西方的兴起：人类共同体史》 ［美］威廉·麦克尼尔

17《奥斯曼帝国的终结：战争、革命以及现代中东的诞生，1908—1923》

［美］西恩·麦克米金

18《科学的诞生：科学革命新史》（平装） ［美］戴维·伍顿

19《内战：观念中的历史》 ［美］大卫·阿米蒂奇

20《第五次开始》 ［美］罗伯特·L. 凯利

21《人类简史：从动物到上帝》（平装+精装） ［以色列］尤瓦尔·赫拉利

22《黑暗大陆：20 世纪的欧洲》 ［英］马克·马佐尔

23《现实主义者的乌托邦：如何建构一个理想世界》

［荷］鲁特格尔·布雷格曼

24《民粹主义大爆炸：经济大衰退如何改变美国和欧洲政治》

［美］约翰·朱迪斯

25《自私的基因（40 周年增订版）》（平装 + 精装） ［英］理查德·道金斯

26《权力与文化：日美战争 1941—1945》 ［美］入江昭

27《犹太文明：比较视野下的犹太历史》 ［以］S. N. 艾森斯塔特

28《技术垄断：文化向技术投降》 ［美］尼尔·波斯曼

29《从丹药到枪炮：世界史上的中国军事格局》 ［美］欧阳泰

30《起源：万物大历史》 ［美］大卫·克里斯蒂安

31《为什么不平等至关重要》 ［美］托马斯·斯坎伦

32《认知工具：文化进化心理学》 ［美］塞西莉亚·海斯

33《简明大历史》 ［美］大卫·克里斯蒂安 ［美］威廉·麦克尼尔 主编

34《专家之死：反智主义的盛行及其影响》 ［美］托马斯·M. 尼科尔斯

35《大历史与人类的未来（修订版）》 ［荷］弗雷德·斯皮尔

36《人性中的善良天使》 ［美］斯蒂芬·平克

37《历史性的体制——当下主义与时间经验》 ［法］弗朗索瓦·阿赫托戈

38《希罗多德的镜子》 ［法］弗朗索瓦·阿赫托戈

39《出发去希腊》 ［法］弗朗索瓦·阿赫托戈

40《灯塔工的值班室》 ［法］弗朗索瓦·阿赫托戈

41《从航海图到世界史：海上道路改变历史》 ［日］宫崎正胜

见识城邦 出品